本书由"中央高校基本科研业务费专项资金"资助

《华侨大学哲学社会科学文库》编辑委员会

华侨大学哲学社会科学文库·教育学系列

英国大学推广运动研究
（1845-1945）

STUDY OF THE UNIVERSITY EXTENSION MOVEMENT
IN THE UNITED KINGDOM (1845-1945)

黄孔雀　著

社会科学文献出版社
SOCIAL SCIENCES ACADEMIC PRESS (CHINA)

打造优秀学术著作
助力建构中国自主知识体系

——《华侨大学哲学社会科学文库》总序

习近平总书记在哲学社会科学工作座谈会上指出："哲学社会科学是人们认识世界、改造世界的重要工具，是推动历史发展和社会进步的重要力量，其发展水平反映了一个民族的思维能力、精神品格、文明素质，体现了一个国家的综合国力和国际竞争力。"当前我国已经进入全面建成社会主义现代化强国、实现第二个百年奋斗目标，以中国式现代化全面推进中华民族伟大复兴的新征程，进一步加强哲学社会科学研究，推进哲学社会科学高质量发展，为全面建成社会主义现代化强国、全面推进中华民族伟大复兴贡献智慧和力量，具有突出的意义和价值。

2022 年 4 月，习近平总书记在中国人民大学考察时强调：加快构建中国特色哲学社会科学，归根结底是建构中国自主的知识体系。建构中国自主的知识体系，必须坚持马克思主义的指导地位，坚持以习近平新时代中国特色社会主义思想为指引，坚持党对哲学社会科学工作的全面领导，坚持以人民为中心的研究导向，引领广大哲学社会科学工作者以中国为观照、以时代为观照，立足中国实际，解决中国问题，不断推进知识创新、理论创新、方法创新，以回答中国之问、世界之问、人民之问、时代之问为学术己任，以彰显中国之路、中国之治、中国之理为思想追求，在研究解决事关党和国家全局性、根本性、关键性的重大问题上拿出真本事、取得好成果，认真回答好"世界怎么了""人类向何处去"的时代之题，发挥好哲学社会科学传播中国声音、中国理论、中国思想的特殊作用，让世界更好读懂中国，为推动构建人类命运共同体做出积极贡献。

华侨大学作为侨校，以侨而生，因侨而兴，多年来始终坚持走内涵发展、特色发展之路，在为侨服务、传播中华文化的过程中，形成了深厚的人文底蕴和独特的发展模式。新时代新征程，学校积极融入构建中国特色哲学社会科学的伟大事业之中，努力为教师更好发挥学术创造力、打造精品力作提供优质平台，一大批优秀成果得以涌现。依托侨校优势，坚持以侨立校，为侨服务，学校积极组织开展涉侨研究，努力打造具有侨校特色的新型智库，在中华文化传承传播、海外华文教育、侨务理论与政策、侨务公共外交、华商研究、海上丝绸之路研究、东南亚国别与区域研究、海外宗教文化研究等诸多领域形成具有特色的研究方向，先后推出了以《华侨华人蓝皮书：华侨华人研究报告》《世界华文教育年鉴》《泰国蓝皮书：泰国研究报告》《海丝蓝皮书：21 世纪海上丝绸之路研究报告》等为代表的一系列研究成果。

《华侨大学哲学社会科学文库》是"华侨大学哲学社会科学学术著作专项资助计划"资助出版的成果，自 2013 年以来，已资助出版 68 部学术著作，内容涵盖马克思主义理论、哲学、法学、应用经济学、工商管理、国际政治等基础理论与重大实践研究，选题紧扣时代问题和人民需求，致力于解决新时代面临的新问题、新任务，凝聚着华侨大学教师的心力与智慧，充分体现了他们多年围绕重大理论与现实问题进行的研判和思考。已出版的学术著作，先后获得福建省社会科学优秀成果奖二等奖 1 项、三等奖 9 项，获得厦门市社会科学优秀成果奖一等奖 1 项、二等奖 2 项、三等奖 2 项，得到了同行专家和学术共同体的认可与好评，在国内外产生了较大的影响。

在新时代新征程上，围绕党和国家推动高校哲学社会科学高质量发展，加快构建中国特色哲学社会科学学科体系、学术体系、话语体系，加快建构中国自主知识体系的重大历史任务，华侨大学将继续推进《华侨大学哲学社会科学文库》的出版工作，鼓励更多哲学社会科学工作者尤其是青年教师勇攀学术高峰，努力推出更多造福于国家与人民的精品力作。

今后，我们将以更大的决心、更宽广的视野、更有效的措施、更优质的服务，推动华侨大学哲学社会科学高质量发展，不断提高办学质量和水平，为全面建成社会主义现代化强国、全面推进中华民族伟大复兴做出新贡献。

华侨大学党委书记　徐西鹏

2023 年 10 月 8 日

目　录

绪　论

大学推广运动（The University Extension Movement）是英国大学改革的重要里程碑，对英国高等教育乃至国际范围高等教育的改革与发展具有深远的意义。英国大学推广运动推动了古典大学的改革，满足了民众高等教育的需求，是把大学送到民众中间的生动实践。大学推广运动的贡献主要体现在促进英国高等教育的民主化，奠定大学服务社会的基础，开成人高等教育的先河，推动英国高等教育的改革。本书在梳理国内外关于英国大学推广运动研究现状的基础上，运用文献研究法、比较研究法、案例研究法和因素分析法等研究方法，对英国大学推广运动进行研究，分析其时代背景、思想基础、历史发展、实践运作和时代价值。本书纵向梳理了英国大学推广运动的历史发展，横向选择了英国大学推广运动的实践运作、时代价值等进行研究，对英国大学推广运动的传播与影响、贡献与局限进行评述，以期较为全面地描绘英国大学推广运动的发展图景，以国际视野彰显英国大学推广运动的历史价值。

第一节　选题缘由与价值

一　选题缘由

本书选择英国大学推广运动作为研究对象，主要是出于以下几方面因素的综合考虑。

（一）英国大学推广运动对西方国家影响深远

英国大学推广运动产生与发展的时代，正值英国号称"日不落帝国"

的最强盛时期。英国大学推广运动于 19 世纪 80 年代末到 90 年代传播至美国、加拿大、澳大利亚和欧洲大陆，对这些国家和地区的高等教育领域产生了广泛影响。美国在移植英国大学推广运动理念的基础上，经过芝加哥大学、威斯康星大学、康奈尔大学的实践，对大学推广教育进行了"美国化"的创新。澳大利亚基本移植了英国大学推广运动模式。另外，加拿大与欧洲大陆地区的大学也引入了大学推广教育理念。英国大学推广运动当时在西方国家中传播，形成了一定规模的大学推广运动浪潮，对当时高等教育改革影响深远。尤其需要指出的是，西方国家不同程度地推动大学推广运动，是对民众进行的一次大范围的高等教育知识推广。其中，大学推广运动开设的课程多样化，涉及国家历史、公民义务等方面的课程。从某种意义来说，大学推广运动既是一次教育民主运动，又是一次公民教育运动，对提升民众的国家认同意识和公民素养产生了积极影响。因此，大学推广运动对西方国家的教育领域和政治领域都产生了深远影响。

（二）英国高等教育是国际高等教育领域的典范

英国的古典大学——牛津大学和剑桥大学的综合实力至今仍占世界大学排名前列。其教育理念，以及大学与社会、区域经济发展的互动在几个世纪以来一直保持着充沛的生命力，成为其他国家高等教育领域的典范。英国高等教育领域的改革对国际范围的高等教育革新产生了影响。从 19 世纪的改革到 20 世纪多个重要教育改革法案的出台与落地实施，英国始终受到其他国家的关注和效法。英国高等教育的实践和理论是国际高等教育领域的样板，对国际高等教育领域具有风向标作用。选择英国高等教育改革历程中的重要事件——大学推广运动作为研究对象，能从其发展历史中获得高等教育改革的经验与启迪。

（三）英国大学推广运动历史贡献突出，颇具参考价值

英国大学推广运动把高等教育机会送到了无法接受正规高等教育的民众中间，为中下层民众和女性提供了接受高等教育的机会，加强了高校与社会的联系，推动了高等教育的改革，是英国高等教育和成人教育发展历程中浓墨重彩的一笔。此外，英国大学推广运动尝试加强大学与社会服务的结合，开设了各类学科课程，以社会发展和社会需求为导向，满足民众的高等教育需要，致力于为国家培养高素质复合型人才。

（四）　国内关于英国大学推广运动的研究比较薄弱

梳理搜集到的国内外关于英国大学推广运动的研究史料，从国内外现有的研究成果及其类型的维度来看，国外有关英国大学推广运动的研究成果相对丰富，成果形式有专著、学术论文、政策文件、调研报告、回忆录等，而且使用的多是 19 世纪中后期的一手研究资料，这些研究成果为本书研究提供了重要的史料支撑。国内关于英国大学推广运动的研究成果主要分布在英国教育史、英国高等教育史、英国成人教育、外国教育史、外国高等教育史、外国教育通史等相关专著中，主要对大学推广运动进行综合性与概括性介绍。国内关于英国大学推广运动的期刊文章也有一定的数量，但相关专题研究或系统研究的成果仍较为薄弱。

总体而言，国内学界对英国大学推广运动进行系统研究的成果仍然偏少，研究内容有待进一步拓展。本书通过综合运用文献研究法、比较研究法和案例研究法等方法，宏观微观结合、理论实践结合，以求较为全面地呈现英国大学推广运动的历史发展与运营实践图景，以期形成较为翔实的研究成果。

二　研究价值

"以史为镜，可以知兴替。" 2015 年 8 月 23 日，习近平主席致第二十二届国际历史科学大会的贺信中指出："历史研究是一切社会科学的基础。……今天世界遇到的很多事情可以在历史上找到影子，历史上发生的很多事情也可以作为今天的镜鉴。重视历史、研究历史、借鉴历史，可以给人类带来很多了解昨天、把握今天、开创明天的智慧。"[①] 法国著名社会学家迪尔凯姆（David Émile Durkheim，1858—1917，又译为涂尔干）在 20 世纪初曾简明扼要地指出："只有细致地研究过去，我们才能去预想未来，理解现在。"[②] 鉴古知今，对历史事件的研究有助于我们更

[①] 《习近平书信选集》（第 1 卷），中央文献出版社，2022，第 61 页。
[②] 〔法〕爱弥尔·涂尔干：《教育思想的演进》，李康译，上海人民出版社，2006，第 14 页。

加智慧地分析当下面临的问题。对英国大学推广运动进行研究，具有一定的理论价值。

1. 丰富国内英国大学推广运动研究史料

英国大学推广运动是大学参与社会服务，为工人阶级、女性与中产阶级提供高等教育的一种形式，影响深远。本书以英国大学推广运动为研究对象，力求梳理大学推广运动的时代背景、思想基础、历史发展、实践运作、时代价值等，展现英国大学推广运动的发展脉络、实践策略与时代意义，丰富国内在英国高等教育史领域的理论研究成果。

2. 拓展国内外国教育史研究的专题内容

英国大学推广运动与高等教育、成人教育、女子高等教育、工人教育、公民教育等息息相关。英国大学推广运动的理念、本质及其与大学服务社会职能的关系等方面的研究内容，进一步拓展了国内外国教育史研究的专题。研究成果中的大量数据资料和重要史料可为学术同行进行相关研究提供支撑，也可作为教育史、比较教育学、高等教育学、成人教育学专业专题教学和研讨的参考资料。

第二节　核心概念的界定

一　大学推广运动

（一）推广与推广教育

"推广"的词义是"扩大事物使用的范围或起作用的范围"。[①] 本书中使用的"推广"源自英国大学的一种做法，即一个教育项目在大学内部执行的同时，另一个教育项目在大学围墙之外执行。"推广"，一方面意味着使民众获得知识、研究和新技能的成果，另一方面意味着选择合适的技术促进人的发展。在这两种含义中，"推广"的概念被赋予"内涵"的维度，即创造一种力量，以寻求在正式教育系统的知识体系内带

[①] 中国社会科学院语言研究所词典编辑室编《现代汉语词典》（第7版），商务印书馆，2016，第1330页。

来变革。英国大学推广运动中的"推广",指向的是对大学学术课程的推广。

在英国,大学校外开展的教育项目统称为"推广教育"（Extension Education）,是指知识从大学内部推广到大学围墙之外的地方城镇及民众。"推广教育"一词由剑桥大学于1873年正式启用,专门用于描述大学向周边城镇、偏远农村民众传播知识的特殊系统。19世纪八九十年代,大学推广理念与实践传播到英国全境、欧洲、北美洲和大洋洲等地区。大学推广教育意味着向民众提供大学可用的资源和知识,以改善民众的知识与技能储备。

（二）大学推广与大学推广运动

不同学者对"大学推广"（University Extension 或 Extension of the University）有着不同的界定和理解。梳理已有的研究成果发现,亦有学者翻译成"大学推广教育""大学拓展""大学服务"。随着大学推广运动的发展,不同阶段的"大学推广"的内涵与外延也有所差异。"大学推广"不是一个增加大学校园面积的计划,也不是一个增加大学建筑数量的计划,更与宣传大学、增加大学的学生数、增加捐款数额无关。一般而言,"大学推广"是指大学通过校内外讲座的形式,把高等教育送到无法接受正规高等教育的民众中间。参与的对象主体不是全日制的大学生,而是成年人。"大学推广"是提高大学影响力和扩大教学范围的一种有组织、有计划的尝试。"把大学带给民众"（Taking the University to the People）的理念是大学推广运动的指导思想。因此,"大学推广"使大学的实际活动范围超越其实际的物理空间界限,甚至超越了国家边界。"大学推广"在其发展过程的不同阶段,在不同的国家,内涵也有所区别。例如,不同国家经常使用"校外学习"（Extramural Studies）、"继续教育"（Continuing Education）、"外展活动"（Out-reach）、"大学成人教育社区学院"（University Adult Education Community College）、"民众高等学校"（Folk High School）等术语替换表述"大学推广"。有时也使用"成人高等教育"或者"大学成人教育"（University Adult Education）等术语进行表述。

19世纪40年代,"大学推广"在英国开始被提及。牛津大学埃克塞

特学院 （Exeter College） 的威廉·休厄尔 （William Sewell） 于 1850 年在他的报告《关于大学推广的建议》（Suggestions for the Extension of the University） 中首次公开使用了 "大学推广" 一词。从 1867 年开始，剑桥大学的詹姆斯·斯图尔特 （James Stuart，1843—1913） 在英格兰北部地区向女性和工人开设推广讲座。在诸多先驱和斯图尔特的努力下，剑桥大学于 1873 年宣布开始举办推广讲座。由于詹姆斯·斯图尔特的突出贡献，他被尊称为 "大学推广之父" （Father of University Extension）。19 世纪 80 年代，英国各地的推广讲座课程盛行，形成了广为人知的大学推广运动。同时，大学推广运动在英国及其他西方国家广泛传播。1885 年，美国大学的领导者开始关注英国大学推广运动。其中，最重要的发展发生在芝加哥大学，"大学推广" 成为其包括校外中心、函授教学和其他各种项目在内的新大学设计的重要组成部分。此外，威斯康星大学对大学推广的系统架构进行了重组，赋予了 "大学推广" 与 "教学" "科研" 同等地位的大学职能。

"大学推广运动" 的英文表述包括 "University Extension Movement" "University Extension Education Movement" "University Extension Lecture Movement"，以第一种英文表述居多。大学推广运动特指英国 19 世纪 40 年代开始的关于大学开设推广讲座的实践探索，以 1873 年剑桥大学校方正式宣布开设大学推广讲座为标志，以大学讲座的形式把高等教育机会送到无法进入大学接受高等教育的民众中间，是成人教育的有效途径。剑桥大学、牛津大学、伦敦大学和维多利亚大学等大学在大学推广运动中发挥主力军的作用。19 世纪八九十年代，大学推广运动遍布英国各地区，对女子教育、工人教育和成人高等教育影响深远。有研究认为，从英国开放大学 （British Open University） 的发展源头来看，开放大学的办学模式可以追溯到大学推广运动。另外，大学推广运动的一个重要影响是帮助催生了女子高等教育。有学者提出，大学推广运动最终演变为 "继续教育"，在 20 世纪后期演变为 "终身学习" （Lifelong Learning） 和 "高管教育" （Executive Education）。[①]

---

① G. R. Evans, *The University of Oxford：A New History* （Bloomsbury Publishing, 2010）, p. 307.

二 成人教育

联合国教科文组织（UNESCO）于 1972 年出版的《学会生存——教育世界的今天和明天》中对"成人教育"（Adult Education）的描述性定义认为：成人教育可能有许多定义。对于今天世界上许许多多的成人来说，成人教育能够弥补他们失去的基础教育。对于那些只受过很不完全的教育的人来说，成人教育是补充初等教育或职业教育。对于那些需要应对环境的新要求的人来说，成人教育是延长他现有的教育。对于那些已经受过高级训练的人来说，成人教育就是给他们提供进一步的教育。成人教育也是发展每一个人的个性的手段。上述这些方面，有的在这个国家比较重要，有的在另一个国家比较重要。但它们都是有效的。成人教育不能再只限于初级阶段了，也不能只限于对少数人的文化教育了。①

三 女子高等教育

女子高等教育，或称为女性高等教育，是指为女性提供接受高等教育程度或中学后教育（Post-Secondary Education）相当水平的教育的形式。由于英国工业革命的影响、女权运动的推动以及基础教育的逐渐普及，女子享有与男子同等的教育权利的呼声越发高涨，尤其是女子享受与男子同等的高等教育机会的想法越发强烈。英国于 19 世纪 40 年代开始建立独立的女子学院（Women's Colleges），后续又建立了专门的女子高等教育学院，或在大学中开始招收女性学生并授予她们学位。大学推广运动促进了英国女子教育，尤其是女子高等教育的发展。特别是"英格兰北部女子高等教育促进协会"在大学推广运动中为女性开设专门讲座的做法，在一定程度上提升了女性的受教育水平。英国女子高等教育的实践和探索为其他国家所效法。

---

① 联合国教科文组织国际教育发展委员会编著《学会生存——教育世界的今天和明天》，教育科学出版社，1996，第 247 页。

四　“英国”所指范围的界定

“英国”的全称是“大不列颠及北爱尔兰联合王国”（United Kingdom of Great Britain and Northern Ireland），是由大不列颠岛上的英格兰、威尔士、苏格兰、爱尔兰岛东北部的北爱尔兰以及一系列附属岛屿共同组成的一个岛国。在述及“英国”高等教育时，一般以英格兰和威尔士地区（England and Wales）的高等教育为代表。由于英国宏观的高等教育管理体制的特殊性，有时“英国”高等教育也包括苏格兰、北爱尔兰地区的高等教育。因此，有必要对本书中涉及的地区范围加以说明。“英国”的英文表述，从其涵盖的地区范围由小到大，主要有三种：一是英格兰和威尔士地区；二是加上苏格兰地区的大不列颠（Great Britain）；三是加上北爱尔兰地区的联合王国（United Kingdom）。[①] 本书中关于大学推广运动的相关材料大部分主要包括英格兰、威尔士和苏格兰地区，部分内容涉及北爱尔兰地区。因此，本书中“英国”的英文表述选择使用“United Kingdom”。

第三节　研究现状与评析

研究英国大学推广运动，有必要对国内外已有的与英国大学推广运动相关的研究成果进行介绍和分析，既要对国外关于研究对象的起源、发展、实践运作、国际传播、时代贡献与局限等层面的研究史料进行梳理，也要对国内关于英国大学推广运动的研究成果进行分类评析，包括对英国大学推广运动的总体情况介绍、专题研究和意义等方面成果的评析。由此，笔者基于国内外研究现状，挖掘可进一步探索的研究空间，为本研究的思路和框架提供启发。

一　国外英国大学推广运动研究述评

国外关于英国大学推广运动的研究，史料较为丰富，主要集中在相关的著作、论文、考察报告和年鉴报告等文献资料中。国外的英国大学

---

① 许明：《英国高等教育发展研究》，辽宁师范大学出版社，1998，第2页。

推广运动研究相关资料主要可分为以下几个主题。

（一）关于英国大学推广运动的基本理论研究

一是关于英国大学推广运动的目的研究。莫尔顿（R. G. Moulton）在《关于大学推广运动的演讲》（Address on the University Extension Movement）中认为英国大学推广的目的是为所有阶层和从事专门职业生活的男女提供接受高等教育的途径。简言之，就是以巡回大学（Peripatetic University）的形式，将大学教育推广到整个国家。报告还介绍了英国大学推广教学的方法、组织机构和经费问题。[①] 佩克（Harry Thurston Peck）等认为"大学推广"是指在人们无法上大学的情况下，把大学推广给民众的一种尝试。"大学推广"是传教布道（Missionary）和民主运动，由慷慨开明的大学教师推动发展而来，是19世纪英国社会总体进步的一部分。[②] 1832年颁行的改革法案（Reform Bill of 1832）、1838年至1848年的宪章运动（Chartist Movement）、选举权的扩大以及民众教育（Popular Education）的显著发展，都是当时英国社会进步的重要标志，同时也是英国大学推广运动发端的时代背景。

许多由大学教师进行的先驱性尝试指向了民众高等教育（Higher Popular Education）。被称为"对所有人开放的大学"（University Open to All）的机械工人学院（Mechanics' Institutes，也译为"技工讲习所"）的创立，始于1800年乔治·伯克贝克（George Birkbeck）在苏格兰格拉斯哥为工人和商人开设讲座课程的实践。1823年，伯克贝克创建了格拉斯哥机械工人学院（Glasgow Mechanics' Institute），首次使用了"机械工人学院"这一术语。由此，机械工人学院引领创建了一系列受欢迎的机构。在这些机构中，大学教师担任讲座教师，为民众提供了良好的教育服务。1848年法国大革命的社会影响使英国深受震撼。1850年，牛津大学的威廉·休厄尔提出通过地方学院向英国民众提供更广泛的大学特权的想法。1854年，弗雷德里克·丹尼森·莫里斯（Frederick Denison Maurice）在

---

① R. G. Moulton, "Address of Richard G. Moulton: On the University Extension Movement, " American Society for the Extension of University Teaching, 1890.

② Harry Thurston Peck et al. , *The International Cyclopedia: A Compendium of Human Knowledge* (Volume 14), (New York: Dodd, Mead & Company, 1895), pp. 820 – 823.

伦敦创立了工人学院（Working Men's College）。托马斯·休斯（Thomas Hughes）、约翰·罗斯金（John Ruskin）、布鲁尔（J. S. Brewer）和西利（J. R. Seeley）等大学毕业生参与了工人学院的夜校（Evening Class）活动。为了提高成人教育的标准水平，坦普尔（Temple）和伦敦的其他大学教师为机械工人学院建立了一套考试制度。1857 年，牛津大学批准了地方考试（Local Examinations）制度。由此，为维护中等学校和教师的利益，地方考试制度随即开始。1873 年，剑桥大学校方首先宣布正式开始在校外开设大学推广讲座。1876 年，在两所牛津地方学院的共同努力下，布里斯托尔大学学院（University College at Bristol）成立，为民众提供高等教育机会的想法逐步实现。

　　二是关于大学推广讲座课程的特征要素研究。1867 年，剑桥大学的詹姆斯·斯图尔特教授受英国北部妇女教育委员会的邀请，就教学艺术发表演讲。他在利兹、利物浦、曼彻斯特和谢菲尔德等地向英国北部妇女教育委员会成员开设了 8 场天文学课，以此来说明教学艺术问题。斯图尔特创建的大学推广讲座课程有 5 个主要特点：其一，巡回讲座（Circuit Lectures）。其二，打印教学大纲，节省学生记笔记时间，同时作为复习和家庭学习的辅助材料。其三，每周书面写作，学生自行在家准备，回答提出的问题，并邮寄给讲座教师批阅。斯图尔特的第一次实验非常成功，随后在剑桥大学建立了女性讲座机构，进而发展创立了纽纳姆学院（Newnham College）。斯图尔特很快把他的课程扩展到英格兰北部的工人和合作社。其四，讨论课，供学生对讲座内容进行回顾和深入讨论。其五，1873 年增加的书面考试，这是讲座课程的重要环节。①

　　剑桥大学教师讲授的 12 场讲座课程分为三类：一是文学和历史；二是科学；三是艺术欣赏。推广学生（Extension Students）通过参加一组连续 6 场讲座课程后安排的考试，加上另外两组课程，并参加拉丁语和一门其他外语、代数和几何学的考试后，可带着所修学分进入剑桥大学进行为期一年的深造。学生在剑桥大学继续进行两年的住宿学习就可获得

　　① Harry Thurston Peck et al. , *The International Cyclopedia*: *A Compendium of Human Knowledge* (Volume 14), (New York: Dodd, Mead & Company, 1895), pp. 820 – 823.

剑桥大学的学士学位。这样，大学与民众之间的壁垒就完全被打破了。只要有坚持学习的毅力，任何参与大学推广讲座课程的年轻工人都可以学习正规的大学教育课程。

诺森伯兰郡矿工这样描述大学推广的运行系统：城镇或村庄负责召集学生。学生支付必要的费用后，可学习大学任何学科的 12 场讲座课程。每一门学科都传授常规的大学教育的内容。讲座教师在大学受过教育，具备讲课的资格与条件。课程的教学大纲被打印出来并交到学生手中，对不习惯记笔记的学生十分有利。每次讲座课程都会布置写作的主题。任何学生，不论年龄和性别，都可以递交书面作业。除第一次讲座课程外，所有的讲座后都有一节讨论课，大约持续 1 小时。讨论课上，学生们和讲座教师继续讨论之前的讲座主题。书面作业连同评语一并交回学生。课程结束时举行考试。学校向成绩优秀的考生颁发证书。这些讲座被称为"大学推广讲座"（University Extension Lectures）。

三是关于代表性大学或机构的大学推广工作研究。主要涉及剑桥大学、牛津大学与伦敦大学推广教学协会（London Society for the Extension of University Teaching，简称"伦敦协会"）。经过诸多先驱的探索和斯图尔特的努力，1873 年剑桥大学正式批准了大学推广工作，将地方考试的机制应用于对地方推广讲座结果的测试。学生通过考试后，大学发放两种证书，即"通过"（Pass）和"优秀"（Distinction）。

1878 年，牛津大学开始参与大学推广工作。牛津大学的讲座教师所采用的教学方法与剑桥大学大致相同，但倾向开设 6 场讲座的短期课程。牛津大学还在一些图书馆设施无法满足推广学生需求的社区配备了"流动图书馆"（Traveling Libraries）。此外，牛津大学为学生提供"大学推广表"（University Extension Table）以便学生查看推荐的书籍清单。牛津大学教师开发了一种非常吸引人的教学大纲风格——交错隔行的教学大纲，便于学生做笔记。牛津大学的推广工作在大学委员会的指导下进行。该委员会的主席是萨德勒（M. E. Sadler），他与麦金德（H. J. Mackinder）合著的《大学推广：它有未来吗？》（University Extension：Has it a Future?）是研究大学推广的经典著作。萨德勒还主张国家拨款援助大学推广。

伦敦协会成立于 1876 年，其目标是让生活在伦敦及邻近地区的所有阶层民众都能接触到大学教学，致力于保持与牛津大学、剑桥大学和伦敦大学等大学的密切合作与联系。协会的委员会组成名单中，不仅有几所著名大学的代表，还有伦敦高等教育机构的代表，如贝德福德学院（Bedford College）、伯克贝克学院（Birkbeck Institute）、伦敦城市学院（City of London College）、男女学院（College for Men and Women）、英王学院（King's College）、伦敦学院（London Institution）、女王学院（Queen's College）、皇家学院（Royal Institution）、大学学院（University College）和工人学院。由此，伦敦协会将大都市高等教育的各种力量有机整合，推动这些学院以及伦敦不同地区的推广中心都开设推广讲座，进一步促进大学教学的推广。尤其要指出的是，格雷沙姆学院（Gresham College）是16世纪时为忙于工作的民众提供教育的一所捐赠机构，是与大学推广有关的特别突出代表。此外，另一个著名的中心是汤恩比馆（Toynbee Hall），位于伦敦东部的大学定居点（Universities' Settlements）。在汤恩比馆里开设人民讲座（People's Lectures）的目的是唤起民众对推广课程的兴趣，形成供民众学习的知识课堂。伦敦协会的主席是罗伯茨（R. D. Roberts），著有《大学推广十八年》（*Eighteen Years of University Extension*，1891）一书。罗伯茨任剑桥大学推广部助理秘书（Assistant Secretary）时，就热心倡导在伦敦建立一所"教学大学"（Teaching University），以协调伦敦的高等教育利益。

1889—1890年，伦敦协会雇用了38名讲座教师，其中8人同时为剑桥大学授课，2人同时为牛津大学授课。当时，剑桥大学和牛津大学有24名教师。从事推广工作的教师通常不是任何学术机构的成员，尽管其中一部分持有大学的研究员资格并兼具学术职位。通过任命研究员资格来奖励优秀的推广讲座教师的政策尤受欢迎。只要学术记录、教学大纲及授课方法经主管机构核准，大学教师都可以成为推广讲座教师。初级讲座教师有时被派往观摩经验丰富的讲座教师的教学。随着大学推广运动的发展与不断创新，牛津大学、剑桥大学和爱丁堡大学都开办了暑期学校（Summer School）。英国的教育家坦率地承认，暑期学校就像英国的"家庭阅读圈"（Home Reading Circle）运动，是从美国肖托夸运动（Chautauqua Movement）借鉴而来的。英国一些最优秀的教授和公众人物在暑期学校给推广学生讲课。在 1889—1890 年，英国有 250 多个大学推广中心，41000 多名听众参与推广讲座。① 到 1895 年，推广课程不仅由牛津大学和剑桥大学提供，苏格兰、威尔士和爱尔兰的学院以及美国、加拿大、澳大利亚的大学也提供大学推广课程。

（二）关于英国大学推广运动的历史发展研究

一是关于大学推广运动的背景研究。东安格利亚大学（University of East Anglia）经济和社会史高级讲师迈克尔·桑德森（Michael Sanderson）的著作《19 世纪的大学研究》（*The Universities in the Nineteenth Century*）述及 19 世纪的英国大学教育，其中包含 93 篇摘录的文集，主要来自回忆录、信件、议会文件、论辩小册子等原始文件。桑德森把 19 世纪的英国大学教育共分为六个阶段：1809—1845 年，大学旧体制受到攻击；1845—1870 年，大学改革的第一阶段；1852—1882 年，关于高等教育的基本目的的大辩论；1870—1885 年，新的历程，包括牛津和剑桥大学进行了重大改革，英格兰和威尔士地区成立了新的城市大学学院（Civic University Colleges）；1885—1900 年，大学的"平静革命"，包括苏格兰大学的英国化（Anglicization of Scottish Universities）、在爱丁堡成立第一个学生会（1884 年）、为大学学院提供国家资金以及引进经济学、商业教育（Commercial Education）和农业等新的专业领域；1900—1914 年，大学的职业主义和效用（Vocationalism and Efficiency）原则思想的论争。② 对 19 世纪英国大学教育的划分是这一著作的主要成果之一，颇受赞誉。大学推广运动的发生与发展正值英国大学改革的阶段，是英国传统大学应对新形势作出的回应，是英国高等教育改革与发展过程中的重要事件。《19 世纪的大学研究》、《大学推广：它有未来吗?》、《大学推广十八年》、《大学推广：历史、现在与未来》（*University Extension: Past, Present, and Future*）、《苏格兰的大学推广运动》（*The University Ex-*

---

① Harry Thurston Peck et al. , *The International Cyclopedia: A Compendium of Human Knowledge* (Volume 14), (New York: Dodd, Mead & Company, 1895), pp. 820 – 823.

② Michael Sanderson, *The Universities in the Nineteenth Century* (London: Routledge and Kegan Paul, 1975), pp. 2 – 7. 六个阶段起止时间存在重叠，原文如此，保留该表述。——引者注

tension Movement in Scotland） 等诸多文献著作为研究大学推广运动提供了历史背景资料。

二是关于大学推广运动的历史发展研究。《詹姆斯·斯图尔特回忆录》（*Reminiscences by James Stuart*，1911）讲述了斯图尔特探索大学推广讲座教学方法的过程，介绍了斯图尔特的大学推广想法的产生。[①] 麦金德、萨德勒在专著《大学推广：它有未来吗?》中阐述了英国大学推广运动的发展历史，使大学推广运动得到了人们的关注。著作还对暑期集会（Summer Meeting）、流动图书馆、伦敦协会等进行了介绍，探讨了影响大学推广发展的三大要素：大学、讲座教师和地方推广中心、资金来源。而后，他们对专著进行修订，出版了《大学推广：历史、现在与未来》。温利（Wenley）的著作《苏格兰的大学推广运动》对苏格兰地区的大学推广运动进行了专题研究。这些经典著作为研究英国大学推广运动提供了专题史料。

（三）关于英国大学推广运动的国际传播研究

19 世纪八九十年代，英国大学推广运动传播至美国、加拿大、澳大利亚和欧洲大陆，影响广泛。特别是大学推广运动在美国的传播又对英国产生了影响。麦金德认为，将大学带到民众中间的理念是英国的，将人们聚集到假期大学（Vacation University）的想法是美国的。欧特维（Ottewell）在《大学推广运动》（*The University Extension Movement*）中介绍了英国、美国、加拿大、澳大利亚和新西兰的大学推广运动情况。[②] 比特纳（Bittner）的著作《大学推广运动》（*The University Extension Movement*）对大学推广中的工人教育协会（Workers' Educational Association，WEA）、大学导师制课程（University Tutorial Classes）进行了介绍，并对英美大学推广运动的关系进行了分析。[③]

（四）关于英国大学推广运动的影响与评析

一是关于大学推广运动的贡献与价值研究。英国大学推广运动与高

---

① H. J. Stuart, Caroline Colman, *Reminiscences by James Stuart*（London：Printed for Private Circulation at the Chiswick Press，1911），pp. 153 – 183.

② A. E. Ottewell, The University Extension Movement（Master's Thesis，University of Alberta，1915）.

③ W. S. Bittner, *The University Extension Movement*（US Government Printing Office，1920）.

等教育民主化、女子高等教育和成人教育之间相互联系密切。英国大学推广运动对高等教育的改革与发展具有不可磨灭的贡献。大学推广运动在 19 世纪 70 年代首次正式出现，是一个有组织的、功能性的教育计划，旨在为无法上大学的民众提供高等教育机会。但该运动倡议又不囿于这一目标，大学推广可以被理解为自 19 世纪初以来发生的成人教育发展的一部分。牛津大学、剑桥大学等古典大学继续为贵族从事政治、教会或法律等职业生涯做准备，但它们未能提供可以帮助中产阶级进入贸易或商业领域的实践培训。牛津大学和剑桥大学甚至进一步远离工人阶级。由于入学所涉及的费用成本以及大多数工人阶级青少年获得的中学教育水平不足，他们无法与那些享有英国公学知识特权和接受过专门培养的学生相竞争。对大多数民众来说，大学教育以一种浪漫扭曲的形式存在，作为一种田园诗般的生活方式，其仍然是无法实现的。[①] 可以说，大学教育存在于中产阶级和工人阶级之外。

19 世纪，英国成人教育取得重大发展。伦敦大学成立于 1826 年，其旨在使高等教育比牛津大学和剑桥大学更加可行、更便宜，向所有能够负担个人课程费用且通过大学入学考试的学生开放。机械工人学院在 19 世纪初出现。伦敦工人学院成立于 1854 年。就大学学院而言，其中许多以推广中心为原型，后来发展成为大学，如利兹大学、伯明翰大学、谢菲尔德大学和布里斯托尔大学等，大多建立于 19 世纪七八十年代。1871 年，牛津大学和剑桥大学取消宗教测试，表明了古典大学进行适度改革的决心。尽管如此，这一举措是两所大学向更广泛的民众群体开放所迈出的重要一步。

大学推广在向更广泛的民众群体提供高等教育的机会中发挥了重要作用。1873 年的剑桥大学和 1878 年的牛津大学不再局限于所谓的大学特权和范围，将大学的名字与旨在吸引英国工人阶级和中产阶级的大学推广运动相联系。英国的工人阶级和中产阶级渴望自我提升，愿意以非全日制形式在当地参加讲座和课程。伦敦协会成立于 1876 年，协会的工作

---

① A. Lawrie, *The Beginnings of University English: Extramural Study, 1885 – 1910* (Springer, 2014), p. 56.

由大学联合委员会 （Universities' Joint Board） 监督。该委员会由牛津大学、剑桥大学和伦敦大学各选派三位代表组成。代表的职责是招聘讲座教师、组织课程、指定考评员和颁发证书。维多利亚大学 （Victoria University） 也于 1886 年参与了大学推广运动。①

19 世纪后半期，牛津、剑桥、伦敦和达勒姆大学参与的大学推广遍布英格兰的城镇和城市。就像禁酒运动和妇女解放 （Women's Suffrage） 运动一样，大学推广运动被许多人看作社会使命。许多参与推广运动的卓越个人都受他们的宗教信仰或是与格林 （T. H. Green） 的哲学理想主义 （Philosophical Idealism） 有关的传教热情的影响，强调教育作为社会凝聚力和社会进步的媒介的重要价值。大学推广运动一直持续到 20 世纪前半期，虽然最终未能完全触及大量的工人阶层学生，但它标志着大学成人教育发展的一个重要早期阶段成果，包括工人教育协会的成立和与之密切相关的导师制课程运动 （Tutorial Class Movement）。②

二是关于大学推广运动的局限性研究。大学推广制度与体系也存在局限与不足。大学推广系统包含了教学系统所需的所有要素，例如与主流思想的交流、选读书籍、撰写文章及其评论、在课堂上和学生协会 （Students' Associations） 的讨论、对考试的检验，甚至包含居住在大学学术环境中的核心系统。大学推广计划的缺点，一是缺乏所学课程科目的次序性；二是相对而言，参加讲座的年轻人较少；三是大学推广系统向工人阶级开放的程度偏低，尽管他们是这一制度最热心的支持者。这三个弱点都是工作人员的困难和资金的困难所致。③ 有了资金，这些课程可在正规教育系统中取得成功。如果课程按一定顺序进行，且讲座教师能在他们的黄金生涯时期留下来，当他们积累了经验和演讲的力量时，年轻人就会被吸引。有了这些讲座教师，有了资金 （能让推广课程更低廉），工人阶级的教育需求就能得到满足。大学推广运动后期，大学导师

---

① A. Lawrie, *The Beginnings of University English*: *Extramural Study*, *1885 – 1910* （Springer, 2014）, p. 56.

② D. Sutherland, University Extension in Scotland c. 1886 – 1896 （Master's Thesis, University of Glasgow, 2007）, p. 2.

③ H. J. Mackinder, M. Sadler, *University Extension*: *Has It a Future?* （Frowde, 1890）, pp. 43 – 44.

制课程是其重要的组织形式。工人教育协会的参与合作加强了大学推广与工人阶级的联系，为大学推广运动增添了独特性。

二　国内英国大学推广运动研究述评

国内关于英国大学推广运动的研究主要散落在英国教育史、英国高等教育史、英国成人教育、外国教育史、外国高等教育史等相关专著中，对大学推广运动进行综合性与概括性介绍。国内也有研究人员把大学推广运动与乡村教育运动进行比较研究，或在英国高等教育发展的大背景下对大学推广运动进行研究。概括来看，具体分为以下几个方面。

（一）关于英国大学推广运动的总体情况介绍

吴式颖教授主编的《外国教育史教程》中对大学推广运动进行了介绍：大学推广运动最早出现在 19 世纪 40 年代，主要是指全日制大学以校内或校外讲座的形式将教育推广到非全日制学生。伦敦大学、牛津大学、剑桥大学在 50 年代以后在大学推广运动中起关键作用。到 19 世纪末，大学推广运动影响广泛。1891 年，仅英格兰就开出了 500 多门课程，参加学习的人数有 6 万多人。19 世纪的大学推广运动在加强大学与社会之间的联系、促使社会中下层阶级和女性有更多接受高等教育的机会、推动课程改革和高等教育机构发展等方面具有重要作用。[①]《外国教育通史》（第 4 卷）关于英国"高等教育的大众化"中也有篇幅介绍了大学推广运动，认为大学推广运动是以"一种巡回讲学大学"的组织形式正式开展起来的。[②]

（二）关于英国大学推广运动的专项研究

专项研究主要集中于学术论文。与"大学推广运动"直接相关的期刊文章主要分为以下几类：一是介绍英国大学推广运动兴起的原因和意义[③]、产生与发展[④]；二是在成人教育、函授教育、远程教育、继续教育的视域下，分析英国大学推广运动的贡献；三是把英国大学推广运动作

[①]　吴式颖主编《外国教育史教程》，人民教育出版社，1999，第 383 页。
[②]　滕大春主编《外国教育通史》（第 4 卷），山东教育出版社，1992，第 155 页。
[③]　邱艳萍：《英国大学推广运动兴起的原因及意义》，《知识经济》2010 年第 9 期。
[④]　鹿凤：《浅析 19 世纪英国大学推广运动的产生与发展》，《文教资料》2012 年第 21 期。

为英国高等教育转型中的"高等教育大众化的尝试"①、大学推广运动首开高校服务社会职能先河②、大学推广对特殊开放教育资源的开发③等专题研究，还有把大学推广运动与我国的乡村教育运动进行比较研究。其中，刘兆宇在其博士学位论文《19 世纪英格兰高等教育转型研究》第五章"高等教育大众化的尝试"中对大学推广运动的背景、概况、特征、意义和问题进行了介绍。李慧迎在其博士学位论文《战后英国大学开放教育资源研究——基于质量文化的视角》中介绍了大学推广运动开放教育资源的背景、主要特点及影响，指出大学推广运动向社会开放教育资源，让更多民众获得学习机会，使高等教育惠及全社会。④ 周晴晴在其硕士学位论文《英国大学导师辅导班运动研究》中指出英国大学导师辅导班运动是英国成人教育史上至关重要的运动，保障了工人阶级平等地接受教育的权利，促进了工人阶级理性和心智的发展，为英国工人运动和社会的发展做出了不可磨灭的贡献。⑤

（三）关于英国大学推广运动的意义研究

在 19 世纪后半期传统大学的各种改革措施中，最具社会影响的要数大学推广运动。大学推广运动对传播科技文化知识、提高民众的素质起到了积极作用，是英国历史上最早最大的成人教育运动之一，使传统大学开始注重社会需求。⑥ 大学推广的基本含义在于加强大学与社会的联系，为社会中下层人士和女性提供更多接受高等教育的机会，全日制大学以校内或校外讲座的形式将教育推广到非全日制学生。⑦ 有研究表明，大学推广运动涉及众多学生，聚集着社会各个阶级的人士，为妇女提供了上学的机会，主张博雅教育（Liberal Edncation）是面向所有人的，使

---

① 刘兆宇：《19 世纪英格兰高等教育转型研究》，博士学位论文，河北大学，2007。
② 朱国仁：《从"象牙塔"到社会"服务站"——高等学校社会服务职能演变的历史考察》，《清华大学教育研究》1999 年第 1 期。
③ 易红郡、李慧迎：《19 世纪英国大学推广运动中的开放教育资源探究》，《大学教育科学》2018 年第 5 期。
④ 李慧迎：《战后英国大学开放教育资源研究——基于质量文化的视角》，博士学位论文，湖南师范大学，2019。
⑤ 周晴晴：《英国大学导师辅导班运动研究》，硕士学位论文，曲阜师范大学，2020。
⑥ 许明：《英国高等教育发展研究》，辽宁师范大学出版社，1998，第 2 页。
⑦ 王保星：《西方教育十二讲》，重庆出版社，2008，第 151～152 页。

旧大学意识到其更广泛的社会责任，对建立新大学学院做出了贡献，所以它囊括了现代高等教育中许多最重要的发展。[①] 大学推广运动是高等学校利用其知识服务于社会或向社会传播知识的一种重要形式，是英国高等教育的创造。[②]《外国高等教育史》[③]《西方大学改革史略》[④] 等著作对"英国大学推广运动"的影响进行了深入分析。

　　由上可见，国内外学者对英国大学推广运动的研究主要分布在相关专著、教育史著作和研究论文中。从国内和国外现有的研究成果来看，国外有关"英国大学推广运动"的研究相对丰富，成果形式有专著、学术论文、政策文件、调研报告等，多是 19 世纪中后期的一手资料。英国、美国 19 世纪的大学推广协会（University Extension Societies）的相关报告、相关讲座以及重要代表人物的回忆录等也有关于大学推广运动的介绍与分析。19 世纪中后期，大学推广运动成为具有国际影响力的高等教育运动，对西方国家的高等教育改革产生深远影响，在美国、加拿大、澳大利亚、欧洲大陆的大学推广、高等教育相关文献中也有部分资料。这些研究成果为本研究提供了重要的史料。

　　国内关于英国大学推广运动的研究主要集中在英国教育史、英国高等教育史、英国成人教育、外国教育史、外国高等教育史等相关专著中，而相关专题研究仍较为薄弱。总体来看，国内对"英国大学推广运动"进行系统研究和专题研究的成果仍然较少，为本研究提供了研究探索的空间。国内外已有相关研究成果为本研究提供了宝贵的参考资料。

第四节　研究思路与方法

一　研究思路

　　本书以"英国大学推广运动"为研究主题，纵向以英国大学推广运

---

① 〔英〕奥尔德里奇：《简明英国教育史》，诸惠芳等译，人民教育出版社，1987，第 171 页。

② 朱国仁：《从"象牙塔"到社会"服务站"——高等学校社会服务职能演变的历史考察》，《清华大学教育研究》1999 年第 1 期。

③ 贺国庆、王保星、朱文富等：《外国高等教育史》（第 2 版），人民教育出版社，2006。

④ 贺国庆：《西方大学改革史略》，河北教育出版社，2011。

动的历史发展为研究脉络，横向选择英国大学推广运动的实践运作、时代价值等进行研究，同时，探讨英国大学推广运动在美国、加拿大、澳大利亚、欧洲大陆等地的移植与创新，以求较为全面地认识英国大学推广运动的发展图景。最终在研究英国大学推广运动发展历史的基础上，总结评析其历史贡献、局限与特征。

（一）阶段的划分依据

每一历史事件都有其发生、发展、衰落直至停滞或消亡的过程。英国大学推广运动的发展也无法脱离这一发展规律。英国大学推广运动由斯图尔特等诸多倡导者进行实践探索，到 1873 年剑桥大学校方宣布正式开设大学推广讲座，再到牛津大学、伦敦大学也加入大学推广运动的行列，而后到 19 世纪八九十年代大学推广运动进入了发展的高潮。因此，以英国大学推广运动在发展过程中的关键事件及这一阶段大学推广运动发展所呈现出来的新特征为主要考量因素，本书把英国大学推广运动的历史发展进程划分为以下几个阶段：萌芽期（1845—1872）、开拓期（1873—1885）、兴盛期（1886—1899）、高原期（1900—1923）、转型期（1924—1945）。

（二）研究的内容架构

本书选择"英国大学推广运动"为研究对象，分析其时代背景、思想基础、历史发展、实践运作和时代价值，纵向研究英国大学推广运动的历史发展，横向分析英国大学推广运动的实践运作、时代价值等，梳理英国大学推广运动的传播与影响、贡献与局限，以期较为全面地描绘英国大学推广运动的发展图景，以国际视野彰显英国大学推广运动的历史价值。

第一章、第二章围绕大学推广运动的时代背景与思想基础、历史发展，从对英国大学推广运动的时代背景、指导思想、代表人物的探索阐明其思想源流，进而纵向梳理英国大学推广运动发展历程及重要历史事件。

第三章、第四章从横向视角对英国大学推广运动的实践运作、时代价值等进行系统研究，探讨英国大学推广运动在英国的实践运作，以及在美国、加拿大、澳大利亚、欧洲大陆等地的移植与创新，分析其传播与影响、贡献与局限。

第五章，在纵向和横向研究的梳理与比较的基础上，分析大学推广运动的特征，阐明英国大学推广运动对高等教育发展的历史贡献。

（三）研究的重点难点

本书研究的重点是梳理英国大学推广运动的思想基础、历史发展、实践运作。本书以英国大学推广运动百余年的发展历程为脉络，重点梳理英国大学推广运动的思想基础、历史发展、实践运作，探讨英国大学推广运动涉及的讲座教师和学生、教学环节和方法、组织机构和管理等因素，以期回溯英国大学推广运动的发展历程。同时，本书概述了大学推广运动在北美洲、大洋洲、欧洲大陆等地区的发展情况，从历史角度对英国大学推广运动的贡献与局限进行了客观辩证的分析，进而总结了英国大学推广运动的显著特征。

本书研究的难点主要包括以下几方面。一是由于研究对象是 19 世纪中后期至 20 世纪中叶的英国大学推广运动，大量英文资料、一手研究史料的获取较为困难，同时有效地归纳总结与提炼研究主题所需内容也是研究要突破的难点。二是如何辩证地学习与借鉴英国大学推广运动把高等教育带到民众中间的做法，促进成人高等教育的发展。

（四）研究的主要目标

通过宏观和微观研究、纵向和横向研究相结合，了解英国大学推广运动的历史发展过程，既有对大学推广运动的思想溯源，又有对剑桥大学、牛津大学、伦敦协会等大学推广教学的实践探索，分析了英国大学推广运动的历史发展、实践运作、时代价值，进而总结了英国大学推广运动的显著特征和革新。

二　研究方法

本书的研究主题属于外国教育史研究范畴，兼具教育学和历史学研究的学科属性。这就要求本研究在外国教育史研究框架下，借鉴历史学的研究范式，融入跨学科的研究视角，运用多种研究方法。作为跨学科的研究，本书既要关注教育事件的历史演变和历史背景，探索影响其变化与发展的政治、经济、文化等因素，同时也要分析教育制度、教育思

想和教育实践对个体与社会的影响。因此，本书所采用的研究方法主要
包括以下几种。

（一）　文献研究法

文献研究法是本书所采用的主要方法之一。本研究通过谷歌、外文
数据库、英美的电子图书数据库等途径收集英国大学推广教育运动的相
关史料，选择对与本研究主题相关的资料进行分析，对英国大学推广运
动的发展历程进行详细解读。本书注重对与英国大学推广运动相关的总
结报告、期刊资料、回忆录和工作手册等一手资料的研读，同时结合国
内外英国大学推广运动的已有研究著作和论述，以期较为全面地回顾英
国大学推广运动的发展图景。

（二）　比较研究法

在英国大学推广运动的历史发展过程中，由于 19 世纪英国在国际社
会中的影响力，英国大学推广运动传播到了美国、加拿大、澳大利亚和
欧洲大陆等国家和地区。这些国家有的是主动地全盘移植，有的是有借
鉴地移植，而有的国家则是在移植基础上又进行了自主创新。在这些国
家中，美国的大学推广运动既有自身发展的土壤，又有英国大学推广运
动对其的影响。本书选取英国作为研究国别，并简要分析与比较西方其
他国家的大学推广运动。同时，本书也对剑桥大学、牛津大学、伦敦协
会等机构的大学推广课程、学生数量等情况进行了比较。

（三）　案例研究法

英国大学推广运动在历史中的影响广泛，若仅宏观地从运动本身的
发展阶段去研究无法反映该运动的全貌。本书在宏观历史分期的基础上，
选取在英国大学推广运动过程中发挥主阵地作用的几所大学作为案例，
分析英国大学推广运动在每一个阶段的发展概况。本书选取牛津大学、
剑桥大学和伦敦协会作为英国大学推广运动的典型案例，分析三个机构
在大学推广运动发展中的作用。同时，本书选取美国、加拿大、澳大利
亚和欧洲大陆等国家和地区作为比较对象，概要分析英国大学推广运动
在这些地区的移植与创新。

（四）　因素分析法

英国大学推广运动在其历史发展过程中，既受到社会、政治、经济、

文化等多方面因素的影响，也与当时高等教育领域关于大学教育的辩论相关联。因此本书在分析英国大学推广运动的时代背景与历史发展时采用了因素分析法。本书从英国大学推广运动的时代背景出发，进一步对其社会背景和教育背景进行论述，以求更为清晰地认识英国大学推广运动兴起的原因。在研究英国大学推广运动的历史发展时，也从理论、实践和影响等因素入手进行探讨，这有助于了解英国大学推广运动的史实。

第一章　英国大学推广运动的
时代背景与思想基础

　　一场运动的发生与发展不是凭空而起的，而是有其发生的时代背景。英国大学推广运动的产生与发展有其深刻的社会背景和教育背景。大学推广运动正是传统大学对时代新的社会需求做出的回应和调整。由于民众对高等教育需求的广泛增长，在多方力量的推动下，在众多大学推广运动支持者和先驱们努力和实践尝试的基础上，大学推广运动最终得到了大学的支持，成为高等教育体制的一个组成部分。

　　大学推广运动的产生与发展经历了诸多教育活动家、社会名人的不断探索与实践。大学推广早期的探索者们为大学推广运动的产生与发展奠定了良好的思想基础与实践氛围。詹姆斯·斯图尔特被誉为"大学推广之父"，对英国大学推广运动的产生与发展起到了不可磨灭的作用。斯图尔特根据自身地方讲座实践积累的经验，对大学推广教学制度、建立巡回大学、大学推广讲座的教学方法、大学推广系统的组织管理进行探索，呼吁剑桥大学开设大学推广讲座。剑桥大学最终于 1873 年正式宣布开设大学推广讲座，从而揭开了大学推广运动的序幕，标志着英国大学推广运动的开端。随后，牛津大学、伦敦大学等也参与了大学推广运动，推动大学推广运动成为英国全国范围乃至国际性的教育民主运动。英国大学推广运动对 19 世纪的英国女子高等教育、工人教育、成人教育等领域产生了重要影响。

　　"把大学带给民众"的理念是大学推广运动的指导思想。在 19 世纪的英国，"大学推广"这一术语已经成为教育领域一个具有明确内涵的运动，其主要特征是大学传播学科领域的知识到那些原本没有建立大学的城镇和乡村。大学推广运动的目的是当人们不能再上大学的时候，把大学带给民众，让更多的人接受大学教育。这样，大学与民众的壁垒被打破。知识的特权不再只属于那些能够满足大学驻留条件的人，也不再只属于那些能够精心准备并将额外的时间投入学习中去的人。大学是为民众而建立的，这一运动的目的是促进民众尽可能多地分享大学的好处。

第一节　大学推广运动的时代背景

大学推广运动产生与发展的主体时间处于英国的维多利亚时代（Victorian Era）。维多利亚时代是英国历史上的黄金时代，是英国工业革命和大英帝国的巅峰，是英国经济文化的全盛时期。维多利亚时代，一般是指 1837—1901 年这段时期。有历史学家认为维多利亚时代的结束以第一次世界大战结束为标志，也有学者认为 1936 年第一届世博会时期建成的水晶宫倒塌宣告维多利亚时代的结束。工业革命后，英国经济的发展、社会结构的变化、民众文化需求的增长，必然要求对国家制度进行反思，以适时解决时代需求与社会矛盾。

一　大学推广运动的社会背景

每一项教育改革都具有其本土特征与时代背景。因此，研究大学推广运动有必要对大学推广运动产生与发展的社会背景进行分析。大学推广运动发生的主体时间是在维多利亚时代。该时代的政治、经济、文化等因素深刻影响着大学推广运动的产生与发展。从历史上看，教育改革与时代精神相辅相成，只有满足时代的合理需要，教育改革才具有永久的形式。教育领域的发展在很大程度上受到社会、政治、工业、科学等因素的影响。

（一）社会变革的推动

教育、宗教、政府和社会的民主化是英国近代历史的本质特征。民主精神的发展是不容否认的事实。民主精神对社会发展各个阶段的影响是 19 世纪的主要特征之一。19 世纪的英国呈现了许多里程碑式的进步，诸如颁行选举权扩大改革法案，解放天主教徒、犹太人和女性，建立儿童的义务教育制度，建立地方考试制度，举办地方讲座，建立城市学院及女子学院等都是当时有影响力的事件和显示英国社会总体发展的成果。在很大程度上，英国近代史是对"自由"和"知识"这两种要素的延伸或普及，曾经属于特权阶层的东西逐步转向属于所有人。

在历史进程中，随着人民在国家中获得更多的权利，教育优势相应得到扩大。民众教育就像政府、宗教改革和古典复兴一样，在原则上或实践上都不是绝对的新鲜事物。人们只是简单地寻找事物，重新发现古老的事实、古老的原则、原始的法则和自然的力量，把永恒的真理应用到更广泛的人类需要上。教育就像所有的科学一样，随着社会需求的增长和发展速度的加快而发展。在某种意义上，真正的教育和启示是相同的，新的灵感不断地从经文、大自然和人类经验的无限书籍，即所谓的历史中迸发出来。例如，祭司和利未人"走遍犹大各城，教化百姓"，受此启发，流动教师和传教士产生。公元 64 年，大祭司约书亚·本·伽玛拉（Joshua Ben Gamala）认为每个犹太城镇和村庄都有义务运营一所公立学校。在犹太教堂里受欢迎的拉比学校，在整个中世纪是繁荣的。基督教会的教义学校、僧侣学校和大教堂学校也是如此。阿扎里亚斯兄弟（Brother Azarias）的教育论文确凿地证明，中世纪教会既没有忽视初等教育，也没有忽视民众教育。所有这些历史都是时代需求的体现。

此外，欧洲在教育、宗教和政治等广泛领域中经历了一系列重大的群众运动，最为著名的当数文艺复兴运动。教育和社会一样，也有冬去春来的时候。哲学思辨训练显得过时了，不足以应对 19 世纪社会的需要。经院哲学被文艺复兴所取代，给欧洲带来了新的生机和活力。文艺复兴之后，经过宗教改革，特别是启蒙运动，形成了完整的资产阶级意识形态，奠定了西方近代教育的理论基础。[①] 在这场复兴中，欧洲的学院和大学已然存在了四百多年。从这种学术复兴的普遍推广中，一个新世界出现了，社会上出现新的兴趣。古代的教训以及中世纪神学体系已经不能再垄断年轻人的注意力。他们渴望成为国家的活跃公民。语言和文

---

① 吴式颖、阎国华主编《中外教育比较史纲·近代卷》，山东教育出版社，1997，第16 页。

学引起了民众的注意。政治、经济、法律、制度和拥有公民身份的国家，对任何大学教师来说都比过时的思想和言论形式更有趣。探索大自然的神秘世界也开始吸引教师和学生的注意力。

总体而言，教育与民主精神是分不开的，是社会变革等多因素的推动。民众教育、人类文化、宗教改革和政治进步是相互交织的影响因素。民众教育如同宗教和宗教信仰一样，是解决社会问题的有力手段。由此，与民主时代需要相匹配的大学教育的新方法逐渐发展起来。在这些新方法中，"大学推广"成为走向教育民主运动的重要途径。大学教师走出大学保守的回廊和围墙，把古老的牛津大学、剑桥大学等带给英国人，在城镇和农村地区开设学习讲座，组织运作体系化的教学和开设多样化的课程。大学推广是"当人们不能来到大学接受教育的时候，把大学带给民众"的有组织的改革尝试。大学推广是先进的为民众服务的系统教学，不囿于身份阶层、性别或年龄，以讲座、讨论课、文章写作（Paper Work）和考试的方式组织，在大学教师指导下，通过大学推广讲座的方法和信息传递把全体民众和大学联系起来。

（二）政治改革的刺激

19 世纪是英国历史上充满改革的时代，其中政治领域的改革对教育产生了深刻影响。从历史发展来看，在工业革命和社会生活条件不断变化的刺激下，英国政治领域每隔 20 年左右就采取决定性的改革措施，每一次都开创了教育发展的相应时代。19 世纪 30 年代，国家援助教育的原则在英国首次得到承认。但是，国家赠款只提供给中产阶级子弟所就读的志愿学校。这项措施将政治权利扩展到中产阶级，可以说是具有启发性的。20 年后，即 19 世纪 50 年代，电报、报刊、文学和自由贸易在指引着英国民族社会团结，这一时期标志着工业学校（Industrial Schools）和民众教育运动的开始。同时，古典大学进行改革，从少数几所大学中挑选大学参与国家服务。又过了 20 年，即 19 世纪 70 年代，政治变革政策包括工人成为选民的一员，受过教育的人开始关心自身与社会问题，国家基础教育体系逐步建立，大学在积极拓展它们对整个国家的责任。到 19 世纪 90 年代，在政治权利进一步扩展和议会推动的"地方自治"（Home Rule）原则指导下，政府出台的地方和国家立法明确规定工人的劳动时间，减轻工业压迫。总体而言，19 世纪英国改革进程可划分为两个阶段。第一阶段主要解决与资产阶级息息相关的政治民主和经济自由问题；第二阶段主要解决与劳工大众休戚相关的权利保障和民生问题。①

英国在没有国内战争和外部约束的情况下，发生了意义深远的政治改革，这些改革主要包括以下几方面：一是 1832 年的议会改革，权力的天平从地主贵族转移到了中产阶级。以机械发明为基础的工业革命的发展，使一个新兴中产阶级的利益受到了重视。二是 1833 年英国议会批准了第一条通往伦敦的铁路，尽管地主们悲观地预言用蒸汽代替马力将是"英格兰的诅咒和毁灭"，但铁路路线数量在成倍增加。同时，新闻界的影响力也越来越大。三是 1846 年《谷物法》（The Corn Laws）的废除，以及自由贸易理念的传播，表明了民主精神的力量。四是 1867 年英国工人作为国家的一员，站在了中产阶级和上层阶级的一边。议会立法赋予了工人权利，即对于工人来说曾经是少数人享有的选举权。英国工人政治特权的扩大是对大学和成人高等教育机会扩大的预兆。从这一方面意义来看，大学推广运动是 19 世纪英国逐步推进的一场更大的民主运动的一部分。②

（三）工业革命的影响

工业革命是影响西方近代教育进一步发展的决定性因素。③ 18 世纪下半叶开始，工业革命在英国兴起。生产工具的改变、蒸汽机的使用成为具有划时代意义的事件。随后，工业革命向世界各国传播，对其他国家的发展也产生了深远的影响，甚至可以说改变了世界历史发展的进程。

工业革命大背景下，机器的发明革命性地颠覆了人们多年的习惯。一件制成品曾经是由一个熟练工人制造的，而在工业革命背景下，是多种机器和多人劳动的产物。在机械取代人力的时代，学徒制（the Apprentice System）显得过时，因为时代需要的是机械的、高度智能的机器。手

---

① 邓云清：《改革的时代——19 世纪英国改革综论》，《光明日报》2015 年 2 月 7 日，第 11 版。

② H. B. Adams, *University Extension in Great Britain*（US Government Printing Office, 1900），p. 963.

③ 吴式颖、阎国华主编《中外教育比较史纲·近代卷》，山东教育出版社，1997，第 12 页。

工技能培训和贸易学校原先被认为是不合时宜的，而后逐渐成为一种必要的需求。在日益激烈的商业竞争中，新的研究领域每天都在开辟。商业利益的扩张引起了人们对现实生活的强烈要求，这种要求既符合时代精神，又符合人文主义时代的古典学术精神。

英国社会和工业生活的变化是 19 世纪的特征之一。人口的构成和密度、人与人之间和阶级与阶级之间的关系、对法律和秩序的尊重、道德和宗教信仰的力量以及其他许多因素，都是社会秩序中相互关联的力量。由于旧秩序向新秩序的转变，英国的社会状况令人震惊。工业中心人口密度的增加加剧了民众生活的痛苦。妇女和儿童被迫到工厂工作，被迫在极端恶劣条件下与男性竞争。工人劳动时间长，工资却极少，徘徊在饥饿边缘。这些就是时代的社会生活写照。为了解决阶级差别越来越明显的问题，工人协会和工会应运而生。[1]

工业革命带来了好处，也带来了弊端。新闻界和文学的传播倾向于在阶级差异的状况下促进理解阶级差异，并减轻工业压迫。19 世纪初，致力于改善下层阶级生活的零星尝试就开始了，其中不乏慈善精神，从个人的契约中了解民众的需要，在讲坛和平台上为他们辩护，但收效甚微。然而，在诺丁汉和谢菲尔德建立一些地方推广讲座课程、演讲厅、商业图书馆以及"人民学院"（Peoples' Colleges）的实践，在改善下层阶级生活状况方面发挥了积极作用。

工业革命促进铁路的发展使大学推广运动成为可能。"铁路改变了英国社会，这不仅体现在成百倍增加的运输量、数十倍提高的运行速度上，也不仅体现在把全国交织成一张铁路网，从而把各地区不分远近连成一体上；它还改变了人的思维模式，改变了人对生活的看法。"[2] 大学推广系统依赖于英国的铁路系统。如果缺少铁路快速且频繁往返的交通服务，大学推广运动是不可能在英国全国传播的。

（四）科学知识的拓展

科学知识对时代的影响不比一场打破黑暗时代统治的运动小。新学

①　J. E. Russell, "The Extension of University Teaching in England and America: A Study in Practical Pedagogics," Ph. D. diss. , University of Leipsic, 1895, p. 151.

②　钱乘旦、许洁明：《英国通史》，上海社会科学院出版社，2012，第 220 页。

科知识在 19 世纪得到了极大的扩展。自然科学的进步是惊人的。致力于
自然规律的理论和实践应用的新文学著作如雨后春笋般涌现，而科学精
神为长期被浪漫主义、理想主义削弱的知识追求注入了新的活力。19 世
纪，科学知识的新领域不断拓展，科学成果辈出。其中要数达尔文的进
化论是最卓著的成果。与此同时，英国科学家几乎在每一个领域都做出
卓越贡献，有些贡献甚至是奠基性的，比如约翰·道尔顿在原子理论方
面、迈克尔·法拉第在电磁学方面、焦耳在热力学方面、詹姆斯·赫顿
在地质学方面等。崇拜科学是当时社会的风尚，普通百姓也相信科学的
伟大，力图用科学的方法思考问题。①

　　19 世纪的科学进步对社会生产产生了重大影响，尤其是蒸汽船和火
车牵引客车的发明。珍妮纺纱机、动力织布机和轧棉机发明较早，随着
转向使用蒸汽动力它们变得更加实用。由蒸汽机在制造和运输方面提供
动力，英国丰富的煤炭和铁矿得以储备下来以供应世界市场。电报机的
发明，加上快捷方便的通信手段，为报纸的发展提供了有利条件。电在
机械工艺中日益增长的重要性也证明了发明天才的奇妙成果。自 1870 年
起，英国进入了一个进步的时期，保守估计，由于机器改进而减少的劳
动时间不少于 25%。②

　　由此，19 世纪被称为英国历史上的改革时代。英国政府通过颁布涉
及国家与社会等各方面的重要法案和法令，建立了英国近代制度的基本
框架。19 世纪英国的改革，受到启蒙运动的影响，同时又是对工业革命
的回应。19 世纪的英国，尤其是维多利亚时代，经济富庶，文化灿烂，
是英国历史上值得称颂的一个时代，它以开放的改革精神把英国推向现
代社会，达到了高度发展的顶峰。③ 大学推广运动萌发于 19 世纪 40 年
代，到 19 世纪八九十年代达到发展高潮，到 20 世纪上半叶经大学推广运
动与工人教育的结合转向了继续教育和成人教育。

---

① 钱乘旦、许洁明：《英国通史》，上海社会科学院出版社，2012，第 273 页。

② J. E. Russell, "The Extension of University Teaching in England and America: A Study in Prac-
tical Pedagogics," Ph. D. diss., University of Leipsic, 1895, p. 151.

③ J. E. Russell, "The Extension of University Teaching in England and America: A Study in Prac-
tical Pedagogics," Ph. D. diss., University of Leipsic, 1895, p. 151.

二 大学推广运动的教育背景

大学推广运动萌芽于 19 世纪 40 年代，直至 20 世纪前半叶，英国仍存在包括工人教育在内的多种形式的大学推广运动。从历史发展来看，大学推广运动的发生时间主要在英国的维多利亚时代。维多利亚时代的英国在教育方面取得了巨大的发展，这一时期在教育支持方面具有鲜明的特点。由于制定了新法律，更多的人能够接受义务教育，民众教育在这一时期有了显著发展。维多利亚时代的英国国民的识字率急剧上升。虽然维多利亚时代的英国在教育领域取得了许多成就，但社会阶层和性别之间的教育机会和教育层次仍然存在较大差距。19 世纪初开始，关于大学教育的辩论持续了数十年。19 世纪 50 年代起，古典大学的弊端越发凸显，无法适应时代发展需求。社会要求对古典大学进行改革的呼声更加高涨。这一时期出现了新型的城市学院，更加注重实科教学，在高等教育体制、目标、对象和功能等方面都与古典大学有所区别。另外，英国各地出现了为工人开办的各种讲座和机械工人学院，一定程度上满足了工人在文化和教育方面的需求。大学推广运动正是传统大学对时代新的社会需求做出的回应和调整。

（一）民众教育的进步

随着英国社会的进步，政治责任和慈善理想在一定程度上推动政府增加教育设施资金投入。在 1820 年以前，大学的管理发生了一些变化，迫使大学将科学、艺术和现代语言纳入课程体系。《1832 年改革法案》颁布后，1834 年英国议会通过了教育补助金方案，第一笔用于促进教育的直接年度拨款启动。为了监督和分配国家拨款资金，1839 年英国政府成立了枢密院教育委员会。1857 年政府通过了《工业学校法》，规定建立工业学校。随着下层阶级作为选民运动的发展，全民教育的理念（Idea of Education for All the People）取得进展。相关决议于 1857 年在伦敦举行的一次教育会议上通过，把全民教育问题摆在了全国面前。英国民众教育的进步主要表现在以下几个方面。

一是免费学校制度（Free-School System）的建立。1869 年，英国通过议会法案对七大公学进行改革，在很大程度上扩大了它们在中上层阶级中的作用。英国 1870 年《初等教育法》的颁布开启了英国教育新的历史时期。南肯辛顿的科学与艺术学院在一个有限的领域内做出了重要贡献，即建立了一所公立学校。学校由地方委员会（Local Committee）控制，部分经费由地方税收支持，为所有无力支付学费的人提供免费教育。这意味着国家干预教育的开始。1850 年，在 1800 万人口的情况下，只有 1844 所学校接受督查，而这些学校只招收了半数学生。当时的学生数是 197578 人，总的可容纳 370948 人。被录取的学生中，只有不到 20% 的人具备阅读能力，能书写的人就更少了。1870 年，接受监管的学校增加到 8986 所，有 1255083 名学生；1890 年，学校有 19498 所，平均入学人数近 400 万人。国家补助金从 1834 年的 2 万英镑，增加到 1864 年的约 18 万英镑，再到 1894 年的 650 万英镑。① 随后，特别是在 1889—1890 年，英国政府还做了更多的工作。1890 年，英国颁布了一项完全免费的小学教育法案，由此英国的初等学校免费对所有人开放，并得到了慷慨的支持。

　　二是中等教育与技术培训的发展。在 1889 年通过的《威尔士中等教育法》（Intermediate Education Act for Wales）中，政府首次正式承认"有必要通过公共资金系统地、有组织地提供中学教育"。1890 年，英国颁布了一项新的法典，极大地刺激了常规学校和夜校的发展。政府把一大笔额外烈酒税收入用于教育领域，技术培训受到鼓励。政府的皇家委员会制定了综合的中等教育体系，以便在较低层次的学校和大学之间架起一座桥梁。用当时教育部部长的话说："英国正在慢慢下定决心。无论社区的富裕阶层如何做，都应该为所有中产阶级和工人阶级提供公共服务（Public Service），他们要求接受高于初等学校以上的教育，廉价、有效和接近他们的居住地，并有一些公共政策保证其效率。"② 大学也变得更加自由，这一点可以从大学课程的扩展、提供暑期课程（Summer Classes）和招收女性学生等方面得到印证。

---

① J. E. Russell, "The Extension of University Teaching in England and America: A Study in Practical Pedagogics," Ph. D. diss., University of Leipsic, 1895, p. 154.

② J. E. Russell, "The Extension of University Teaching in England and America: A Study in Practical Pedagogics," Ph. D. diss., University of Leipsic, 1895, p. 157.

三是英国人识字率（Literacy Rate）的提高。19 世纪，英国人识字率急剧上升。1820 年，识字率为 53%。1870 年，识字率跃升至 76%。19 世纪，女性的识字率达到了历史最高水平。可以说，识字率的大幅增长是政府加大了对学校和教育的干预的直接结果。①

虽然民众教育取得了进步，但是社会阶层和性别之间的教育差异仍然存在。这种差异有其历史根源。一方面，在上层阶级中，男孩从小由一位女家庭教师抚养长大，直至十岁左右，而后男孩通常去一所公学接受教育。公学是具有选择性的昂贵的贵族学校机构。第一所这种类型的学校是温切斯特公学，成立于 1382 年。公学只招收男性学生，费用昂贵，而贫穷家庭的子弟根本负担不起相关费用，因此只有上层阶级的男孩拥有接受良好教育的机会。公学的目标是把男孩培养成为绅士，教育重点是体育精神、宗教信仰和领导才能。另一方面，上流社会的女孩没有被送到公学，她们待在家里，主要学习的是结婚后作为家庭主妇必须具备的生活技能，例如，女孩必须掌握缝制、烹饪、唱歌和弹奏乐器等技能。这些都是女孩一生中可以使用的技能，特别是使她成为贤妻良母的技能。这是维多利亚时代英格兰女性最普遍的选择。19 世纪中期开始，女子逐步接受高等教育。女子学院的出现带给女性更多接受高等教育的机会。

可见，英国政治和教育改革进程的并行不只是一种巧合，两者都受到国民生活需求的指引。民主精神体现在不断的立法行动中。每一步都有新的任务摆在教育专家面前，民众的共情和热情成为支持教育改革建议的重要动因。

（二）古典大学的弊端

19 世纪上半叶，牛津大学和剑桥大学保留其办学传统，都只招收贵族子弟入学。享受大学教育只是少数人的特权。据史料统计，17 世纪至 18 世纪牛津大学与剑桥大学的学生社会成分主要是贵族、绅士、官吏、军人、大商人以及上层社会职业者，如牧师、医师、律师等。一般职员、小商人和富裕的自耕农人家的子弟微乎其微，而贫困的劳动群众

---

① British Literature Wiki, Education in Victorian England, https://sites.udel.edu/britlitwiki/education-in-victorian-england/, 2019 – 04 – 02.

根本不能入学。① 知识阶层人士认为，减少大学的教育费用会大大降低他们的尊严和社会地位。所以，长期以来，虽然牛津大学和剑桥大学的精英们认为大学的特权应该得到更广泛群体的共享，但他们在把工人阶级的学生带入大学生活方面几乎没有什么努力。19 世纪二三十年代建立的伦敦大学学院、达勒姆大学等新型大学，注重实用知识的传播，对以牛津大学、剑桥大学为代表的古典大学构成了挑战。古典大学的改革迫在眉睫。随着社会改良思想的传播、古典大学弊端的凸显，古典大学在办学体制和教学内容等方面进行了改革。

一是关于大学教育的辩论。教育改革实践以教育理念为基础。几个世纪以来，牛津大学、剑桥大学一直是英国知识分子的主要来源。17 世纪、18 世纪，牛津、剑桥两所大学由于陷入政治宗教的斗争而停滞不前。政府和各教派都想控制大学，给大学下达了种种条条框框，使大学欲改不能，遭到了全国教育界的尖锐批评与指责。可以说，大学面临时代的挑战，已到了非变革不可的地步。② 19 世纪英国古典大学改革的思想基础是持续了数十年关于大学教育的辩论。大学是为教会和统治阶级培养接班人，还是为社会经济发展培养人才？大学只是为少数人垄断，还是向广大群众开放？这次辩论延续了 20 余年。③ 实质上，19 世纪上半叶关于大学教育的辩论涉及大学的教学内容、办学宗旨等方面，暴露出古典大学教育存在的问题。

随着近代思想的形成，大学变成了名副其实的修道院。大学毕业的学生必须服从英国国教的教义。另外，只有富有的人才能享受大学教育。1845 年，牛津大学理事会（Hebdomadal Board）收到了一份请愿书，呼吁大学录取有才华、条件良好的年轻人，无论他们多么贫穷，只要他们愿意从牛津大学的教育中受益。1850 年，政府任命的皇家委员会关于大学教育的调查报告指出了古典大学存在的诸多弊端，建议大学在大城市适当建立专业席位，这样学生可以参与学位课程学习。牛津大学理事会拒

---

① 滕大春主编《外国教育通史》（第 3 卷），山东教育出版社，1990，第 9 页。
② 张泰金：《英国的高等教育——历史·现状》，上海外语教育出版社，1995，第 11 页。
③ 张泰金：《英国的高等教育——历史·现状》，上海外语教育出版社，1995，第 21 页。

绝批准地方专业席位的计划。皇家委员会提出的其他几项提议也没有带来什么改变，只是间接地诱使古典大学默认它们对整个国家负有责任。

19世纪50年代至80年代，英国大学教育的辩论再次掀起浪潮。纽曼的大学教育思想与斯宾塞的知识价值观理论代表了这次辩论中两种对立的大学教育观。总体而言，19世纪下半叶关于大学教育的辩论是在英国高等教育发展进入一个新的历史时期的背景下进行的。这次争论的焦点不再限于大学内部的问题，如课程设置和教学内容等，而是涉及大学发展的方向问题，围绕大学的基本目标进行。[①]

二是英国古典大学弊端的凸显。从历史来看，宗教改革对英国大学教育产生了不良影响。首先，教会党派的不宽容迫使许多天主教学者离开英国到1568年在杜埃建立的新天主教学院寻求庇护，就像希腊哲学家在新埃西亚躲避正统皇帝查士丁尼的不宽容一样。其次，莱斯特伯爵罗伯特·达德利（Robert Dudley）于1581年引入了宗教测试，要求所有16岁以上的学生在入学时都要认同三十九条信纲，给牛津大学带来了沉重的枷锁。[②]

英国的学院和大学最初都是慈善机构。1892年11月18日，弗农·李（Vernon Lee）在《当代评论》（*Contemporary Review*）上发表了《民主和我们的古典大学》（*Democracy and Our Old Universities*）。文章指出学院最初和旧医院、宗教机构、修道院一样，都是按照共同的生活准则建立的，主要是为宗教服务。从最初的学院章程来看，学院认为民众应该致力于学习，而不是教学。学院的创始人希望民众自己获得更多的知识，但不要求他们传授给别人更多的知识。[③] 议员布罗德里克（G. C. Brodrick）说："牛津大学曾经对所有的基督教徒开放，后来却缩小成一个英国国教机构，成为英国人最喜欢争论的场所，发展出越来越多的有别于欧洲大学的特性，既有世俗的一面，又有非世俗的一面。"[④]

---

① 许明：《英国高等教育发展研究》，辽宁师范大学出版社，1998，第36页。

② H. B. Adams, *University Extension in Great Britain*（US Government Printing Office, 1900），p. 967.

③ H. B. Adams, *University Extension in Great Britain*（US Government Printing Office, 1900），p. 967.

④ H. B. Adams, *University Extension in Great Britain*（US Government Printing Office, 1900），p. 967.

　　在英格兰萌芽与发展的大学推广运动可追溯到 19 世纪 30 年代，当时牛津大学和剑桥大学很不情愿地响应近代化的号召。① 这两所古老的大学都面临着对其充满无情和敌意的评价。在工业革命背景下，牛津大学和剑桥大学仍主要培养贵族精英或为从事法律、教会和政府方面工作的职业人员。许多企业家和中产阶级认为，它们不过是无足轻重的特权堡垒。② 工人阶层把大学视为深奥学问的偏远城堡，仿佛是一种异族文化的看门人。如希拉·罗博瑟姆（Sheila Rowbotham）的开创性著作《陌生国度》（*Strange Country*）主要介绍工人阶级推广学生的经历。③ 托马斯·哈代（Thomas Hardy）的《无名的裘德》（*Jude the Obscure*）一书中也体现了他的异化精神，体现了以大学为基础的严格的英国阶级结构。小说中，裘德·法利（Jude Fawley）是一位石匠和有天赋的自学学者，梦想着在基督寺城大学（Christminster University，指代牛津大学）学习。但他向一所学院的院长寻求建议之后，获得的信息是"我饶有兴趣地读了你的信。从你对身为一个工人的描述来看，我冒昧地认为，你留在自己的领域里，坚持自己的工作，比采取任何其他途径在生活中获得成功的机会要大得多"。④ 这部小说实际上是 1895 年出版的，当时大学推广运动正如火如荼进行，但它无疑反映了关于批判大学精英主义的观点。⑤

　　三是对牛津大学、剑桥大学的批评。大学推广运动的历史发展应放置在 19 世纪的大学改革背景下考察。19 世纪初，很少有实质性的挑战对牛津大学和剑桥大学的特权地位构成威胁。两所古典大学期待着未来保留作为英国统治阶层的培训学院的地位。但随着社会的进步，大学面临

---

① K. Künzel, "The Missionary Dons—The Prelude to University Extension in England," *Studies in Adult Education*, 7（1975）: 34 - 52.

② D. Sutherland, University Extension in Scotland c. 1886 - 1896（Master's Thesis, University of Glasgow, 2007）, p. 4.

③ S. Rowbotham, "Travellers in a Strange Country: Responses of Working Class Students to the University Extension Movement - 1873 - 1910," in History Workshop. Editorial Collective, History Workshop（Ruskin College, 1981）, pp. 62 - 95.

④ T. Hardy, P. Ingham, *Jude the Obscure*（*Oxford World's Classics*）（Oxford University Press, 1895, 2002）, p. 110.

⑤ D. Sutherland, University Extension in Scotland c. 1886 - 1896（Master's Thesis, University of Glasgow, 2007）, p. 5.

着越来越多的问题：在一个经济、政治和社会快速变化的社会中，大学的地位和价值究竟如何？系统地提供校外讲座（Extramural Lectures）就是回应这些问题的举措之一。①

主张大学改革的评论家对牛津大学、剑桥大学的保守性、封闭性和宗教性进行了批评。亚当·斯密（Adam Smith）在他的《国富论》中指出："一般意义来说，大学的学科不是为了学生的利益而设计的，而是为了学生的兴趣而设计的，或者更确切地说，是为了主人的安逸。"他还说，在牛津大学，教授们甚至放弃了教学的伪装。众所周知，在整个 18 世纪，英国大学在科学和教育方面都未能取得很大的成绩。最好的科学和文学作品都是在学院之外产生的。教授们认为他们的席位是为了舒适的教授式支持而设立的，他们很少费力地讲课或指导。

时任首相格莱斯顿（Gladstone）在他对牛津大学学生的演讲中谈到了"大学"这个话题。在谈到宗教改革后的这段颓废时期时，他说："在早期的世纪里，牛津大学对它所表现出来的、实际上是难以衡量的优越性，已经做了很长时间的告别。的确，这是一个极具争议性的世纪，不可能促进学术生活的蓬勃发展。然而，似乎还有其他一些并非不重要的影响降低了学术脉搏。"②

胡贝尔（Huber）在 1839 年关于英国大学（English Universities）的著作中说："毫无疑问，社会公众对牛津大学和剑桥大学的评价或多或少是不利的，在极端情况下，人们对这两所大学怀有一种难以消除的敌意。"③ 1852 年，纽曼在他的《大学的理念》（*The Idea of a University*）中提到牛津大学："大约 50 年以来，我曾长期作为其一员的英国大学，在一个世纪的无所作为之后，在对其所负责的青年人无所教育之时，终于如梦初醒，恢复了其职责和地位所要求的责任感。"④

---

① D. Sutherland, University Extension in Scotland c. 1886 – 1896（Master's Thesis, University of Glasgow, 2007）, p. 5.

② H. B. Adams, *University Extension in Great Britain*（US Government Printing Office, 1900）, p. 968.

③ H. B. Adams, *University Extension in Great Britain*（US Government Printing Office, 1900）, p. 968.

④〔英〕约翰·亨利·纽曼：《大学的理念》，高师宁等译，贵州教育出版社，2003，第 33 页。

托马斯·卡莱尔（Thomas Carlyle）在其著作《旧衣新裁》（*Sartor Resartus*）中对一所苏格兰大学进行讽刺性描述："把它布置成一个小的图书室，然后把它变成一千一百张基督教的小册子，按照他们所列的时间，从三年翻到七年；有些人以教授的头衔站在门口，大声宣布那是一所大学，收了相当可观的入场费——在精神上和成绩上，确实和高级神学院（High Seminary）有几分相似之处。"

这些批评无疑有些夸大，呈现了英国大学教育的片面形象，但即便如此往往也存在一定的历史真相。这些批评以一种引人注目的方式说明了古典大学旧秩序的弱点。正是基于古典大学的弊端，社会各界呼吁改革大学教育。19世纪的英国高等教育领域充满了改革的氛围。

（三）地方考试的开始

19世纪中期，大学教育改革举措的实施发生在1857年，先是牛津大学，后来是剑桥大学采用了由托马斯·阿克兰（Thomas Acland）和坦普尔（后来是拉格比公学的校长）自愿组织的地方考试制度。教师学院（College of Preceptors）和艺术学会（The Society of Arts）曾针对地方考试做过实验。古典大学采用地方考试制度，第一次被认为直接地指导国家的教育利益。大学内部发生了变化，允许录取非学院成员的学生进入大学，从而大大降低了住校学生费用。经过十余年的发展，大学课程范围不断拓展和深化，将大学教学推广到大学之外的计划已经成熟，城市学院也从1871年的3所增加到1884年的14所。

1857年英国地方考试制度的设立使英国舆论发生了明显的变化。这确实是一个考试的时代，甚至国家对初等教育的支持也是基于考试结果。那些直接参与为学生准备大学考试的人很快就认识到，良好的教学是良好的考试的一个基本先决条件。中产阶级、女性对知识的渴望是他们的特点。大学也第一次以主办方身份不歧视性别，由此，英国女性开始具备享有所有教育特权的实际自由。

（四）机械工人学院运动的影响

"教育是富人的特权，是送给穷人的不情愿的礼物。"这就是1825年弗朗西斯·普雷斯（Francis Place）试图在伦敦建立第一所机械工人学院时的社会状况。机械工人渴望学习应用科学，学习新行业和新技能的知

识，这一愿望导致了第一次广泛的成人教育运动，即机械工人学院运动
（Mechanics' Institute Movement）。但是，由于工人基础教育的完全缺失，
机械工人学院面对的第一个困难是文盲，第二个困难是恐惧和反对，而
且两者总是相伴相生。

　　普雷斯是一个裁缝，每周挣 17 先令，但他建立了伦敦最大的私人图
书馆之一。他认为，没有书籍就没有学习的机会，任何健全的大众教育
体系都必须以图书馆为中心。① 为了组织第一所机械工人学院，普雷斯遭
到了强烈的反对。他拜访了威斯敏斯特侯爵（Marquis of Westminsterto）
请求支持。这位贵族有强烈的愿望帮助这个机构，但他担心民众的教育
将使民众不满于政府，因此他什么也没有给予支持。另一个反对为劳动
人民提供更广泛教育的例子是英国皇家学会（Royal Society of England）
主席在下议院的演讲。该演讲反对在英国普及初等教育的"怀特布莱德
法案"（Whitebread's Bill），认为"无论这项计划在理论上多么有价值，
对贫困的劳动阶层进行教育，实际上有损于他们的道德和幸福。这将教
会他们轻视命运，而不是使他们成为命运注定的好仆人。这种做法不但
不会教导他们服从，反而会使他们成为异端和顽固不化；将使他们能够
阅读煽动性的文学作品、恶毒的书籍和反对基督教的出版物。这将使他
们对上层无礼"② 甚至 1853 年，下议院还在议论向贫民推广阅读和开放
写作的权利将让他们成为不安全的佣人等问题。

　　19 世纪成人教育进步道路上的另一个困难是那些向民众提供成人教
育的人的精神和目标。大多数英国人认为教育是富人送给劳动阶层的礼
物。因此，机械工人学院杂志在第一期的开篇就说："与其让统治者来教
育，不如让人们不受教育。"机械工人学院运动领袖洛维特（Lovet）不断
地强调工人需要找到自己的教育方式，并指出一个教育系统对男性和女
性工作的价值，应该使他们理解身心定律（Laws of Body and Mind）、自
然科学和社会关系，以期他们获得幸福和做出对社区的贡献。

---

① J. R. Kidd, 1950, Adult Education in Canada, https://files. eric. ed. gov/fulltext/ED024875.
　 pdf, 2019 - 05 - 19.

② J. R. Kidd, 1950, Adult Education in Canada, https://files. eric. ed. gov/fulltext/ED024875.
　 pdf, 2019 - 05 - 19.

机械工人学院运动是第一次有组织地反抗限制工人接受教育的运动记录。随着劳工运动的发展，工人们要求对机械工人学院的方向和政策有发言权。与此同时，他们开始把教育作为工作的必要组成部分。机械工人学院运动的主要价值在于它坚持教育是所有人的权利，而不是当权者的权利。所有人受教育的权利，比劳动的权利、选举的权利更为首要和紧迫。受教育的权利就如同生活的权利，可以使工人生活值得一过。机械工人学院运动唤醒了工人接受教育的意识，为成人教育奠定了实践基础，为大学推广运动提供了良好的教育氛围和实践案例。

第二节　大学推广运动的思想溯源

大学推广理念经历了诸多先驱的探索与实践。早期探索者们为大学推广运动的产生与发展奠定了良好的思想基础与氛围。诸多的教育活动家、社会活动家与社会名人参与其中，对运动的发展起到了积极作用。众多大学推广运动先驱之一，被称为"大学推广之父"的詹姆斯·斯图尔特，由于他的不断探索与奔走呼吁，大学推广最终受到剑桥大学的正式认可。1873 年，剑桥大学正式宣布开设大学推广讲座。由此，轰轰烈烈的大学推广运动正式拉开序幕。随后，牛津大学、伦敦大学等大学也加入了大学推广运动行列。

一　大学推广理念的早期探索与实践

早期探索者们，例如乔治·伯克贝克、托马斯·阿诺德（Thomas Ar-nold，1795—1842）、弗雷德里克·威廉·罗伯森（Frederick William Ro-bertson，1816—1853）、弗雷德里克·丹尼森·莫里斯、查尔斯·金斯利（Charles Kingsley，1819—1875）、托马斯·阿克兰、托马斯·休斯、爱德华·丹尼森（Edward Denison）等，为大学推广运动的产生与发展奠定了思想基础与氛围。①

---

① H. B. Adams, *University Extension in Great Britain* (US Government Printing Office, 1900), p. 17.

（一）乔治·伯克贝克

在 19 世纪民众高等教育运动的领袖中，乔治·伯克贝克占有极其重要的地位。伯克贝克在格拉斯哥和伦敦探索建立机械工人学院，此类机构成为大学推广早期的活跃中心，成为大学推广运动的源头。伯克贝克很早就在利兹、伦敦和爱丁堡接受医学教育并获得学位，后来被选为格拉斯哥安德森学院（Andersonian Institution）的教授，于 1799 年开始讲授自然哲学和物理学。由于没有好的仪器，他不得不制造一些仪器进行实验。他雇用的工人对相关操作并不熟练，因此他对工人缺乏训练印象深刻，于是他为工人开设了一门指导性的科学课程。1800 年 3 月，伯克贝克将培训项目报送给了安德森学院的工作人员但未获得支持。他们把伯克贝克看作一位梦想家，但实际上他最终实现了自己的梦想。19 世纪初，他在格拉斯哥给 500 多名机械师讲课，这是格拉斯哥机械工人学院的实践开端，也是世界上第一所机械工人学院。[①]

伯克贝克于 1804 年迁往伦敦，在伦敦行医多年，但从未丧失对工人高等教育的兴趣。在 1823 年 10 月 11 日的《机械师杂志》上，他发表了关于"建立伦敦机械工人学院的建议"的文章，并于次年 12 月组织创建。在伦敦机械工人学院成立的第一年，就有 1000 多名工人登记成为该机构的会员，并缴纳了会费。伯克贝克当选主席，直到 1841 年去世。

在 1890 年 5 月 1 日的《大学推广杂志》（*University Extension Journal*）上，有一篇关于伯克贝克学院的详细报道和对诺里斯（G. M. Norris）的采访报道。当时，诺里斯已担任院长六年，他说："伯克贝克博士于 1841 年 12 月 1 日去世后不久，这个机构就以伯克贝克的名字为人所知。从那一天起，它的历史就是发展的历史，就是在许多困难面前成长的历史。在 1844 年，会员人数减少到 750 人，但这种情况并没有持续多久。1885 年 7 月 4 日，威尔士亲王主持了学院的落成典礼。课程都是为满足不同阶段学生的需求而设置的。学生在伦敦大学考试和科学艺术系考试中取得了显著的成绩。四学期的最后一届学生总数为 11735 人，而各类课程的报

[①] H. B. Adams, *University Extension in Great Britain* (US Government Printing Office, 1900), p. 17.

名人数为 14104 人。据估计，近 1/3 的学生是女性。"[①]

伯克贝克学院是大学推广工作最活跃的中心之一。从此，工人阶级的状况和地位发生了变化。机修工和手工业者不再被归入下层民众的行列。学生来自社会各阶层，诺里斯指出，学院的学生来自不同行业，如牙科学徒、职员、绘图员、小学教师、工程师、钟表匠和汽车修理工等。

伯克贝克也是伦敦大学的创始人之一，该大学代表了英国大学教育近代世俗化和民主运动的开端。格拉斯哥和伦敦是英国第一次大规模的成人高等教育运动的起点，即创建机械工人学院。机械工人学院最初是为工人设计的，但是，像图书馆等其他受欢迎的机构一样，它被证明对所有阶层都有巨大的实用价值。1852 年，英国成立了一个由 300 多家机械工人学院组成的工会组织。1854 年，伦敦艺术学会为这些机构建立了一个鼓励成人教育的考试系统。由于这项实验的成功，1857 年，在大学的主持下，其进一步提出为改进学校和教师质量而在全英国实行地方考试制度的想法。地方考试制度与实践是大学推广的一个开端。

（二）托马斯·阿诺德

托马斯·阿诺德曾在牛津大学接受教育，并以毕业生（Graduate Student）身份在学校待了几年。他在牛津大学图书馆进行广泛的历史阅读，让他第一次有了成为历史学家的冲动。他在当地曾担任青少年导师，后来成了拉格比公学的校长。曾经有人预言阿诺德将改变英国的教育制度，而实际上他确实做到了。阿诺德成功地改造了拉格比公学，为学校注入了道德和宗教基调。他认为在英国男孩身上可以找到英国公民和英国社会生活的所有不足。富人还是那样傲慢，穷人还是那样轻蔑，阶级还是那样专制，小学生和整个社会还是那样缺乏教养和宽容。[②] 阿诺德相信，改革公学就能改变英国。广泛的教会运动也表明了阿诺德对英国宗教生活和思想的影响。而后，托马斯·休斯和其他进步的大学教师进入议会，成为从阿诺德那里学到的自由思想的倡导者。

---

① H. B. Adams, *University Extension in Great Britain* （US Government Printing Office, 1900）, p. 969.

② 转引自 H. B. Adams, *University Extension in Great Britain* （US Government Printing Office, 1900）, p. 970。

阿诺德是第一个把研究的新潮流引入英国学校生活的教师。在他之前，课程仅限于古典文化。投身于对罗马历史的个人研究和修昔底德（Thucydides）研究，阿诺德敏锐地察觉到当代历史、当代语言，尤其是英语文学的重要性，他决定把所有涉及 19 世纪文化的要素引入拉格比公学课程。这一政策的成效很快显现出来，从拉格比公学到牛津大学的年轻人比那些仅仅接受语法和诗歌创作训练的学生表现出更广泛的同情心、更积极的理解力和更健全的学习能力。

阿诺德的教学和写作使人们对他的文学著作产生了极大的兴趣，后来他从拉格比被邀请到牛津大学讲授"当代历史"。在那之前，牛津大学的历史系一直是死气沉沉的。阿诺德给大学古老的课程注入了朝气和热情，由此，人们对历史和政治科学的兴趣逐步增长。

牛津大学历史系主任爱德华·弗里曼（Edward A. Freeman）教授曾公开表示其整个历史哲学体系都受到了阿诺德著作和教学的影响。弗里曼关于"人类历史本质上的统一性和连续性"的伟大理论正是阿诺德的思想。又如，"古代和当代历史之间没有间断，希腊政治只是当代政治的一个导论章节"这一思想则源自阿诺德 1842 年在牛津大学的演讲，最终传播到了美国。

无论是作为学生的劳动实践教师、作为公学校长、作为经典名著的编辑、作为罗马研究的历史学家，还是作为英国期刊的作者，阿诺德都积极参与拉格比的民众教育。早在 1834 年，他就写信给都柏林大主教说："在拉格比，我们有一个类似于机械工人学院的机构，我在那里上过两次历史课，画了两张很大的图表，并辅以颜色来说明。我画了一幅关于英国和法国过去 350 年历史的图表，并把每一个国家的战争时期标红，把内战时期标黑，并用黄线标注宪政的时间等等。我想把它们用印刷版印出来，供大家使用。"①

阿诺德不仅在机械工人学院做演讲，而且还对改善全英国工人阶级的生活状况兴趣浓厚。他曾自掏腰包创办杂志社。这对他来说是一笔亏本生意，但教育的效果并没有丧失。文章被抄录到一家更受欢迎的维护

---

① H. B. Adams, *University Extension in Great Britain* (US Government Printing Office, 1900), p. 970.

英国工人利益的报纸《谢菲尔德·库朗报》上。在编辑的要求下，阿诺德继续就经济和社会问题写作。阿诺德曾给贾斯蒂斯·柯勒律治（Justice Coleridge）先生写信说："如果我能组织一个旨在调查英国工人实际情况的协会，我愿意付出一切。"他的愿望后来得到议会的许可，并通过对英国和美国的组织性调查统计得以实现。

阿诺德坚持为民众教育所做的努力，对民众教育工作者具有持久的启发意义。他坚持教学的连续性，无论是通过演讲还是为媒体写作。他说："一切教学都必须是系统性的，而这正是民众所需要的。"他认为民众需要理解事物的起源，总结归纳全面的发展情况，而不是分离的自然历史的片段。他强调系统化的信息比大杂烩更有吸引力。民众会思考和谈论宗教和政治问题，所以民众要学会如何正确地思考和谈论。阿诺德关于民众教育的观点被他的学生发扬光大，尤其是托马斯·休斯，后来成为伦敦工人学院的创始人之一。

（三）弗雷德里克·威廉·罗伯森

1842 年，当托马斯·阿诺德在牛津大学讲授现代史课程时，众多的学生中有一个名叫弗雷德里克·威廉·罗伯森的年轻人后来发表了对这一场面的描述。罗伯森说："在我短暂的大学生涯中，有幸见证了民众对两位伟人的感情的转变。……首先是拉格比的阿诺德。在早年的生活中，阿诺德受到怀疑和诽谤，当时的智者指责他信奉宗教信仰自由主义。但是舆论改变了。他来到牛津大学，开设当代历史的讲座。这样的场面在牛津此前从未有过。然而，教室太小了，人们被转移到牛津剧院，所有最杰出人士都聚集在那里。他迈着平静的步子，带着男子汉的尊严走上讲台。"①

罗伯森从牛津大学毕业后彻底继承了阿诺德对基督教的观点。他和阿诺德一样，认为英国国教的社会使命超出了宗教范畴，阶级和民众之间日益增长的敌对情绪应该消除。罗伯森最引人注目的社会活动时期是 1847 年至 1853 年。这段时间里，他作为三一教堂教主（Incumbent of

---

① H. B. Adams, *University Extension in Great Britain* （US Government Printing Office，1900），p. 970.

Trinity Chapel）定居在布莱顿，除了精彩的布道和写作之外，他所有的公共事业中最有趣的是在布莱顿建立工人学院。这是一个工人俱乐部（Workingmen's Clubs），有1500名成员。他们每周花1便士来享受俱乐部的特权，包括一个图书馆、一个阅览室以及听讲座和参与讨论。

罗伯森坦率而大胆地同工人们谈论时代的危险倾向、对宗教和教会的敌视以及将怀疑论著作引入学院图书馆等问题。他努力促进"更健康的基调"，并在学院成员之间建立更大的社会和谐。他在布莱顿成功地遏止了反宗教和社会无政府主义的浪潮，受到了工人的敬重。工人给了他学院院长的头衔。布莱顿的工人们觉得，英国国教的一位牧师终于了解了他们的愿望。罗伯森的传记作者写道："在1848年、1849年和1850年致力于纠正压迫技工的种种罪恶的人群中，他的影响最大。在其他地区，贫富差距有所扩大，而在布莱顿，这一差距缩小了。"[1] 罗伯森的个人影响，像托马斯·阿诺德一样，在社会和教育工作者中从未消失。

罗伯森关于文学和社会学的讲座和演讲主要面向布莱顿的工人学院。罗伯森特别强调历史和政治作为提高心智的手段的重要性。他认为"政治科学是能给予人类思想的最高教育"（Political science is the highest education that can be given to the human mind）。罗伯森在其崇高的希腊意义中使用了"政治科学"一词，认为政治科学是指对个人作为一个伟大国家一员的地位和关系的明智的理解。

人所能知道的一切都服从于"政治科学"。从这个意义上理解，国家的工人对政治有兴趣。罗伯森生活在英国政治改革的时代，虽然他是一个推崇自由主义的教士，但他显然不赞同宪章派，也未能理解无记名投票对保护和解放选民的重要性。他有作为教士的改革思想，认为改善一个国家有两种方式：一是改变国家制度；二是改变人的性格。第一种方式从外在的事物开始，期望引起内在事物的变化；第二种方式则是从内到外的改变。后者才是正确的方式。罗伯森是公认的劳工朋友。在教育问题上，罗伯森认为劳动人民有权使用阅览室和图书馆，就像上层阶级

---

① H. B. Adams, *University Extension in Great Britain*（US Government Printing Office, 1900），p. 972.

有权使用俱乐部、中产阶级有权使用图书馆一样。

（四）弗雷德里克·丹尼森·莫里斯

弗雷德里克·丹尼森·莫里斯对英国的教育产生了重要影响，尤其是他对工人学院的产生与发展的影响。[①] 像阿诺德、罗伯森、金斯利一样，莫里斯也是一名大学教师和牧师，具有历史和社会的思想倾向。他曾在伦敦林肯律师学院（Lincoln's Inn）担任牧师，宪章运动时实际参与调查工人的真实需求。莫里斯认定教育是唯一切实可行的帮助工人的方法。为了工人阶级的利益，他和朋友们曾尝试过合作实验，但都以失败告终。莫里斯和他的朋友——休斯和金斯利，于 1848 年创办了一份名为《民众的政治》（*Politics for the People*）的杂志，发表关于教育和英国工人切身利益的文章。事实证明，通过报刊的影响让英国人接受教育的时机还不成熟。由此，莫里斯决心尝试一种新的方法，即开办工人学院，同工人面对面地交流。

莫里斯开办的工人学院首先在合作和自助的原则下，更好地满足英国工人的民众教育的需要；其次以 1842 年创立的谢菲尔德的人民学院（People's College）为例，1848 年被工人们接受和移植。莫里斯认为，在工人阶级能够成功地从事工业生产之前，有必要对工人进行高等教育。[②] 1854 年初，莫里斯起草并印刷了一份在伦敦组织工人学院的计划。他手头上已有一所租赁的房子。正是在这所房子里，他提出并发起教学课程的倡议。

工人学院是林肯律师学院附近的大学教师和工人之间直接联系的场所。莫里斯和勒德洛（Ludlow）周围聚集了热情的学生和老师。他们晚上给附近的年轻男子上课，而白天则给年轻女子上课。他常去小酒馆以及工人们聚集的场所，目的是结识工人，并讨论流行的社会问题和经济问题。工人学院的领导和管理权限掌握在校长和讲座教师的手中。通常，他们的服务是无偿的。讲座教师开设历史、地理、政治经济学、化学、

---

① H. B. Adams, *University Extension in Great Britain*（US Government Printing Office, 1900），p. 974.

② 转引自 H. B. Adams, *University Extension in Great Britain*（US Government Printing Office, 1900），p. 975.

物理、生理学、算术、几何、力学、记账、古代和现代语言、绘画、基督教伦理学、宗教和科学的关系等课程。出于为工人们提供便利的考虑，课程较多在晚上举行，圣经和伦理学教学则在星期日举行。

莫里斯为了工人学院的利益，筹集了 87 英镑，开设了一门公开课程，主题是"学习和工作"。莫里斯在工人学院发起这个项目不久后，也为女性开设了类似课程。他和朋友们开设了系列的演讲，后来作为"面向女士们的实践学科讲座"（Lectures to Ladies on Practical Subjects）被出版出来。第一场讲座是莫里斯做的关于建立"一所帮助富人和贫民的女子大学的计划"（Plan of a Female College for the Help of the Rich and the Poor）。针对女性的课程很快在工人学院里组织起来，据说相当成功。皇后女子学院（Queens College for Girls）的成立是莫里斯在这方面工作的历史性成果。

工人学院产生了应有的历史影响。莫里斯认为凡是获得了某种程度知识的人，都应该与同伴分享知识。他的想法是建立一所学院以寻求某种明确的方式来实现分享知识的目标。这种社会和教育实验的结果对于工人学院的持续存在具有永久的价值。类似的实验在英格兰其他城市也有尝试。托马斯·休斯（1854 年工人学院的创始人之一）于 1872 年接替莫里斯担任校长。

（五）查尔斯·金斯利

查尔斯·金斯利在全英格兰传播莫里斯为民众提供高等教育的福音。[1]就像阿诺德和罗伯特一样，金斯利也很努力地想达到和他们一样的水平。准确地说，他的贡献主要集中在创作了一系列反映社会现象的小说，这些小说因其鲜明的人物特点而广受喜爱。其中最著名的是《阿尔顿·洛克》（Alton Locke）和《酵母》（Yeast）。《阿尔顿·洛克》以故事中的主要人物洛克为线索，描述了伦敦城中工人阶级的实际情况。金斯利通过与宪章运动领袖们的相识和交往了解到这些事实，描写了伦敦裁缝的悲惨遭遇。事实上，当时的社会体系被称为"血汗制度"（Sweating

---

[1] H. B. Adams, *University Extension in Great Britain*（US Government Printing Office, 1900），p. 980.

System）。金斯利让"裁缝和诗人"阿尔顿·洛克成为苦难的英国劳工和描述宪章是非曲直的代言人，揭示了经济社会的一种状态，而世界尚未摆脱这种状态。金斯利的另一部代表性小说《酵母》则展示了年轻的英国人头脑中酝酿的东西，包括对社会改革的想法。这个故事描绘了英国农村和工人们的情况。金斯利托物言志，认为教会的责任在于解决社会问题。

金斯利在农村地区工作，其通过通俗作品影响了整个英格兰。同时，他是一个乡村助理牧师，在教区里做着艰苦的实际工作。他抽出时间尝试了一项引人注目的教育实验——"便士读书会"（Penny Readings）。为了工人们及其家庭成员，金斯利组织了一系列的便士读书会。当男士支付便士时，其配偶和母亲也得到免费的票。便士读书会每两周举行一次。

便士读书会上，金斯利或是进行关于健康的演讲，或是分享旅行记录，或是分享他的大儿子从国外寄来的信，形式多样。他的女儿和儿子还举办了乡村音乐会。母亲们为儿子们穿着礼服走上讲台合唱感到高兴，而年轻人则通过他们在准备和表演中所做的贡献获得了自尊和教养。金斯利最感兴趣的是观察音乐对贫民的影响。便士读书会后来成为社区司空见惯的集会。

（六）托马斯·阿克兰

托马斯·阿克兰推动了地方考试的开始。1850 年的皇家大学调查委员会刚刚结束工作，伦敦的一个协会就采取了措施，间接地对大学推广的发展产生了重要影响。艺术学会于 1854 年开展了一系列的机械工人学院考试。1852 年，该学会率先成立了机械工人学院联盟，其中有 300 多所成为会员。1854 年，学会安排为这些机械工人学院的成员举办考试，并向在考试中取得学分的人提供资格证书。在这些考试中，伦敦主教是考评员之一。事实证明，专门为刺激成人学习和测试知识而设计的考试取得了全面成功。

1855 年，埃布林顿（Ebrington）勋爵曾提请人们注意工艺学会为机械工人学院的成年会员设计的考试，并与阿克兰、布里尔顿（J. L. Brereton）颁布了一项针对英格兰西部中产阶级学校（Middle-Class Schools）的考试制度。1857 年 4 月，坦普尔写信给牛津大学彭布罗克学院的教师，指出中产阶级的教育缺乏明确的目标来指导教师的工作，缺乏值得信赖的实验来区分好学校和差学校。阿克兰设计的机构——地方考试委员会（Local Examination Committee），由当地极具代表性的人士和一个考评员委员会（Board of Examiners）组成。考评员委员会成员包括斯塔福德·诺思科特（Stafford Northcote）、马克斯·缪勒（Max Miiller）、乔治·里士满（George Richmond）、约翰·赫勒（John Hullah）和阿克兰。地方委员会为了给他们的工作盖上官方的印章，要求教育委员会（Committee of Council on Education）允许两名督学与地方委任的考评员合作检查学校。请求得到了批准，委员会主席指示坦普尔（伦敦主教）和鲍斯蒂德（J. Bowstead）协助实施考试和奖励计划。[1]

这场考试于 1857 年 6 月举行，在斯塔福德郡、柴郡、什罗普郡、沃里克郡和南威尔士陆续组织。坦普尔认为这是"改善中产阶级教育的第一步"[2]。

从历史上看，地方考试制度推动了大学推广的进一步发展。阿克兰最初的计划是公开的实验。他希望大学在全国各地自行组织和管理类似的地方考试。他指出："大学的宗教排他性已被议会法案取消；……在世俗知识方面，大学处于有利的位置；……大学在图书馆和收藏方面有很大优势……大学的许多成员拥有丰富的国家官方公共教育工作经验。"[3]许多大学毕业生占据大城镇与司法管理和国家公共机构管理相关的重要职位，构成了大学推广计划的支持者主体。大学推广计划的成功取决于地方委员会和大学机构之间的友好合作。

1858 年，阿克兰提出大学应向民众提供更好的普通教育。大学有资格给予学校教育以健康和自由基调，培养从事忙碌的农业和商业工作的学生，而不仅限于对文学和科学的追求。大学第一次被明确要求对未被录取的人进行推广教育。支持这一要求的请愿书从全国各地蜂拥而至。牛津大学立即产生了兴趣，剑桥大学则率先开始实施大学推广教育。这

---

① H. J. Mackinder, M. Sadler, *University Extension*: *Has It a Future*? (Frowde, 1890), p. 57.

② H. J. Mackinder, M. Sadler, *University Extension*: *Has It a Future*? (Frowde, 1890), p. 57.

③ H. J. Mackinder, M. Sadler, *University Extension*: *Has It a Future*? (Frowde, 1890), p. 58.

两所古典大学毫不迟疑地采用了对非大学成员的地方考试制度，牛津大学推广计划（Oxford Extension Scheme）的起源就是一个生动的写照。大学推广计划的发起人设计了一种集中央监督管理与地方自治优点于一体的系统，而这场运动的教育政策指引留给了大学。同时，与大学推广计划紧密相关的建立城市学院的新大学运动同步开始，给英国带来了新式大学。

（七）大学推广运动的其他推动者

大学推广运动的推动者还包括大学教师、重要机构的负责人以及参与大学推广运动的讲座教师，他们为把大学教育传播到英国各地贡献了智慧和力量。牛津大学的威廉·休厄尔和剑桥大学的亚瑟·赫维（Arthur Hervey，1808—1894）向牛津大学理事会建议采取措施接纳贫民阶层进入大学接受教育。

1850 年，威廉·休厄尔第一次提出了大学推广的建议。休厄尔给牛津大学副校长写了一封题为《关于大学推广的建议》的信。休厄尔的建议并未产生立竿见影的效果。牛津大学认为将大学基金用于伯明翰、曼彻斯特和全国各地的一般教育是不明智的。英国大学推广的问题并没有通过大学经费的支出来解决。

1855 年剑桥大学勋爵亚瑟·赫维出版了一本名为《建议大学开设关于英国和爱尔兰文学、科学和机械工人学院的讲座》（*A Suggestion for Supplying the Literary, Scientific, and Mechanics' Institutes of Great Britain and Ireland with Lecturers from the Universities*）的小册子。约 18 年后，大学推广工作首先在剑桥大学的行动中成为现实。亚瑟·赫维勋爵的小册子出版 11 年后的 1866 年，伦敦麦克米伦公司出版了小册子《牛津大学推广运动》（*Oxford University Extension*），其中包含六份报告。这六份报告的标题包括：其一，关于新学院或大厅的建立。其二，论现有大学与大学推广目标的适应性。其三，允许本科生在学期间住宿学校。其四，考虑本科生在大学学习八个学期后的住宿问题。其五，将大学教育推广到医学专业人员。其六，通过地方附属机构推广大学博雅教育。[1] 这些报告中

---

[1]　W. H. Draper, *University Extension: A Survey of Fifty Years, 1873 - 1923*（Cambridge University Press Archive, 1923），p. 4.

有两点内容尤为值得注意。第一，在 1870 年之前"大学推广"一词的含义远远大于后来与之相关的活动范围；第二，这六份报告没有一个是牛津大学委员会能够达到的方向，而剑桥大学派出讲座教师在各城镇开设课程的做法已拉开序幕。但是，报告预测了真实的大学推广实践，例如在大学内或附近建立新的学院、扩大包括医学在内的学院数量，以及通过地方附属机构开展博雅教育。

卡农·摩尔·伊德（Canon Moore Eade）是大学推广运动的拓荒者，他提出了大学推广运动的目标：大学给大学推广学生（University Extension Students）正式认可要更为便捷；对于参加了一定数量的讲座课程并通过考试的学生，要给予头衔，如剑桥大学副学士学位（Associate of Cambridge，A. C.）。如果非全日制学生比全日制学生更加勤勉地投入学习中，必将导致申请学位的数量增加。为何大学校方不愿给予学习优异的推广学生满意的认可？明确的答复是大学校方怀疑在这样的状况下学习的质量问题。大学校方担忧这样会使大学学位变得廉价，让大学教学工作变得肤浅。[1]

英国大学推广的推动者[2]还包括：牛津大学推广委员会（Oxford Delegates）的第一任主席亚瑟·阿克兰（Arthur Acland），后来担任教育部部长；内政大臣阿斯奎斯（Asquith），曾是伦敦协会的讲座教师；里彭（Ripon）侯爵，在伦敦组织推广工作的主要人物；爱尔兰首席秘书莫利（Morley）；商业局局长兼皇家委员会主席布莱斯（Bryce），他是运动的倡导者，从一开始就积极推动大学推广工作。其他一些支持大学推广运动的人士包括：戈申（G. J. Goschen），曾任英国财政大臣、伦敦协会会长；卢埃林·史密斯（Llewellyn Smith），牛津大学讲师，曾任劳工专员（Commissioner for Labor）；杰布（R. C. Jebb），英国希腊学者；著名生物学家帕特里克·格迪斯（Patrick Geddes）教授，苏格兰大学推广运动的核心人物；德文郡公爵马克斯·米勒（Max Miiler）教授、普莱费尔

---

① A. E. Ottewell, The University Extension Movement（Master's Thesis, University of Alberta, 1915）, p. 18.

② J. E. Russell, "The Extension of University Teaching in England and America: A Study in Practical Pedagogics," Ph. D. diss. , University of Leipsic, 1895, p. 175.

（Playfair）勋爵；分别担任伦敦、牛津和剑桥大学推广委员会主席的罗伯茨、萨德勒、亚瑟·贝里（Arthur Berry）。此外，还有莫尔顿以及其他与英国教育推广事务相关的人物。一场在英国获得如此广泛支持的运动，必定能够为全世界的教育改革提供经验。大学推广理念的早期探索与实践为大学推广运动奠定了思想基础。

二　"大学推广之父"的探索与实践

詹姆斯·斯图尔特被誉为"大学推广之父"[①]，对英国大学推广运动的产生与发展起到了不可磨灭的重要作用。

（一）詹姆斯·斯图尔特的生平

斯图尔特生于 1843 年 1 月 4 日，逝于 1913 年 10 月 12 日，法学博士，英国枢密院议员，任教四十六年，曾担任圣安德鲁斯大学校长（1898—1901 年）。他是剑桥大学第一位机械和应用力学（Mechanism and Applied Mechanics）教授。他热心地把他的技能和知识传播到英国各地，在倡导剑桥大学开设大学推广讲座方面发挥了领导作用。他也是女子高等教育和工人阶级高等教育的大力支持者。他曾六次当选英国国会议员，忠诚地为国家服务（见图 1–1）。[②]

斯图尔特在圣安德鲁斯马德拉斯学院（Madras College）接受教育。1861 年，他在圣安德鲁斯大学获得文学学士学位（Bachelor of Arts Degree）。1862 年，他获得了剑桥大学三一学院的小额奖学金，并于 1866 年以第三名的成绩毕业。1867 年，他被聘为三一学院教师，成为该校的一名助教。1875 年，他被圣安德鲁斯大学授予荣誉法学博士学位。

斯图尔特意识到广大民众接受高等教育的需求，因此他除了担任大学职务外，还组织了大学推广课程讲座。从 1867 年开始，他在英格兰北部进行了一系列的演讲，特别是英格兰北部女子高等教育促进协会（North of England Council for Promoting the Higher Education of Women）邀

---

①　H. J. Mackinder, M. Sadler, *University Extension, Past, Present, and Future* (Cassell, 1891), p. 18.

②　Trinity College, "James Stuart", http://trinitycollegechapel. com/about/memorials/brasses/stuart/, 2020 – 05 – 11.

图 1-1　詹姆斯·斯图尔特

请他为女性开设讲座。1873—1876 年，他担任剑桥大学地方讲座联合会
（Local Lectures Syndicate）第一任主席，并在牛津大学推广委员会和伦敦
协会的协助下，为大学推广运动的发展做出了实质性的贡献。他不是大
学推广的唯一发起者，但无疑是最杰出的活动家。1875 年，他被选为剑
桥大学机械和应用力学的第一任教授，并策划了机械科学文学士荣誉学
位考试。由于实践培训项目超越了剑桥大学的理论传统，斯图尔特的方
法和激进政治思想引致了批评。1889 年，当他的文学士荣誉学位考试提
案被否决，联合会的存在受到威胁时，他辞去了主席职务。

　　斯图尔特热心为国家服务，多次当选议员。1884—1900 年和 1906—
1910 年，他曾是国会的后座议员。他与约瑟芬·巴特勒（Josephine But-
ler）合作，参与废除《传染病法》的运动，并积极倡导妇女参政和上议
院改革。斯图尔特在 1884 年当选为哈克尼（Hackney）议员。1885 年大
选，他搬到了霍克斯顿选区。1885—1900 年当选为霍克斯顿议员。其间，
在 1889—1898 年，他也是伦敦郡议会的市议员。到 1894 年，他已然是一
位颇具影响力的国会议员。斯图尔特在 1900 年大选中遭遇失败，但在
1906 年桑德兰大选中取得成功，并于 1906—1910 年当选为桑德兰议员。
他于 1909 年宣誓就职于英国枢密院。

　　斯图尔特和妻子劳拉·伊丽莎白·科尔曼（Laura Elizabeth Colman）
住在格莱斯顿的哈沃登城（Hawarden Castle）。1898 年，其岳父芥末生产

商科尔曼（J. J. Colman）去世。斯图尔特搬到诺福克管理公司。1913 年，斯图尔特去世。他的遗孀为了纪念他，在剑桥大学成立了一个校外讲座教师组织（Extramural Lecturership）。多年来，斯图尔特之家（Stuart House）一直是剑桥大学校外学习委员会（Cambridge Board of Extramural Studies）的所在地，现为剑桥大学就业服务中心（University Careers Service）所在地。①

（二）斯图尔特与大学推广讲座实践的开始

大学推广工作者所依赖的大学推广方法和原则承载着斯图尔特的思想和实践印记。斯图尔特的胆识和能力、对获取和传授知识的热爱，以及对所有愿意追求知识的人表示最广泛的同理心是大学推广运动发展的主要动力。大学推广工作者受斯图尔特的影响，保持着高标准的知识教学以及对大学推广讲座的热情。

1. 斯图尔特对建立巡回大学的设想

1866 年毕业后不久，斯图尔特提出了建立巡回大学的设想。在巴尔戈尼，斯图尔特与母亲散步时向她描述了他对英格兰和苏格兰之间教育巨大差异的理解。斯图尔特认为，在英格兰，人们接受大学教育的机会远远不如苏格兰。他留在剑桥大学，努力完成了两件事：第一，使大学讲座以更有趣的形式普遍开放；第二，建立巡回大学，派出教授在各大城镇巡回开设讲座，从而为民众接受高等教育提供更多机会。②

在谈及大学开设讲座课程的建议之后，斯图尔特说道："与我母亲的谈话中提及的建立一所巡回大学，是我脑海中最重要的一句话。1867 年初夏，由于英格兰北部女子高等教育促进协会的邀请，我获得了一次建立巡回大学的机会。"③ 斯图尔特在利兹、谢菲尔德、曼彻斯特和利物浦

---

① Trinity College, "James Stuart", http://trinitycollegechapel. com/about/memorials/brasses/stuart/, 2020 – 05 – 11.

② J. Stuart, H. Colman, Caroline, *Reminiscences by James Stuart* (London: Printed for Private Circulation at the Chiswick Press, 1911), pp. 153 – 183.

③ J. Stuart, H. Colman, Caroline, *Reminiscences by James Stuart* (London: Printed for Private Circulation at the Chiswick Press, 1911), pp. 153 – 183.

等地巡回举办了 8 场天文学讲座。斯图尔特后来写信给他的母亲说："我有一个意外的机会开办一所巡回大学。"[1] 斯图尔特在利兹、谢菲尔德、曼彻斯特和利物浦举办天文学讲座的实践成为大学推广运动向前迈进的重要一步。

2. 斯图尔特的大学推广讲座首次实践

1867 年，斯图尔特开始了大学推广讲座首次实践，这一行动成为大学推广运动史上具有决定性意义的一步。1867 年秋季，曼彻斯特、利物浦、谢菲尔德和利兹四地建立的英格兰北部女子高等教育促进协会邀请斯图尔特为女性教师开设"教学的艺术"（Art of Teaching）课程，举办关于教育的理论和方法的讲座。这一委员会的最初目标是通过对有意成为教师的女性进行更好的教育，改善女性的教育状况。协会的主席是约瑟芬·巴特勒，秘书是克劳夫（A. J. Clough）女士。活跃的成员有曼彻斯特的沃斯滕霍姆（Wolstenholme），利兹的西奥多西娅·马歇尔（Theodosia Marshall）、露西·威尔逊（Lucy Wilson），谢菲尔德的凯丁（Keeting）、塞缪尔·恩肖（Samuel Earnshaw）和塞缪尔·罗伯茨（Samuel Roberts）等。[2]

斯图尔特拒绝直接教授教学艺术的做法，而是通过为她们提供生动的课程来展示教学艺术。斯图尔特开设了包含 8 场讲座的天文学课程，成为当时英格兰最受欢迎的系列讲座。随后，其他组织也邀请斯图尔特开设类似讲座，由此形成了巡回讲座路线。此外，斯图尔特还总结了英国大学推广的两大特征，即印刷的教学大纲和书面考试。[3]

1867 年，克鲁铁路公司（Crewe Railway Works）的一名管理员穆尔索姆（Moorsom）致信斯图尔特，邀请他为当地的机械工人学院开设讲座。斯图尔特答应并开设了"流星"课程。据说，在夜间讲座过程中发

---

① J. Stuart, H. Colman, Caroline, *Reminiscences by James Stuart* (London: Printed for Private Circulation at the Chiswick Press, 1911), pp. 153 – 183.

② J. Stuart, H. Colman, Caroline, *Reminiscences by James Stuart* (London: Printed for Private Circulation at the Chiswick Press, 1911), pp. 153 – 183.

③ A. E. Ottewell, The University Extension Movement (Master's Thesis, University of Alberta, 1915), p. 11.

生了奇妙的巧合，当天夜空中出现了流星雨。听闻此消息后，参与讲座的工人攀升至 1500 人。推广讲座之所以取得巨大的成功，部分要归功于对流星雨事件引人入胜的报道。由此，讲座课程的形式和大学推广教学的原则在克鲁郡的工人中首先确立。

斯图尔特陆续在利兹、谢菲尔德、曼彻斯特和利物浦等地举办天文学讲座。在两个月的时间里，斯图尔特每周都要在这四个城市给大约 600 名学生巡回讲课。[①] 这些早期尝试为大学推广工作奠定了实践基础，形成了大学推广工作的本质特征：演示、讲座、讨论课、教学大纲和考试。斯图尔特积累了讲座的实践经验，他呼吁剑桥大学按照大学推广教学原则投入大学推广工作中。他的建议于 1873 年得到了剑桥大学的认可。剑桥大学于 1873 年正式宣布开设大学推广课程，标志着大学推广运动的开端。1876 年，伦敦协会成立。1878 年，牛津大学的推广工作也正式开始。牛津大学、剑桥大学、利物浦大学、维多利亚大学、曼彻斯特大学和伦敦大学等在大学推广运动中也发挥了重要作用。

（三）斯图尔特对大学推广教学制度的探索

斯图尔特在推广讲座实践中不断探索改进大学推广教学制度，从而形成了较为完备的包括讲座、教学大纲、文章写作、讨论课、考试等教学环节的大学推广教学制度。

1. 斯图尔特对大学推广讲座教学方法的探索与实践

（1）设计教学大纲，帮助学生跟进课程

斯图尔特开设的讲座课程不仅是大学推广教学的起源，其课程中的两种安排随后成为大学推广教学制度的重要特点，即教学大纲和文章写作。斯图尔特从圣安德鲁斯的费里尔（Ferrier）教授那里得到启发，认为使用教学大纲来记录一系列标题，有助于帮助学生记笔记。文章写作则是为避免教师向学生口头提问而产生尴尬经历的一种优化举措。推广学生每周提交作业，讲座教师批阅后于下一次课程开始前发还给学生。

在第一次讲座课程上，斯图尔特建议每位学生在讲座后以课程大纲

---

① J. E. Russell, "The Extension of University Teaching in England and America: A Study in Practical Pedagogics," Ph. D. diss., University of Leipsic, 1895, p. 162.

或系列标题的形式做笔记。斯图尔特制作了第一份印刷版的教学大纲，并在讲座结束时分发给学生。斯图尔特认为，教学大纲有双重目标，一是帮助学生做笔记，二是帮助学生跟上课程的节奏。[①] 后来，斯图尔特把教学大纲进行压缩，并调整至讲座开始前给学生，以帮助学生跟进讲座。这就是教学大纲的起源。教学大纲伴随着每一场大学推广讲座，每场讲座，学生都会拿到一份教学大纲，作为学生应该做笔记的样本，以便学生回忆起课程的脉络。

（2）批阅学生文章，促进教师教学反思

为了避免学生口头回答问题的困难，斯图尔特准备了要提问的问题，让学生在家中以书面形式回答。这些书面作业的信件被及时寄给斯图尔特，以便他在下节课前把这些作业连同必要的更正和评论一并反馈给学生。这种被称为"文章写作"的方式首次出现，引起讲座教师对大学推广教学工作现状的反思。

斯图尔特对文章写作的起源进行了总结。他向那些打算参加讲座的人寄送了一封信，建议阅读几本合适的书，并说明在讲座后有机会提出问题。但是，相当多的人提出一些不合适的问题。他通过在第一个讲座的教学大纲中列出三四个问题解决了这一难题。他声明如果问题的答案是邮寄给他的，那么在下一场讲座开始的前两天，他会把修订完的文章寄还给他们，由此避免了私人之间交流的尴尬。来自 4 个中心的 600 名学生向斯图尔特提交了大约 300 篇文章。他说："我很难在修订这些文章的同时为下一场讲座做好准备。但是，我从这些答案中得到了非常宝贵的帮助，我看到我的解释不充分。"[②]

由此，文章写作主题成为讲座教师和地方秘书（Local Secretaries）会议上经常出现的讨论问题。经过一段时间的发展，参与写作的人数有所下降，最大的原因是学生面临规划时间的压力，另一个原因是年长学生不愿做文章写作工作，认为写作只适合在学校或刚刚离开学校的学生。

---

① J. Stuart, H. Colman, Caroline, *Reminiscences by James Stuart* (London: Printed for Private Circulation at the Chiswick Press, 1911), pp. 153 – 183.

② J. Stuart, H. Colman, Caroline, *Reminiscences by James Stuart* (London: Printed for Private Circulation at the Chiswick Press, 1911), pp. 153 – 183.

然而，斯图尔特指出了其他原因。他明确提到采用印刷品作为权宜之计，以避免意外情况，即部分年轻女士不愿意提出问题或讲座教师不愿意分析提出的问题。斯图尔特指出文章写作工作的良好成效并不仅仅是推动文章写作者的思想发展，而且有助于指出讲座教师的缺陷与不足，促进教师的教学反思。

（3）尝试讨论教学法，激发学生学习热情

斯图尔特在英格兰北部讲课的同时，克鲁铁路公司的莫尔索姆邀请他给工人们开设一场讲座。斯图尔特讲座的主题是"流星"并得到了广泛宣传。结果，讲座受到了热烈欢迎，以至于出现了一系列类似的讲座课程。1868 年夏天在同一个地方举办了 6 场天文学讲座。同年，罗奇代尔公平先锋合作社（Equitable Pioneers Society of Rochdale，英国经济史上著名的劳动人民合作组织）邀请斯图尔特就天文学的同一主题开设讲座。正是在罗奇代尔，斯图尔特创造了大学推广教学制度的又一个重要特征——讨论课。

斯图尔特强调讨论课的偶然起源与天文学讲座有关。大学推广讲座与讨论课相关联是发生在斯图尔特身上的一次偶然事件的结果。斯图尔特想把画了图表的挂图一直挂在讲座教室的墙上，以便参与者观察并提出问题，直到他下一场的讲座开始。但是，由于课后休息时，协会在同一个大厅开会讨论业务问题，讲座厅管理员对斯图尔特的做法提出异议。经过协商，斯图尔特的提议最终得到了许可。参加会议的人员都被图表吸引住了。他们留下来讨论了整整一个小时，并请管理员在下一场讲座之前把斯图尔特请到教室里来，以便可以当面请教一些问题。而在下一场讲座前斯图尔特真的提前来到教室与成员一起讨论。这样，大学推广的第一次讨论课就开始了。这也是导师制课程的最初形式，课程包含 1 小时的讲座时间，以及 1 小时对先前讲座观点讨论交流的时间。

自此，大学推广工作出现了一个更鲜明的特点——讨论课。许多学生在文章写作的过程中，深挖课堂讲稿和教学大纲都未阐述清楚的知识点，在讨论课中提出。因此，与讲座教师的讨论交流不仅成为一种必要，而且有助于学生进一步应用基本原则。事实证明，讨论教学在教育上很有价值，能有效地激发学生的学习热情。

2. 斯图尔特对大学推广教学组织管理的探索

（1）提倡系统化的大学推广课程教学

斯图尔特认为教学要系统化就必须体现在课程中，提供系列讲座课程有特殊的意义。他拒绝做一场单一讲座，也拒绝做一系列与主题无关的讲座。这种单一讲座体系在机械工人学院和文学协会中盛行，斯图尔特一直为其不足而烦恼。大学推广的目标是用一系列按明确顺序安排的课程来取代随意的讲课。斯图尔特倡导用同一位教师的系列讲座课程模式来代替由不同的讲座教师单独开展的单一讲座方式。斯图尔特不是唯一持这种观点的人。亨利·莫里（Henry Morley）教授和同行们说服了民众，使民众明白跟随一位教师学完一门完整的课程，要比听一连串人讲授单一课程有趣得多。斯图尔特的课程于1867年陆续在利兹、利物浦、曼彻斯特和谢菲尔德开设，参与课程的人很多，但仅限于女性。因此，在一开始，大学推广是由女性迈出了教育的第一步。从那时起，女性成为大学推广的主要学生群体之一。①

（2）建议成立大学推广的中央组织机构

讲座教师的课程都是按规定时间安排的，教师无法获得长期稳定的工作机会，这对讲座教师造成了困扰。斯图尔特提议成立一个中央委员会（Central Board），以一定的薪水永久聘用讲座教师，或可以把讲座教师"转租"给地方推广中心。这一提议的可取之处在于，把大学推广当作一笔生意，就像成立大学推广有限公司（University Extension Limited）。但是，这一提议也存在不足。例如，没有一家仅仅是研究经营方法的公司可以在教育界享有与由大学任命并代表大学的委员会同样的威望。这样的公司虽然可以更自由地进行实验，能够获得更多的资源来留住有经验的讲座教师，但它不会获得与大学同样的地位，也不会拥有与协会同样的资金来源。大学推广有限公司的大学推广工作无法吸引传统大学教师的热情，也无法在全国各地产生影响。正如托马斯·阿克兰曾说过，大学所在城镇本身不可能容纳与大学的工作类似的天然支持者和地方代理。斯图尔特的提议一提出，就引来了反对。可见，斯图尔特关于成立

① H. J. Mackinder, M. Sadler, *University Extension: Has It a Future?* (Frowde, 1890), p. 63.

大学推广中央组织机构的建议在当时还不够成熟。

（3）提出建立大学推广合作协会的建议

英格兰北部委员会、克鲁和罗奇代尔的讲座课程唤醒和维持了民众对大学推广的广泛兴趣。斯图尔特提出了建立合作协会的建议，即合作协会留出2.5%的利润作为教育课酬，并与英格兰北部委员会一起聘请一些最高级别的教师作为合作大学的巡回教授。但是，他高估了协会实施这一教育计划的意愿，他的建议没有被采纳。经过斯图尔特五年几乎单枪匹马的努力，他得出结论，真正的道路不是在于建立巡回大学，而是呼吁与剑桥大学携手合作。他的想法确实吸引了剑桥大学和牛津大学两所古典大学。他强烈地感受到大学面临严厉批评，认为如果大学比以往更能帮助广大民众满足需求，而不只是考虑北方和中部地区人口众多的城镇，那么大学的地位和声誉会得到巩固。

此外，将地方考试机制应用于大学推广讲座的进步应归功于斯图尔特的努力。为女性开设讲座始于剑桥大学。剑桥大学开放一所房子作为接待处，由此产生了后来的纽纳姆学院，并与格顿学院（Girton College）合作，首次在大学建立了进行女性教育的永久机构。后来，英格兰北部女子高等教育促进协会又提出，要求由大学组成一个委员会，通过考试来检验女家庭教师（Governesses）的学识，最终在剑桥大学建立了高等地方考试（Higher Local Examinations）制度。

（四）向剑桥大学呼吁开设大学推广讲座

在斯图尔特的积极呼吁下，剑桥大学采取正式行动，首先任命了一个联合委员会（Cambridge Syndicate），以考虑如何满足在人口稠密地区推广大学教学的要求。1873年10月，剑桥大学校方派出讲座教师到诺丁汉、德比和莱斯特开设讲座。从剑桥大学联合委员会运作开始，大学推广讲座真正从民众讨论的热门话题转变为实际工作。

1. 呼吁剑桥大学开设推广讲座的背景与内容

1867—1870年，斯图尔特在中小学教师和英格兰北部工匠中开设讲座课程。由于很少有大学教授愿意承担大学推广这类额外的工作和奔波劳累的铁路旅行，工人协会无法长期留住有能力的讲座教师。第一个解决方案是在工人协会间组织一个"巡回合作大学"（Peripatetic Cooperate

University），保证聘用专业的讲座教师。斯图尔特热切地寻求推进这一计划。他走访了许多合作社，目的是建立一个联盟，但他的努力并未奏效。随着当地民众的热情日益高涨，大学推广计划本身及其缺乏中央组织的弱点越发凸显。由此，1867—1870 年四年的讲座实践经验赋予了斯图尔特发言的权威，他勾勒出了一个寻求与大学合作的行动方案。

斯图尔特毫不怀疑民众对高等教育的需求是广泛存在的。他认为大学拥有最好的教师和极高的威望，只有大学才能满足民众对高等教育的需求。斯图尔特认为，一是大学有责任供应高等教育，通过大学推广体制把大学的好处带到全国各地。二是为了保持迄今为止大学在国家教育体制中的地位，应该通过大学推广教学传播大学所拥有的影响力。他相信大学推广计划能满足民众的需求，作为回报，大学也将获得与付出价值相称的好处。斯图尔特强调，他所倡导的大学推广计划是"朝着让大学真正成为国家机构的目标迈出的最大一步，对大学的益处不亚于对国家的益处"[1]。

由此，1871 年 11 月 23 日，斯图尔特向剑桥大学提交了《关于大学推广的请愿信》（*A Letter on University Extension*），倡导大学应该采纳新的运动，使大学推广教学本身成为大学系统的组成部分。斯图尔特引导与他联系密切的四类群体陆续向剑桥大学当局提交请愿。四类群体包括：英格兰北部女子高等教育促进协会、克鲁机械工人学院、罗奇代尔公平先锋合作社、市长和其他利兹居民。随后，伯明翰、诺丁汉和其他英格兰中部城镇也提交了请愿信。请愿的要点是描述已经实践尝试的讲座工作，并要求大学着手尝试大学推广讲座。同时，斯图尔特也写信给剑桥大学校务委员会（Senate of the University of Cambridge）的成员，希望得到他们的支持。

斯图尔特的请愿信介绍了他自身开设巡回讲座的经历，提出如何让巡回讲座保持教育性的特质，同时也催促在一些城镇建立永久大学。诺丁汉郡请愿书提到在城镇为工人举办通俗讲座的尝试，并详述了制订明确计划所面临的困难。利兹郡的请愿者特别关注中产阶级年轻人的需求，并指出在职业生涯和商业生涯的最初几年，大部分时间都用于学习技术

---

[1] H. J. Mackinder, M. Sadler, *University Extension: Has It a Future?* (Frowde, 1890), p. 68.

知识，这使得他们有时间提升文化水平。请愿者还敦促大学应发布一项详细描述两年到三年各学科的学习课程的计划，并在课程结束时为学生组织考试。请愿者们提到由各种机构开设的课程缺乏系统性，希望通过大学将推广教学工作系统化，提升课程连续性以增强其教育价值。

2. 剑桥大学对请愿的回应及其采取的行动

剑桥大学校务委员会于1872年任命了地方讲座联合委员会研究这些请愿书，对大学推广讲座的需求进行调查。斯图尔特担任联合会第一任主席，通过向机械工人学院和其他同类机构发出大量的问卷调查收集信息。经过几个月的努力，地方讲座联合委员会最终于1873年向校务委员会提交了一份详细的报告，报告结尾部分提出建议，支持从大学派遣讲座教师到某些城镇进行大学推广实验。同时，报告建议发挥联合会的力量开展2—3年实验，以进一步报告大学推广运作的结果。

1873年10月，剑桥大学开设的第一批讲座课程在诺丁汉、德比和莱斯特举行，聘请了三名讲座教师，主要承担三地之间的巡回讲座课程。在诺丁汉开设讲座的第一批讲座教师是斯坦顿（V. H. Stanton）、哈丁（T. O. Harding）和伯克斯（E. B. Birks），三位都是剑桥大学三一学院脱颖而出的教师。① 在后续学期中，其他地方开设的课程与诺丁汉、德比和莱斯特相似。继三位首批讲座教师之后，又有一些讲座教师加入，例如，摩尔·伊德、劳伦斯（T. J. Lawrence）、威廉·坎宁安（William Cunningham）、莫尔顿（他后来前往美国，与美国芝加哥大学合作在美国创立了大学推广讲座）、赛姆斯（J. E. Symes）以及罗伯茨（先后成为剑桥大学联合委员会的助理秘书、伦敦协会的主席）。② 在实验期截止前，剑桥大学联合委员会提交的报告赞成制订长久的大学推广计划。剑桥大学接受了报告建议，并由校务委员会授意地方考试联合会（Local Examinations Syndicate）负责大学推广讲座的管理。斯图尔特一直担任该联合会主席直至1875年。直到1889年离开剑桥大学，他一直保持对推广运动的浓厚兴

① W. H. Draper, *University Extension: A Survey of Fifty Years, 1873 – 1923* (Cambridge University Press Archive, 1923), p. 19.

② W. H. Draper, *University Extension: A Survey of Fifty Years, 1873 – 1923* (Cambridge University Press Archive, 1923), p. 19.

趣并积极参与大学推广工作。

正是得益于斯图尔特的实践探索与不懈推动，大学推广运动的产生与发展有了良好的思想基础与实践氛围，由此推动剑桥大学最终于1873 年正式宣布开设大学推广讲座，标志着英国大学推广运动的开端。随后，牛津大学、伦敦大学等大学也加入大学推广运动行列，在英国全国范围城镇开设大学推广讲座，为普通民众提供接受高等教育的机会。由此，大学推广运动显示出惊人的活力和发展态势，从英国中部地区三个城镇发展到数百个分支推广中心，学生达数万人之多。例如，1891—1892 年，剑桥大学联合会掌管 296 个推广中心，拥有 18779 名学生。[①]1893 年，英国全国开设了近 700 门课程，总共有 57000 多名学生参与。[②]19 世纪 80 年代后期，大学推广运动传播到美国、加拿大、澳大利亚和欧洲大陆等国家和地区，对国际范围的高等教育领域改革产生了深远影响。

由上可见，斯图尔特对大学推广教学体系的创造性建设丰富了大学推广讲座的基本构成要素，是大学推广理念的源流之一。从 1850 年起，英国的教育改革家们就提出了扩大古典大学影响力的多种形式与方案。斯图尔特以自身的讲座实践经验和独特的方法开创了第一个切实可行的"大学推广计划"。他有幸成为第一个在这一领域取得成功的人，并引领剑桥大学步入他逐步探索的道路。[③] 斯图尔特致力于探索将大学与推广运动相联系的适宜方式，是一位伟大的大学推广先驱。他为这一不断增长的学术潮流找到了新的渠道，并对其框架结构进行了改造，使之成为遍布全英国的课程。[④] 大学推广教学从零星的实践尝试，经过众多关心民众高等教育的倡导者的努力，发展成为传播至英国各地的有组织的大学制

---

① R. M. Wenley, *The University Extension Movement in Scotland* (the University Press by Robert MacLehose & Company, 1895), p. 9.

② J. E. Russell, "The Extension of University Teaching in England and America: A Study in Practical Pedagogics," Ph. D. diss. , University of Leipsic, 1895, p. 175.

③ W. H. Draper, *University Extension: A Survey of Fifty Years, 1873 – 1923* (Cambridge University Press Archive, 1923), pp. 15 – 16.

④ H. B. Adams, *University Extension in Great Britain* (US Government Printing Office, 1900), p. 993.

度。詹姆斯·斯图尔特对英国大学推广运动产生与发展的卓越贡献值得历史赞扬与铭记。

第三节　大学推广运动的指导思想

大学推广运动是英国近代大学发展与变革中一场影响广泛的群众运动。19 世纪 40 年代起，英国大学推广的零星尝试就开始了。"大学推广"一词从 1850 年左右开始在英国流行，被用来指一场强有力发展的教育运动。其含义是"大学教学推广到任何阶层或因条件限制而无法进入大学学习课程的人"。贯穿大学推广运动始终的指导思想是，男男女女在忙于生活事务的同时，从事系统的、值得大学认可和支持的知识学习。人们在一生的工作时间中学习，比为了一生的工作而学习更崇高。[①]

"把大学带给民众"理念是大学推广运动的指导思想。大学推广是在 19 世纪社会和经济关系下，当人们不能上大学时，大学通过校内外讲座的形式把大学带给民众的尝试。知识的特权不再只属于那些能够满足学院驻留条件的人，也不再只属于那些经过数年精心准备并将额外的数年时间仅仅用于学习的人。大学是为民众而建的，大学推广运动的目的是让民众尽可能多地共享大学的好处。[②]

一　对大学教育本质的误解

文明中的学习因素不应局限于少数人。学习应该是所有人的权利，不应该是僧侣们的专属财产。大学推广运动的思想萌芽在大学建立之前就已存在。例如，中世纪时期，当查理曼大帝（Charlemagne）邀请英国的阿尔琴（Alcuin，730—804，中世纪英格兰的教育家）协助他在全国范围内建立学校时，他就想到了推广教学的基本原理。他们共同努力的成果在法国的影响明显。当时优秀教师的代表阿伯拉德（Abelard，1079—

---

① J. E. Russell, "The Extension of University Teaching in England and America: A Study in Practical Pedagogics," Ph. D. diss. , University of Leipsic, 1895, p. 148.

② James G. Francis, *What Is University Extension? —Handbook of University Extension* (American Society for the Extension of University Teaching, 1893), p. 51.

1142，法国神学家、哲学家）从欧洲各地吸引了成千上万的学生聚集巴黎，推动了大学的萌芽与发展，建立了伟大的巴黎大学。研究大学崛起的人会发现，最早的推广运动就是向修道院学习，这让修道院成为著名学府。①

"大学推广"对于社会进步至关重要。一方面，大学的首要功能满足的不是个人，而是普遍的渴望；不是一个阶层特有的需求，而是民众共享的教育需求。另一方面，印刷术的使用使知识传播具有了优势。印刷术带给大学推广思想另一种表现形式。印刷术的使用有利于分享知识产品，其结果既明显又深远。以往，学生要去牛津、布拉格或帕多瓦求学，而印刷术使用后，学生可以依靠印刷书籍学习。在印刷书籍的广泛影响中，推动高等教育机构成立的思想得到了更充分的体现，追求高等教育机会的学生人数大大增加。

印刷术的使用不仅极大地影响了学生的参与率，而且也影响了大学的本质特征。大学是中世纪时期为民众建立的伟大机构，起初往往是为民众中较穷的人建立的，但后来逐渐成为富人聚集的场所。从前，不仅所有的阶层都有这种习惯，而且各个年龄层的人都有挤进教室的习惯。但是，当参与的都是富裕阶层时，自然最后就只有富裕的年轻人了，因为他们可以自由地选择最适合学习的年龄。

莫尔顿指出关于"大学的本质"有三种自然形成但错误的看法。② 第一个误解是人们认为提供教育的地方只属于某一特定阶层，因为它已经适应了在变化条件下独自享用它的人。大学里最优秀的学生认为挨家挨户乞讨面包并不可耻的日子已经过去。如果家境贫寒的男子要想上大学，他只有在最屈辱的条件下才会被录取——或是成为学院的仆人，或是富裕同学的仆人。有时，能力非凡的人有可能从地方当局获得临时援助，通过习得的学识最后获得尊重的承认，但这只是少数人。因此，大学里的大多数人把大学看作仅仅属于富人和知识分子的地方，看作远离日常

---

① James G. Francis, *What Is University Extension?* —*Handbook of University Extension* (American Society for the Extension of University Teaching, 1893), p. 51.

② James G. Francis, *What Is University Extension?* —*Handbook of University Extension* (American Society for the Extension of University Teaching, 1893), p. 51.

生活和实际需要的地方。

第二个误解是大学教育在大众心目中与多年不懈地努力、不间断地学习联系在一起。不同年龄和不同职业的人不再把他们能从日常工作中抽出的时间用于获取知识。只有在苏格兰的大学、巴黎大学和法兰西学院的公共课程上，才会看到有人放下铲子和刨，拿起笔记本和笔。这是大学教育体系发展中的一个偶然现象。大学推广运动的历史确凿地证明了向所有人开放大学教育的可能性，以及人们在最多样化的情况下急切地利用这些机会的可能性。

第三个误解是认为大学学习非常深奥和困难，需要多年的艰苦准备。然而，事实是，大学教育与某一学科或所有学科的联系并不一定比学科之间的联系更紧密。初等教育和高等教育的真正区别不在于学科的种类，甚至不在于学习的比较进展，而在于对待的模式。大学教育是成人的教育，其本质不是考虑事实，而是考虑与事实的关系。为了了解这些关系，长期的学术训练是重要的辅助，但比这更重要的是能够深思熟虑的头脑和积累的经验。大学推广教学的历史表明了实践生活的训练对各种心理习得都有很大的帮助。大学教育的好处是留给人们成熟的头脑。

学问被禁锢在新"修道院"里，需要从那里把它带出来。总之，"大学推广"在促进教育传播中受到的限制与英国 19 世纪的时代民主精神相违背。"大学推广"一词所暗示的大多数困难并非与高等教育机构的本质有关，而是因为"大学推广"有别于原有的教育类型，不再体现其大学创始人的理念。

二 大学推广满足时代需求

大学推广的基本思想是通过某种形式的组织，依靠大学教师、图书馆和实验室的优势和影响力为某个地区（或国家）尽可能多的民众提供教育服务。管理大学有两种方法：一种是买一块地，建一栋楼，雇一个教员，再邀请学生来；另一种方式是挑选教员，到学生所在的地方去。当人们有时间、有钱、有机会花四年或更长的时间享受正规的大学课程时，他们来到大学把时间花在大学教育上，成为正规大学教育的一部分。对这一部分学生来说，他们不需要参与大学推广教育。但还有另一部分人，因为经济压力，被迫过早放弃学业。此外，有些中小学教师希望跟上知识的进步或改进教学专业技能，商店员工或产业工人寻求把业余时间花在培训上以获得技能提升。有些商人意识到自身所接受的教育存在缺陷，需要接受新近商业规则和实践方面的培训。但是，这些人不能放弃职业工作，而把全部时间都投入教育活动中。既然他们不能离开自己的工作去大学接受教育，那么大学就必须来找他们。因此，在人口稠密的中心，大学在商业区、公共图书馆和学校里组织夜间推广课程。大学推广体制的灵活性可以在上课的时间、地点以及教师的选择上寻求适应学生需求。

（一）初等教育和公共图书馆的运作需要高等教育的支持

大学推广的基本思想和目标是当人们无法来到大学时，把大学带给他们。大学推广是两个近代制度的产物：普及初等教育和免费公共图书馆。[1] 1870 年，英国颁布了《初等教育法》，完善其国民初等教育制度，对 5—12 岁的儿童实施初等教育。19 世纪，英国中等教育在结构上基本沿袭 18 世纪的传统，实施中等教育的机构主要是文法学校和公学。只有贵族和资产阶级子女才有可能接受这一层次的教育。19 世纪，英国的中等教育发展比较缓慢。当时的学校忽略了社会中下层人士的教育需要。[2] 因此，数百万人的学校教育结束得太早，无法接受比初等教育阶段更高层次的教育。他们对大学和图书馆的需求都是存在的。随着义务教育制度逐渐成熟，英国整个教育系统都需要进行改革和重建。此外，英国铁路系统的发展有助于巡回讲座的开展，使大学推广成为可能。

阅读的力量极大地影响民众。免费图书馆对于那些具备阅读能力民众所在的社区来说是必不可少的。然而，令人沮丧的文学作品的产量大大增加。只看报纸和小说的知识分子存在削弱民族精神的危险。卡莱尔认为"图书馆是真正的大学"，意味着大学主要是一个研究场所。当然，这一观点只有在狭隘的限制范围内才是正确的。在图书写作是一种交易的时代，要想让民众产生觉醒的兴趣，也需要专家来区分真伪。因此，

---

[1]　H . J. Mackinder, M. , Sadler, *University Extension：Has It a Future?* (Frowde, 1890), p. 3.
[2]　吴式颖主编《外国教育史教程》，人民教育出版社，1999，第 381～382 页。

在普及初等教育的基础上，免费图书馆成为社区居民的一种选择，有必要通过高等教育的知识传播，以消除一些不良文学作品的影响。

（二） 大学推广运动满足了普遍需求

大学推广运动触及了普遍且重要的需求，鼓励和培养了一种共识，即英国的教育系统应该包括像初等教育制度那样广泛、包罗万象、真正具有民族性的高等教育制度。虽然古典大学宣称对所有人开放，没有等级和信仰的差异，且城市学院在全国几个大城市如雨后春笋般出现，但与总人口数量相比，大学和城市学院的学生总数是微不足道的。

19 世纪 70 年代，大学废除入学宗教考试，允许招收女性学生参与讲座和大学的考试。因此，初等教育阶段的学生和有闲暇的富人的教育机会得到了广泛的扩展。民众可以完整地享有基础教育系统，而在大学制度中所有的规定实际上只适用于相对较小比例的一部分人，他们有空闲时间和相当多的物质财富资源。很明显，只有一小部分从事职业的年轻男女能够放弃一生中重要的 3—4 年时间而全部用于学习。诚然，奖学金制度偶尔使优秀的学生能继续他的教育生涯，但这也必然是少数例外。

除了初等教育阶段的学生和有闲暇的富人，处于这两个极端之间的是英国忙于生计的大部分民众。接受高等教育的优势总是在这些民众力所能及的范围之外吗？如何才能满足这些民众的需求，在日常生活和常规工作的同时，继续他们的高等教育学习？大学推广在一定程度上解决了由于物质进步和社会变化所反映出的大部分民众渴望享有高等教育机会的教育问题。

此外，大学推广是对理想的高等教育制度的探索。人们认为在全国每个城镇的公共图书馆旁边都应该有一个“推广中心”。公共图书馆与“推广中心”互相扶持，共同推进学校教育。为了提供最强大的服务，这样的“推广中心”必须兼具公立学校、大学教室和国家大学的功能，必须教育青年男女和维护老年人追求知识的兴趣。由于缺乏完整的教育系统，在教育上的大量开支没有发挥充分作用。无论大学推广多么不完善，具有试探性，大学推广都是实现这一理想高等教育制度的探索。

三　"把大学带给民众"理念

"把大学带给民众"理念是大学推广运动的指导思想。在 19 世纪的英国，"大学推广"已经成为高等教育领域一个具有明确内涵的运动的专用术语，其主要特征是大学传播学科领域的知识到那些原本没有建立大学的城镇。大学成为以不同方式开展推广教育活动的活跃机构。

一场运动的理念是运动的启发精神。随着运动的发展，运动理念的内涵和外延不断变化和扩大，并随着大学推广运动的思想深入变得更加深刻。对于大学推广运动的理念，正式的描述是："大学推广运动的目的是为所有阶层和正常从事职业生活的男女提供高等教育。这是一个试图解决大学能在多大程度上为无法接受高等教育的民众提供高等教育的问题。"莫尔顿则更为简洁地描述大学推广运动的目的，认为"大学推广"意味着"为了全体国民的大学教育，并采用巡回的路线组织"①。

（一）大学教育的本质

"大学教育"的提出具有时代性。莫尔顿认为"大学教育与大学没有必然的联系"。在实践中，大学推广局势与大学有密切关系。剑桥大学、牛津大学等古典大学将自己置于"大学推广运动"的领头位置，以唤醒国家认可提供大学教育的必要性。尽管如此，大学教育与称为"大学"的特定高等教育机构没有必然联系。正如英格兰大学推广运动的三大分支之一———伦敦协会，并非由大学管理，而是由一个协会管理委员会指导，协会只是向不同的大学邀请讲座教师开设讲座。

莫尔顿认为，大学教育的本质是成人的教育。它是自愿的，范围无限，年龄不受限制，适用于人的一生。中小学教育的基本目的仅限于使男孩或女孩达到他们所属的生活阶层所预期的教育程度，但大学教育绝对是无限制的。大学教育不仅范围无限，而且年龄也没有限制。莫尔顿承认个人与某个特定大学机构的联系可能在 25 岁或 26 岁时结束，但是，如果大学没有给予个体为自己的生活做好准备的体会和心理习惯，那么

---

① R. G. Moulton, *Address of Richard G. Moulton…*; *On the University Extension Movement* (American Society for the Extension of University Teaching, 1890), p. 3.

这所大学就已经失败了。因此，大学教育是所有渴望参与大学的成年人的共同兴趣所在。

英国大学推广运动的基础是对成人教育问题的舆论态度发生变化。虽然高等教育曾被认为是一个阶层的特权，民众的教育应该在学龄期结束，且只有极少数人继续接受成人时期的大学教育。然而，公众思想发生转变，教育、宗教和政治都成为每个公民的兴趣。这使教育成为民众一生的永久利益之一。

从历史的眼光来看，大学推广运动是历史上一次伟大运动，推动成年人享有接受高等教育的机会。正如政治问题一样，政治问题曾被认为是一个统治阶级的所有权，而国家的民众只能服从。而后出现了近代化的政治革命，其实质是每个成年人都认为自己对政治问题感兴趣，并且有权为自己作为国家的公民行事。成年人的高等教育问题亦是如此。由此，每个成年人也都声称自己属于大学范围内，这是大学推广的基础工作。在这个意义上，大学推广运动建议将大学教育推广到全体国民。

（二）为了全体国民的大学教育

谈及"全体国民"（Whole Nation）的大学教育时，反对者认为个体情况不同，一些人此前未接受过教育，很少有闲暇或兴趣爱好，而另一些人，聪明、有闲暇，此前阅读广泛，如何能让同样的教育适合不同类别的人？一方面，反对者给出诸多建议，如"让大学推广教育与在大学里的教育一样好；让大学推广教育不要降低标准，让大学围墙内外教育完全相同"[1]。另一方面，有人提出完全相反的建议，如"大学推广的业务是去最需要的地方，要考虑被忽视的社会阶层。大学推广必须抛弃所有花哨的计划，让大学推广教育适应最被忽视的阶层"[2]。

谈及"全体国民"的大学教育，并不意味着每一个人从中获取同样的东西。莫尔顿认为一个人能够从大学推广系统中获得的东西取决于他所具备的东西。大学推广正如从大学或类似机构的"山顶"流出的一条

---

[1] R. G. Moulton, *Address of Richard G. Moulton…*: *On the University Extension Movement*（American Society for the Extension of University Teaching, 1890）, p. 8.

[2] R. G. Moulton, *Address of Richard G. Moulton…*: *On the University Extension Movement*（American Society for the Extension of University Teaching, 1890）, p. 8.

"小溪"。小溪从一定高度流过整片土地，每个人都按照自己的意愿尽可能地帮助自己。一个人只用杯子帮助自己，一个人拿水桶获取所需，而另一个人找到一个储水箱满足他的需求。每个人都能帮助自己，并且只能根据自己的能力帮助自己。每个人要做的就是看到水是纯净的。因此，大学推广犹如"小溪"，其中的"水"犹如大学教育的知识或课程内容，杯子、水桶或储水箱则是个人具备的知识或能力基础。

莫尔顿认为大学推广运动不是理论家的梦想，把大学教育毫无例外地推广到全体国民是符合实际的。英国大学推广系统应该将大学教育毫无歧视地推广到全体国民。大学为学生所做的事情包括两方面：一是大学必须承担教学，且大学的教学应尽可能彻底和高标准。二是除了教学的职责外，大学还有责任决定应该教授的内容，即大学课程。这是大学的两个主要职责，即方法和课程。从大学推广的方法来看，大学推广系统在大学围墙之外的方法像在大学里一样彻底和高标准。在学习课程方面，大学推广系统为各种不同需求的民众服务，要求大学推广系统的课程必须具有弹性。大学推广课程以"单元"（Unit）为基础，每一"单元"是一门学科的三个月教学课程。如剑桥大学的联盟课程（Affiliation Course）就是这样的安排。在当地城镇接受了联盟教育课程的民众，可被录取到剑桥大学作为二年级学生继续学习学位课程。在为学生提供完整的学位课程之前，通过大学推广系统接受的教育课程均相当于大学的课程，是被大学认可的。

因此，为了全体国民的大学教育，大学为学生提供的是方法和课程。在方法上，大学推广教育甚至比大学本身更彻底。随着课程的实施，大学推广课程具有弹性，通过课程单元组合逐渐过渡到完整学位课程。

第二章 英国大学推广运动的
历史发展

  大学推广运动在英国全国范围开展，彰显了中产阶级和工人阶级对高等教育的需求。从 1845 年之前大学推广教学的零星探索到"二战"结束的一百余年间，英国大学推广运动经历了从微小开端到遍及全英国的发展历程。英国大学推广运动发展阶段分为萌芽期（1845—1872）、开拓期（1873—1885）、兴盛期（1886—1899）、高原期（1900—1923）和转型期（1924—1945）。从剑桥大学 1873 年宣布正式开设大学推广讲座以来，由于詹姆斯·斯图尔特的热情倡导和积累的推广讲座实践经验，大学推广理念被英国及其他西方国家的大学所接受。大学推广运动显示出惊人的活力和适应环境的能力，从英国中部地区三个城镇的微小开端发展到数百个分支推广中心，学生达数万人之多。剑桥大学在最初三年取得的成功，促成了 1876 年伦敦协会的成立。1878 年，牛津大学着手为讲座安排类似的活动，但一两年之后，讲座就暂停了。1885 年，牛津大学的大学推广工作得到了恢复，自那时起一直充满活力并成功开展。1887年，苏格兰四所大学联合起来，形成了苏格兰大学推广计划。1889 年底，北爱尔兰成立了大学教学推广协会（Society for the Extension of University Teaching）。由此，这一运动传播到全英国的四个地区。同时，有迹象表明，欧洲大陆的许多国家、澳大利亚和美国也在进行类似的大学教学推广工作。[①] 从 19 世纪 80 年代后期开始，大学推广逐渐向美国、加拿大、

[①] R. D. Roberts, *Eighteen Years of University Extension* (Cambridge University Press, 1891), p. 2.

澳大利亚、欧洲大陆等国家和地区传播，形成了国际性的高等教育改革运动，影响深远。

第一节　萌芽期（1845—1872）

萌芽期蕴含了诸多先驱对大学推广的探索和呼吁。1845 年之前，扩大大学的影响力以满足民众高等教育需求的想法就已经存在。1845 年，"大学推广"术语出现，并开始在大学改革讨论中被提及。从 1850 年起，教育改革家们提出要以多种形式扩大牛津大学的影响力。剑桥大学的斯图尔特教授以个人的经验和独特的方法，开创了第一个切实可行的"大学推广计划"。1867 年夏天，斯图尔特教授开始在各个城镇倡导大学推广理念，并开设了大学推广讲座课程。斯图尔特写了一篇呼吁协调地方和中央政府工作的文章《大学推广》，措辞准确地描述了在民众中扩大大学教育影响力的思想。斯图尔特教授为这一不断增长的学术潮流找到了新的渠道，并对其框架结构进行了改造，使之遍布全英国。[1] 斯图尔特在 1871 年给剑桥大学的《关于大学推广的请愿信》中提出，大学有责任把大学的好处带到全国各地。在他的影响下，1872 年，英格兰北部女子高等教育促进协会等机构以及伯明翰、克鲁、利兹和诺丁汉等大城市的民众也向剑桥大学校务委员会提出开设大学推广讲座的请愿。

一　1845 年之前英国大学推广理念的探索

大学推广理念的发展经历了从仅仅是少数人的虔诚意见发展到几乎在全英国各地都有组织的制度的历程。扩大大学的影响力以满足民众快速增长的高等教育需求的想法可以追溯到 1845 年之前的几个世纪。从宪章运动时期起，英国大学教师对民众高等教育越来越感兴趣。扩展学术特权（Extending Academic Privileges）的想法在牛津特别受欢迎，许多知识分子和宗教运动都起源于此。

---

[1] H. B. Adams, *University Extension in Great Britain* (US Government Printing Office, 1900), p. 993.

　　大学最初是作为神秘机构存在的，接受大学教育只是少数人享有的特权。大学机构要求把学生当作依靠救济而生活的"贫民"。中世纪和近代的牛津大学的差异不是在中世纪大多数学生来自较贫穷阶级，而是在中世纪大学向所有愿意学习的人开放，而不受财富或财产的影响。①

　　工业革命之后，社会对工业企业的资本和劳动力提出了新的需求。最引人注目的是女性被认可能够与男性从事同样的实践活动。知识分子中的领导者所承受的责任从大学运动一开始就有，犹如 1374 年在剑桥大学克莱尔学院 （Clare College, Cambridge） 的办学行动中所记录的。学生发现知识如价值不菲的珍珠，通过在剑桥大学接受的指导和学习而创造知识，成为自己的财富，不是隐藏在衣服之下，而是在大学之外传播，从而为在黑暗中行走的愚昧的人提供光明。②

　　然而，随着时代的变迁，大学教育对贫民阶层的影响越来越微弱，诸多探索者尝试恢复这一失去的机会。1575 年，托马斯·格雷沙姆（Thomas Gresham） 为伦敦格雷沙姆学院的创立创造了条件，其目的是满足学者的需求，同时也满足民众的需求。格雷沙姆学院以提供咨询和举办讲座的形式直接服务于社会，开高等学校社会服务之先河。③ 但这所学院由于各种原因，最终未能完成其建立时确立的目标，在历史上的影响有限。

　　75 年后，即 1650 年，剑桥大学凯斯学院的院长威廉·戴尔 （William Dell） 的一本题为《中小学和大学的正确学习改革》（The Right Reformation of Learning in Schools and Universities） 的小册子指出："整个国家都应该建立学校，而不仅仅是在城市和大型的镇区，同样也应在较小的村庄。一些大学或学院肩负为青年提供教学的使命，但是这些大学或学院只在牛津或者剑桥。毫无疑问，接受大学教育会变得更加适

① A. E. Ottewell, The University Extension Movement （Master's Thesis, University of Alberta, 1915）, p. 6.

② A. E. Ottewell, The University Extension Movement （Master's Thesis, University of Alberta, 1915）, p. 4.

③ 朱国仁：《从"象牙塔"到社会"服务站"——高等学校社会服务职能演变的历史考察》，《清华大学教育研究》1999 年第 1 期。

合且有利于大家的利益需求。在每个大城镇或城市都至少应该有一所大学。"①

托马斯·格雷沙姆和威廉·戴尔的建议是设计大学教育来满足非常规学生的需求。值得注意的是，戴尔的建议体现了在英国大学指导下开展的导师制课程。这两类建议的理念基础在英格兰得到了同步发展，一方面建立了一批城市学院和大学，另一方面则推动了大学推广运动的发展。因此，让民众参与大学巡回讲座是近代大学的一个明显构成部分。为工人设计的导师制课程、为偏远乡村社区提供的流动图书馆、为忙碌的技工提供的函授课程，这些成为近代教育系统的教育途径。

二　向牛津大学建议扩大招收学生群体

1845 年，"大学推广"术语出现，在有关牛津大学改革的讨论中首先流行起来。贫民阶层未从大学获得任何收益。一些有影响力的绅士发出了一份请愿书，要求采取改革措施，让贫民与富人享有同等的利益。牛津大学的奥斯本·戈登（Osborne Gordon）指出了大学推广运动的目的："希望能把大学推广到贫民中。大学推广应该扎根于社会的底层，并从中汲取新的生命元素和精神与道德力量的养料。"②

1845 年，牛津大学教师向牛津大学理事会提交了招收贫民阶层进入大学的请求。大学里许多有影响力的成员对把大学教育的好处扩大到因大学的规章制度而被排除在外的学生群体的重要性留下了深刻的印象。1845 年年初，许多贵族，包括在教会和政府中有名望的人，都向牛津大学理事会提交请愿，请求理事会采取一些措施，招收贫民阶层进入牛津大学学习。在请愿书的签名中，有桑顿（Sandon）勋爵、艾希礼（Ashley）勋爵、格莱斯顿和其他显赫人物的签名。请愿者呼吁大学为无法获得高等教育机会的青年提供更多的机会，即请愿者希望大学能够把大学教育的好处扩大到有才能和条件良好的青年人中，不论背景如何，只要

---

① A. E. Ottewell, The University Extension Movement (Master's Thesis, University of Alberta, 1915), p. 8.

② G. Henderson, Report Upon the University Extension Movement in England (Order of the Philadelphia Society for the Extension of University Teaching, 1890), p. 4.

他们愿意从大学的教育中获益，就可以接受大学教育。他们不仅仅要求大学采纳建议，而且表示愿意为这项计划提供经济援助。

普西（Pusey）支持招收贫民阶层进入大学的总体目的，并引用了古代的先例，指出"中世纪达勒姆的僧侣曾系统地把有才能的男孩送到大学接受教育"，证实此方案的合理性。赫西（Hussey）教授认为："大学必须做些事情来满足大量增加的人口；大学要把门开得更大些，为无法获得大学教育的人提供更多的机会；不仅因为他们是被怜悯的对象，而且因为他们展示才华和勤勉，渴望提升自己，他们不应该从对他人开放的优势中被排除。"[1]

虽然，招收贫困阶层学生进入大学的建议并未产生预期的大学推广计划，但仍然是一种进步。大学据此采取了改革举措，如允许本科生住在学院大楼围墙外、宗教考试被废除、开放新的讲座大厅、大学的特权向学生们开放而不让学生承担随之而来的巨额开支。这些请愿与改革举措为大学推广计划的实施奠定了实践基础。

三　牛津大学提出大学推广的初步计划

（一）首次提出大学推广教学计划

1850 年，"大学推广"问题在牛津大学埃克塞特学院的威廉·休厄尔提交给牛津大学副校长的信中再次被提及。休厄尔这封信题为《关于大学推广的建议》。他向大学委员会提出在英格兰各中心，如伯明翰和曼彻斯特等，建立大学讲座制度。大学为教授的讲座工作提供资金，这样学生住在家里也可以通过参加讲座获得牛津大学入学考试的资格。休厄尔《关于大学推广的建议》是英国第一本关于大学推广的出版物。[2]

牛津大学委员们未意识到休厄尔提议的重要性和启发性，未能认识到在工业中心提供民众接受高等教育机会的重要意义。委员们反对这一计划，理由是大学可获得的资源只能满足大学内部工作的需求。委员们

---

①　H. J. Mackinder, M. Sadler, *University Extension: Has It a Future?* (Frowde, 1890), pp. 46 – 47.

②　H. J. Mackinder, M. Sadler, *University Extension: Has It a Future?* (Frowde, 1890), p. 53.

指出这样的计划不应该被接受，直到大学本身没有对人员和资金的需求。

同时，大学推广系统依赖着铁路系统。缺乏快速、频繁的列车服务，大学推广计划是无法运作的。比较一下 1850 年与 1890 年的列车时刻表就明白休厄尔提出建议时大学推广教学的想法未能生根发芽的原因。幸运的是，牛津大学和剑桥大学都发现应适当地关心和鼓励在大学围墙内的学生的学习，同时兼顾把一部分收入花在激发因家庭和职业无法继续在大学内长期驻留的学生的学习需求上。在牛津大学，公众舆论第一次深深感到大学要进行改革和调整的必要性，以满足被大学教育排除在外的群体需要。大学推广的建议预示这一运动自此有了稳固的基础。

罗伯茨在《大学推广计划是国家高等教育体系的基础》（The University Extension Scheme as the Basis of a System for National Higher Education）中指出，大学推广运动实现了克莱尔学院创始人虔诚的希望，实现了大学学生数量的增加，实现了过去的理想，但是，大学推广计划并不是要把民众带到大学里，其目的是带给民众接受大学教育的机会，通过调整安排以满足不同阶层的需求。这样，大学不丢失任何的尊严和实用性，且越来越符合真正理想的国家制度。

随后，机械工人学院邀请大学教师开设讲座。罗德·赫维（Lord Hervey）于 1855 年发表了《建议大学开设关于英国和爱尔兰文学、科学和机械工人学院的讲座》的小册子，表示拥护机械工人学院的要求。他的建议涉及由大学提名的教授开设一门包括 6 场讲座的课程。当时不便利的铁路交通服务阻止了此项计划立即被采纳，但这一建议激发了民众的兴趣和热情。这一讨论的结果是牛津大学于 1857 年、剑桥大学于 1858 年建立了大学地方考试委员会，为后续在两所大学的监督下规划安排大学推广讲座提供了行政管理机构。

（二）大学推广计划的七项方案

1850 年，扩大大学用途的广泛愿望催生了有关大学推广计划的若干建议。委员们总结了"大学推广计划"（Plans for University Extension），并正式认可把大学的工作扩大到民众生活的更广泛领域。委员们提出了七项大学推广计划，其中四项被详细讨论。[①] 计划主要包括以下几个方面。

第一，在大学设立新的学堂（Halls），作为独立的社团或与学院建立联系。建立新的学生宿舍。牛津大学的本科生在牛津大学宿舍楼外住宿的习俗越来越受欢迎。在其学业生涯的某个阶段，可居住在其他地方，而不是学院内。学生离开古朴的宿舍，成为社区公民，加强了与社会的联系。

第二，更为普遍地允许大学生在私人住宅住宿。这项建议也得到了批准。这是最自然地解决宿舍问题的方法，使学生能够像其他社会成员一样生活。

第三，允许推广学生成为牛津大学的一员，在适当的监督下在牛津大学接受教育，而不受学院或学堂相关费用的支配。

第四，在与大学没有进一步联系的情况下，由非大学录取成员的人担任教授职务，教授有权颁发出勤证明。

第五，取消对入学和毕业的宗教测试。1850 年，牛津委员会觉得没有权利考虑这一激进的措施，但对当时实施的考试系统感到不满。这个系统把牛津大学的不从国教者拒之门外，这是它在 16 世纪狭隘而排外的精神的主要表现之一。牛津大学并非宗教考试必不可少的地方。

第六，神学院的建立及其与大学的关系。兰彼得大学学院和别根海特（Birkenhead）的神学院隶属于牛津大学。牛津大学采纳了这一制度策略，并得到了广泛的推广。它引领了英国城市学院作为国家高等教育系统的有机组成部分的健康发展。

第七，牛津大学为在伯明翰和曼彻斯特设立教授职位提供资金支持。这一命题在 1850 年虽未获批准，但具有历史意义，它预示了大学推广与学院附属（College Affiliation）思想的萌芽。

委员们不认为以上七项计划方案都在审查范围之内。委员会批准了前三项大学推广的计划。在牛津大学居住，但在围墙之外，成为每个本科生在大学学习期间长久不变的经历，而不隶属于任何学院或学堂的非

---

① H. J. Mackinder, M. Sadler, *University Extension: Has It a Future?* (Frowde, 1890), p. 49.

学院学生居住在牛津大学也成为牛津大学的重要组成部分。第七项方案是由牛津大学埃克塞特学院教友兼高级导师威廉·休厄尔在 1850 年写给牛津大学副校长的一封信《关于大学推广的建议》中提出的。休厄尔建议大学应该支持伯明翰大学和曼彻斯特大学的讲座教师，但并未产生立竿见影的效果。牛津大学委员会的委员们认为把大学经费用在伯明翰、曼彻斯特和全国各地的一般教育上是不明智的，因为牛津大学迫切需要学术经费。其实，英国的大学推广问题并不仅仅是靠大学的财政支出就能解决的，休厄尔的观点无疑会得到所有学术团体的赞同。大学捐赠基金的原始理念和中世纪大学目的的复兴，是唤醒近代大学推广的理论开端。

（三）面向贫民阶层的大学推广

大学推广具有历史进步意义。面向贫民阶层的大学推广计划的争辩与实践同时发生。1850 年是牛津大学重要的过渡时期。1850 年，牛津大学委员会收到的证据证明了支持面向贫民阶层的大学推广计划的普遍性。牛津大学的大学生活费用相对昂贵，而遵守 39 条信纲是入学考试所要求的，且作为获得学位的一个条件存在，这样阻隔了贫民阶层接受大学教育。至于宗教考试是否应该改变，大学内外存在意见分歧。但是，各教派似乎都感到了帮助贫民阶层学生享有大学教育权利的重要性。阿瑟·克拉夫（Arthur Clough）相信休厄尔向委员会提交的建议有可能逐步地、最终大规模地推广这一古典大学。大学推广运动不是关于加入城市学院和在大城市设立教学机构的建议。大学推广计划具有领地性质（Domestic Nature），深刻影响了大学的内部组织，并且由于安排的便利而增加了大量新阶层的学生。同时，1850 年牛津大学提出了与城市学院建立联系的想法。牛津大学发展了城市学院的计划，而剑桥大学的斯图尔特率先于1867—1873 年开展了大学推广讲座实践。[①]

四 向剑桥大学请愿开设大学推广讲座

（一）斯图尔特的讲座实践与请愿

剑桥大学的斯图尔特教授抓住机会开始了推广讲座实践。1867 年有

---

① H. B. Adams, *University Extension in Great Britain*（US Government Printing Office, 1900），p. 985.

几位女教师邀请他开设关于教学艺术的讲座。他给她们展示了一门包括 8
场讲座的课程。他对教学旧制度的做法失去耐心，决心推翻这一制度。
教学艺术展示课在伯明翰、克鲁、利兹和诺丁汉等四个地方举办。他所
到之处都受到好评。有趣的是，斯图尔特最初的课程限制在女性范围。
从一定意义上来说，女性在大学推广运动中扮演着重要角色。

斯图尔特认为大学有责任支持推广讲座，有必要建立大学推广讲座
制度使利益惠及全体民众。大学不是私立机构的组合，而是国家机构，
应该让每个人都能享受大学教育。斯图尔特指出，允许非大学学生居住，
是朝着让所有阶层学生都能上大学迈出的重要一步。但"所有阶层"也
只适用于那些能连续享有几年空闲时间的人。无法在大学里驻留的阶层
民众，普遍存在对系统化高等教育的渴望。因此，斯图尔特所倡导的计
划是"朝着让大学真正成为国家机构迈出的最大一步，对大学的益处不
亚于对国家的益处"[1]。

斯图尔特的建议为新教育运动提供了支持。激烈的争议最终以 1870
年《初等教育法》的颁布而告终。当基础教育的种子播下时，新的一代
产生新的生活理想和知识天赋，认为教育不能结束于中小学的学校教育
阶段。人们接受高等教育的愿望显得更为急切。民众的思想转变为大学
推广教育提前做好了准备。

推广讲座计划的发展给大学带来了更大的责任。显然，推广讲座实
践必须由大学机构提供合格的讲座教师。1871 年 11 月，斯图尔特就这个
问题给剑桥大学写了一封请愿信。他不只给出建议，而且提出了切实可
行的计划。他向剑桥大学提交的研究报告与 1850 年休厄尔向牛津大学提
出的建议是类似的。同时，地方考试制度运作效果很好。斯图尔特的亲
身经历证明了民众需求的真实性和满足民众需求的可能性。

斯图尔特在 1871 年给剑桥大学的《关于大学推广的请愿信》中写
道："对教育的需求是存在的。大学有责任供应它。为了保持大学在国家
中的教育地位，并继续拥有影响力，大学推广系统把大学的好处带到全
国各地是必要的。我们不仅有责任在存在教育需求的地方鼓励这种需求，

---

① H. J. Mackinder, M. Sadler, *University Extension: Has It a Future?* (Frowde, 1890), p. 68.

而且我们应该在不存在教育需求的地方或者在没有能力表达需求的地方唤醒这种需求。"斯图尔特还提出仅仅给民众提供讲座是不够的。在地方考试系统中，大学已经提供了考评员。大学在人力、设备、威望等方面有优势，可以提供合适的教学和教师。大学教师的高水平地位将使这一计划受到好评，并克服种种障碍和反对意见。

（二）向剑桥大学请愿的主要内容

1. 向剑桥大学提交请愿的主要机构

斯图尔特的请愿信作为一个权利宣言和预言，得到了他曾经尝试推广工作的合作机构，包括女性教育协会（Women's Educational Associations）、工业合作社教育委员会（Educational Committees of Industrial Cooperative Societies）、机械工人学院以及地方推广中心的支持。这些机构向剑桥大学提交了请愿书。1872 年，英格兰北部女子高等教育促进协会等机构以及伯明翰、克鲁、利兹和诺丁汉等大城市的进步公民也向剑桥大学校务委员会提出请愿。诺丁汉通过市长和公民提出要求，希望大学提供合适的教师传播关于政治和社会问题的正确观点。伯明翰强调的是一门完整的课程、定期的考试和大学的认可的价值。然而，民众最需要的是系统的教学，大学需要连续不断地开设系列课程。

2. 请愿书中提及的三个受益群体

1872 年，在给剑桥大学的请愿书中，受益于推广讲座的三个具体群体被提及：一是女士以及白天有空闲的民众；二是中产阶级的青年人、办事员以及其他只有晚上有空闲的人；三是手工业者。德比、诺丁汉和莱斯特三地的大学推广计划较早开始，课程安排主要考虑以上三个群体。为第一个群体学生开设的讲座安排在白天，而其他则安排在晚上。有闲暇的女士积极参与，成为大学推广运动最富有激情的支持者。而夜间讲座由混合群体观众参与，第二个群体占较少数量。英格兰大学推广运动最突出的特征是成年人热情地投入学习中去，对讲座充满兴趣。①

3. 请愿书的主要内容

诺丁汉郡请愿书提及在城镇为工人举办通俗讲座的尝试，并详述了

---

① A. E. Ottewell, The University Extension Movement（Master's Thesis, University of Alberta, 1915）, p. 13.

计划面临的困难。请愿者们认为能够真正教育工人的人必须对工人的专业有全面的掌握，不仅能够讲课，而且能解答课堂上提出的问题。从初等教育的总体进步、当地工匠的才智以及工人对政治和社会问题的讨论来看，这一点是显而易见的。国家的大部分青年无法享受大学教育，为了克服这种困难，建议大学派送出合格的教师，向民众提供大学教学服务。①

请愿者们呼吁大学指派的讲座教师要比较出众且具备技能，可以在城镇为工人开设夜间课程，也可用其他时间给受过一定程度教育的民众开设教学讲座，以在全国所有阶层民众中传播大学教育的优势。同时，大学在各城镇招募助手，以便让讲座教师全身心投入巡回课程。

英格兰北部女子高等教育促进协会的请愿提及由协会组织专门讲座。参与讲座的学生一部分是离开学校的女士们，一部分是家庭教师、女教师，还有从事或准备从事教学的教师。她们试图通过这些讲座获得高于已获得资格的教学资格。利兹郡的请愿者特别关注中产阶级年轻人的需求，指出在职业生涯和商业生涯的最初几年，大部分时间都用来学习技术知识，这有利于普通文化教育的继续。他们促请青年利用设施，继续学习并拓展在学校所学的知识。

系统的、连续的教学工作的重要性已被大多数的请愿者清楚地认识到。伯明翰的请愿者认为，为避免在吸引学生方面遭受失败，最好的教学应包含以下三个要素，即所学学科的计划、由大学当局组织的定期考试以及授予成功通过考试的学生以学位。②

请愿者们提到由各种机构开设的课程缺乏系统性，希望能通过大学将教学工作系统化，提升课程连续性以增加其教育价值。还有请愿者希望大学发布一个计划，详细描述两年到三年各学科的学习课程大纲，并在课程结束时组织考试。一般来说，考试被称为教学的辅助手段，而克鲁郡请愿者说："我们不是希望有更多的考试，而是希望有更好的教学和

---

① R. D. Roberts, *Eighteen Years of University Extension* （Cambridge University Press, 1891），p. 91.

② R. D. Roberts, *Eighteen Years of University Extension* （Cambridge University Press, 1891），p. 93.

教育力量。"①

（三）剑桥大学对请愿采取的举措

请愿书中向大学发出的呼吁，其根源是当时的社会需要，表明这是一场自发的运动。大学推广所隐含的意义比任何一位请愿者所意识到的要多得多，预示着一种新型大学体系的建立。剑桥大学校务委员会于1872年收到促请委员会进行推广教学实验的请愿书。剑桥大学校务委员会经过细致的考虑之后吸收了请愿者提出的建议，同意对大学推广讲座计划进行实验。剑桥大学校务委员会于1872年任命了联合会（Syndicate，或称"大学管理会特别委员会"）来研究这些请愿书，对大学推广讲座的需求进行彻底调查，并管理地方推广讲座。联合会提出了一份详细的报告，在结尾部分表示支持进行实验，条件是地方当局必须承担必要的费用。鉴于人们担心如果把大学特权赋予民众，大学里的学生人数会减少，从而切断两端的财政支持，因此，进行一段时间的实验是最优的解决办法。

请愿者们向剑桥大学提出的建议和方法，以及1873年后大学推广讲座实践探索的经验实现了请愿者们的理想。作为这一运动的直接结果，1877年诺丁汉大学学院（University College at Nottingham）成立；谢菲尔德大学学院成立；约克学院（Yorkshire College）增加了文学和科学的学科；利物浦大学学院成立；在牛津两所学院的慷慨资助下，布里斯托尔大学学院成立。大学推广工作持续发展，到1889年，剑桥大学拥有11500名推广学生。②

正如弗农·李在《民主和我们的古典大学》中提到的："在过去的四十年里，古典大学在民主道路上所取得的三大进步分别是允许非学院的学生入学、取消宗教考试和大学推广运动。……大学推广运动必须被视为大学工作的一个组成部分。……一个真正的民主国家将允许男女平等地享受大学生活和文化的好处。古典大学必须从英国绅士的大学中完全

---

① R. D. Roberts, *Eighteen Years of University Extension* (Cambridge University Press, 1891), p. 91.

② G. Henderson, Report Upon the University Extension Movement in England (Order of the Philadelphia Society for the Extension of University Teaching, 1890), p. 5.

脱离出来，成为英国国民的大学。"①

第二节　开拓期（1873—1885）

开拓期见证了大学推广运动的正式开端与初步发展。学界普遍认为是剑桥大学首先承认大学应对无法进入大学学习的民众尽责任。1873 年，在詹姆斯·斯图尔特和英格兰北部女子高等教育促进协会等相关团体的倡导下，剑桥大学开设了推广讲座，这通常被认为是英国大学推广运动的正式开端。② 1876 年，伦敦协会成立，加入大学推广运动的行列。1878年，牛津大学采取了与剑桥大学 1873 年大学推广讲座类似的政策，迈出了大学推广的第一步。由于多种原因，牛津大学推广计划缺乏活力，并没有成功。1885 年，牛津大学决定重新开启大学推广讲座，开设了 6 场短期讲座课程，并建立了流动图书馆，使这项工作立刻又恢复了活力。由此，大学推广运动获得了长足的发展。

一　剑桥大学对推广教学的正式认可

（一）首开大学推广课程的背景与动因

19 世纪中期，英国大学教育的推广需求在英格兰出现。古典大学具有理论上的自由，但有关资金和居住因素的实际操作削弱了高等教育的优势，仅少数人享有接受高等教育的机会。从广义上讲，大学推广与古典大学有关，主要形式是大学到大学之外一定距离的城镇开设 6—12 场讲座的课程。这些讲座主要是教育性的，并不是"普及性"（popular）的，并且其所开展的教学都是按照大学的学术标准进行的。

19 世纪 50 年代末期，各大学开始了对中学教育成果的测试工作，开始了"地方考试"。地方考试制度得到民众的大力支持，中学教育取得了进步。但地方考试制度不适应大学推广计划的制度要求，需大学机构和

---

① H. B. Adams, *University Extension in Great Britain* （US Government Printing Office, 1900）, p. 989.

② R. D. Roberts, *Eighteen Years of University Extension* （Cambridge University Press, 1891）, p. 1.

地方行政机构的介入。

英国 1870 年《初等教育法》的颁布实施使为所有人提供一定程度的教育成为可能。此前只有一小部分年轻人（包括年轻女性）可以完全投入生活中最重要的三年或四年用于学习，而大多数人被迫学习贸易或经营，较早就开始赚取日常生活费用。城镇和偏远农村地区的人们过着艰苦的生活，他们渴望利用闲暇时间通过阅读获得知识，但因学习设施少，他们只能学习一些感兴趣的学科。对于这一类学生来说，大学教育的管理体制和学习乐趣总是无法实现，缺乏接受系统的课程学习的条件，包括大学的学习认可。因此，大学在多大程度上可以满足民众需求，从而让民众在经营日常生活的同时接受高等教育成为社会关心的问题。[①]

斯图尔特 1871 年写给剑桥大学的请愿信使相关机构也发送了大批请愿书。考虑到请愿书的相关问题，剑桥大学在 1872 年任命了联合会就大学课程的需求进行系统性的调查。1873 年，联合会发表报告赞成开展大学推广计划实验。同时，联合会提出一个条件，即必要的资金应由地方当局提供。由此，大学推广由理念转变为事实。

（二）1873 年首开大学推广讲座课程

1873 年，剑桥大学成立了三个地方推广中心，有 1200 名学生参加课程学习。[②] 由此，大学推广运动从微小的开端发展至波澜壮阔的场面。剑桥大学开设的第一批课程包括在诺丁汉、德比和莱斯特的政治经济学、力学和英国文学；三位讲座教师都是三一学院的教师。每门课程的规定包括：每周授课一次，共计 12 周；印制教学大纲；每周布置书面作业一份，由教师批改并交回学生；开设与每场讲座有关的讨论课；每门课程结束时，由联合会任命的考评员组织考试，授予在考试中表现优秀的候选人相关证书。[③]

---

① R. D. Roberts, *Eighteen Years of University Extension* (Cambridge University Press, 1891), pp. 3 – 4.

② R. M. Wenley, *The University Extension Movement in Scotland* (the University Press by Robert MacLehose & Company, 1895), pp. 8 – 9.

③ J. E. Russell, "The Extension of University Teaching in England and America: A Study in Practical Pedagogics," Ph. D. diss. , University of Leipsic, 1895, p. 165.

大学推广运动得到了民众的支持，改变了大学的特点，并催生了一种新的教育管理责任概念。三个类别群体，即女性、年轻商人和工人，自此拥有接受大学教育的机会。大学的目标雄心勃勃，但正如斯图尔特后来指出的"过于雄心勃勃"，地方推广中心不愿意为适合所有群体需求的并行课程支付费用。因此，在较大型的城镇，筹集资金问题比预期更为严重，而在大多数小型城镇推广中心，根本无法负担相关费用。几乎在每一个城镇都有民众对大学教育感兴趣，但原本能提供经费支持的人，大多数都表现得漠不关心。事实上，民众还没有自发地准备将大学推广理论付诸实践。尽管存在各种障碍和失望，大学推广运动仍取得了稳步进展，这充分证明了运动的内在力量及其领导人的奉献精神。

（三）首开大学推广课程面临的形势

大学推广运动的发起人对民众想要上大学的愿望所持的态度过于乐观。发起人主要考虑三个类别群体：女性、文书职员或店员和工人。第一个想法是在每个城镇都开设专门为这些群体量身定做的课程，并在不同的时间段授课。事实证明，这种做法的费用过于昂贵。较大型的城镇聚集着更多有闲暇或受过教育的民众，自然最先从大学推广计划中受益；而对较小型和较贫穷的城镇来说，在最初的一阵热情过后，课程无法长久维持。

大学推广运动初期，大多数城镇对高等教育的需求并没有被唤醒。虽然每一个城镇，主要的居民、贵族、商人和工人，对剑桥大学开设的讲座的价值有着敏锐的认识，希望接受高等教育的愿景得到满足，但在缺乏外部帮助的情况下，人们几乎无法承担推广讲座课程高昂的费用。大学推广运动的发起人高估了民众对大学推广工作的兴趣。当他们发现民众对高等教育提不起兴趣时，又做出了更进一步的努力。

大学推广在许多城镇成为教育的载体。在一些较大的城镇，完整的大学推广方案得到采纳。作为直接成果，1877 年大学学院在诺丁汉建立。马克·费斯（Mark Firth）的慷慨捐赠促成了在谢菲尔德建立大学学院。利兹科学学院（后是约克郡大学）任命了文学教授。在利物浦，也建立了大学学院。牛津大学在这些城市学院建立过程中发挥了重要作用，布里斯托尔大学学院就是一个例子。为了支持在布里斯托尔居民中发起建立学院的运动，牛津大学的新学院（New College，Oxford）和贝列尔学院提出在五年内每年提供 300 英镑的资助。布里斯托尔大学学院最终于 1876 年 10 月开学。当然，这些大学学院的建立绝不仅仅是大学推广的结果。大学学院是外部性的大学推广运动，大学推广教学工作也是大学学院的工作形式之一。

二　伦敦协会的成立与运作

（一）伦敦的大学推广工作

1875 年，戈申议员提议将大学推广扩展到整个伦敦地区。1875 年 6 月在市长官邸举行的一次公开会议上，时任市长就戈申的动议达成了一项决议：剑桥大学推广计划的原则应适用于伦敦，各大都市的教育机构要通力合作以应用它。伦敦主要的教育机构，包括大学和英王学院、伯克贝克学院、皇家学院和工人学院，本着决议的精神，都热烈支持大学推广计划。①

伦敦大学于 1876 年开始效法。由于要与城市学院联系安排推广课程，克服民众偏见显得更加困难，因此在伦敦开设的第一批课程并非特别成功。伦敦大学以剑桥大学为榜样，从一开始就承诺开设长期课程，并按教学顺序开设课程，保证了课程的完整性和秩序性。另外，伦敦大学通过特别委员会的工作和使用当地学堂，确保了推广学生数量的不断增加。

（二）伦敦协会的成立

剑桥大学推广讲座开始后不久，把大学推广系统扩展到大都市的努力也随即开始。当时伦敦没有教学大学，为了解决这一困难，发起者的第一个想法是邀请剑桥大学在伦敦大都市开展工作。但经过考虑，发起者决定成立一个志愿组织——伦敦协会。伦敦协会是第一个以剑桥大学为榜样的机构，类似一所流动大学（Floating College）。它的成立始于 1875 年 6 月 10 日伦敦市长公馆（Mansion House）举行的一次公开会议。由戈申提出倡议，由利特尔顿（Lyttelton）勋爵附议，在卡朋特（Carpen-

---

① J. E. Russell, "The Extension of University Teaching in England and America: A Study in Practical Pedagogics," Ph. D. diss., University of Leipsic, 1895, p. 166.

ter）和汉普顿（Hampton）勋爵的支持下，伦敦市长下定决心：剑桥大学推广计划的原则应适用于伦敦，伦敦各教育机构要通力合作，共同努力，以便实施这一计划。

伦敦市长公馆的会议决议中提到："协会的创始人成功地加强了教育工作机构之间的联系与合作。伦敦的主要教育机构，特别是大学和英王学院，都同意临时委员会的要求，表示对大学推广运动的支持。这些机构的代表从一开始就担任了协会理事会的成员。各机构代表的出席使理事会具有代表性和公正性，这是实现协会所预期达到的目标必不可少的。"随后，地方秘书的提名被接纳，进一步强化了代表性因素。

1876年，在戈申的主持下，牛津大学、剑桥大学和伦敦大学三所大学共同成立了大学教学推广协会，同意派代表组建大学联合委员会。[1] 委员会成员由牛津大学、剑桥大学和伦敦大学分别指派三名成员代表联合组成，其职责是向协会委员会提出教育问题的相关建议，任命讲座教师和考评员，承担监督教学职能。委员会的成立保证了伦敦协会师资选择范围广泛的优势，与两所古典大学密切了联系，排除了不利的竞争。

伦敦协会与提到的地区协会（District Associations）有所不同。地区协会属于推广运动发展的高级阶段，而伦敦协会的成立是为了在特定区域开展大学推广工作。伦敦协会根据推广工作发展产生的需求而适时调整，并且成为典型的大学类型的地区协会。此外，大学联合委员会的成立使伦敦协会具有了大学机构的角色和地位。

（三）伦敦协会的行动

1876年，伦敦协会成立，并在戈申的领导下取得了辉煌的成绩。在伦敦协会的主导下，由剑桥大学、牛津大学和伦敦大学的代表组成的大学联合委员会保证了教学的特征，该委员会负责提名所有的讲座教师和考评员。伦敦协会为推广学生提供专门课程，推广讲座在不同的中心开始运作起来。由此，大学推广制度与大学之间存在关联，大学的经常性工作之一是为各地方推广中心的学生提供系统学习课程的机会。

---

① G. Henderson, Report Upon the University Extension Movement in England（Order of the Philadelphia Society for the Extension of University Teaching, 1890）, p. 7.

伦敦协会最早的课程是在伦敦学院和伦敦城市学院开设的，但参与人数偏少，显然这不是协会希望的发展方向。随后，伦敦协会在中央和郊区成立了特别委员会（Special Committees），在当地的一个演讲厅安排讲座课程，听众人数有了明显的增加。大学联合委员会在格雷沙姆委员会的帮助下，也在格雷沙姆学院设立了讲座厅，为各地方推广中心的学生开设了核心课程，从而提高了工作效率。

伦敦协会为满足学生需要，开设了实用课程。伦敦两所学院，即伦敦大学和英王学院，通过在伦敦协会委员会的代表，提出为推广学生安排实用课程的建议，以期为实践工作提供便利。为了满足学生的需要，这两所学院的实验室设备供两类工人使用，一组在白天，另一组在晚上。这一想法也在大都市的其他机构产生，助推了运动的发展。

在伦敦，大学推广运动的历史是成长的历史，显示出惊人的活力和极强的适应变化的能力。大学推广工作所取得的巨大成就和教育成就是不可估量的。伦敦协会从 1876 年的 7 门课程 139 人发展成 1889 年的 100 门课程 10881 人。[1] 继而发展到高峰期时，伦敦协会提供 152 门课程，拥有 15665 名学生。[2] 一场课程数以百计，学生数以万计的运动，显然是大都市教育资源中不可忽略的因素。

三　牛津大学参与大学推广工作

（一）牛津大学尝试大学推广工作

1877 年，英国著名学者、牛津大学贝列尔学院教师本杰明·乔伊特（Jowett）教授向牛津大学委员会提出了关于大学推广教学的问题，引起了牛津大学对大学推广工作的重视。他提请牛津大学注意在大城镇继续进行成人中等教育（Secondary Adult Education）的大规模运动，并敦促牛津大学为此付出努力，采取一些措施。他还向委员们提出了两条实用建议：一是设立大学推广办公室，并配备一名常任秘书，由大学支付薪酬；

---

[1] G. Henderson, Report Upon the University Extension Movement in England (Order of the Philadelphia Society for the Extension of University Teaching, 1890), p. 7.

[2] R. M. Wenley, *The University Extension Movement in Scotland* (the University Press by Robert MacLehose & Company, 1895), p. 9.

二是延长在大城市讲学或举办讲座的非永久性教师职位任期。①

1877 年，在乔伊特提供证据后，牛津大学第一次主动提出尝试安排大学推广讲座。1878 年，牛津大学采取了与剑桥大学 1873 年大学推广讲座类似的政策，由此迈出了大学推广的第一步。牛津大学决定通过建立一个地方讲座系统来补充地方考试机制。1878 年，牛津大学组建了与地方考试相关联的大学教学推广委员会，并指派地方考试制度的创立者托马斯·阿克兰的儿子亚瑟·阿克兰担任第一任主席。

牛津大学推广讲座计划从一开始就遇到了困难。在一些城镇，推广工作闪烁不定，实施一段时间就销声匿迹了。在大多数城镇，推广课程运行保持上升趋势，但随后有一段时期增长缓慢。因此，牛津大学暂时停止了大学推广工作。②

大学推广工作正式启动不久，就遭遇如此的挫折，其影响因素是多方面的。对英国的绝大多数城镇来说，大学推广超前于所处的时代，在人口较少的制造业城镇和小城镇尤其如此。很明显，并不是所有的城镇都准备好了接受同样规模的大学推广教学工作。一方面，财政问题是大学推广工作面临的最紧要问题之一。在许多城镇，开展大学推广运动的时机还不成熟。规模较小的推广教学中心，无论多么渴望推广教学，都负担不起当时普遍流行的长期课程的费用。没有杰出的教师，就不能保证工作的连续性，而要留住最好的讲座教师，学费不能降低。另一方面，民众兴趣的衰退。大学推广早期领导人的无限热情使他们在计划中前进的步伐太快，这是一个惨痛的教训。许多民众被好奇心所吸引，然而民众日常本职工作越认真，他们的好奇心就越不能保持。普通民众并不在乎自己与大学的疏远，也不为自己的无知而烦恼。另外，让已经忙碌一天的人来学习，最需要的是系统的教育训练，而不是各种各样的娱乐活动，甚至是讲座的形式。因此，大学有两件事要考虑：一是耐心等待民众对大学推广课程产生兴趣；二是对大学推广体系进行改革，使之更适

---

① J. E. Russell, "The Extension of University Teaching in England and America: A Study in Practical Pedagogics," Ph. D. diss., University of Leipsic, 1895, p. 167.

② J. E. Russell, "The Extension of University Teaching in England and America: A Study in Practical Pedagogics," Ph. D. diss., University of Leipsic, 1895, p. 168.

合于小城镇和大城市中较为贫困的地区。

（二）牛津大学重启大学推广工作

牛津大学教学推广委员会（The Oxford Delegacy for the Extension of U-niversity Teaching）最初成立于 1878 年，中断几年后于 1885 年重启工作。1885 年，牛津大学恢复了大学推广讲座活动，推行短期推广课程。因地方推广中心不能及时支付 12 场讲座课程的费用，牛津大学倾向于选择短期的 6 场讲座课程。由此，牛津大学的大学推广工作突飞猛进。1885 年，牛津大学建立了 22 个中心，为近 4000 名学生提供教学指导。[①] 1885 年，牛津大学的 22 个推广中心开设 27 门课程；1886 年，50 个推广中心开设 67 门课程，参与人数为 9908 人。[②] 由此可见，财政问题是事关大学推广运动发展的重要因素。牛津大学通过连续举办一系列短期讲座课程，从而获得了充足的运营经费来源。

1. 采用短期课程制

1885 年，牛津大学的大学推广运动重新启动，其显著特点是采用短期课程制。有许多人强烈反对这项政策，认为负担得起一个完整的推广教学体系课程费用的城镇不应该满足于短期且不完整的课程体系。这一观点对短期课程制有很大的影响。牛津大学的短期课程实验更多是针对地方推广中心财政困难的应变之策。在牛津大学开始推广工作之前，一些较大型和较富裕的城镇已被剑桥大学讲座教师提前"占领"。牛津大学努力寻求在较小规模的城镇和较大城市的较贫困地区启动大学推广讲座。提供短期课程的政策被其结果充分证明是合理的，使英国每个城镇都能囊括在大学推广教学的范围之内。

牛津大学推广讲座首次大胆采用短期课程的探索应归功于牛津大学三一学院院长珀西瓦尔（Percival）博士对大学推广工作的极大兴趣。牛津大学以与剑桥大学相应时期相似的术语定义工作目标，指出讲座课程不仅要提供适合民众需求的教学，也要刺激民众对大学推广教学的需求。

---

① R. M. Wenley, *The University Extension Movement in Scotland* (the University Press by Robert MacLehose & Company, 1895), p. 9.

② J. E. Russell, "The Extension of University Teaching in England and America: A Study in Practical Pedagogics," Ph. D. diss., University of Leipsic, 1895, p. 168.

牛津大学的目标是通过提供有组织的大学讲座课程教学，包括讨论、课堂教学、考试以及优异成绩证明或优异证书，指导和鼓励学习。

2. 建立流动图书馆

1885 年，牛津大学重启大学推广工作的另一个标志性行动是建立了流动图书馆。牛津大学很早就对这一计划做出了有价值的贡献。讲座、教学大纲和讨论课本身是好的，在缺少必要书籍的情况下，所有这些要素都是毫无价值的。连同讲座教师和教学大纲，牛津大学决定送出一个图书馆。随着讲座教师不断地从一个地方到另一个地方，这些书也跟着教师一起流转，因此获得了"流动图书馆"的称号。流动图书馆，通俗地讲，是书籍包装盒，尺寸是 2 英尺×1.5 英尺×7.25 英寸。流动图书馆有着皮革内衬，且带有滑动架子，在讲座过程中也可作为书柜使用。流动图书馆的建立合理且必要，被看作一项创新。1885 年建立的流动图书馆是牛津大学对推广工作所做的新贡献之一。

（三）牛津大学推广工作举措的探索

1. 牛津大学推广工作的动机和方法

1887 年 4 月 20 日晚，地方委员会代表第一次会议在考试学校（Examination Schools）举行。伦敦主教坦普尔担任主席并发言。会议报告中阐释了牛津大学早期参与大学推广运动的动机和方法。地方考试委员会代表收到英格兰和威尔士大城镇设立讲座并教学的建议，且获得授权委任讲座教师和考评员执行这些建议。牛津大学拥有推广中心 79 个，分布在坎伯兰郡的玛丽波特、康沃尔郡的法尔茅斯、海峡群岛的泽西岛及泰恩河畔的沃尔森德等地。

从 1870 年开始，民众阅读需求增强，但整个出版、印刷和宣传书籍的贸易都落后于阅读需求。民众希望可以像在家或在公共图书馆里阅读一样受到良好的教育。一个人在没有任何指导以及没有心灵与心灵、思想与思想的交流碰撞的情况下，自己从书本中获得的指导总是不可避免存在某种缺陷。能够复述一本书，并不意味着拥有相同的知识。这些知识融入思想，并潜移默化地影响着人的整个知识体系。经验表明，教学中有价值的东西是通过接触，即教师的思想与学习者的思想之间直接碰撞的方式获得的。

委员会为提高最有经验的大学推广讲座教师的酬劳而筹集资金。讲座教师构成了教学队伍的核心，保持了大学推广教学的持续性，通过积累的经验和建议帮助年轻同事加入讲座教师队伍。资金捐赠者姓名和捐赠数量主要包括：最大的一项独立捐赠是哈德森·肖（W. Hudson Shaw）的 50 英镑，第二项是著名纺织服装公司（Worshipful Company of Cloth-workers）捐赠的 25 英镑，以及由巴恩斯利英国合作社（Barnsley British Co-operative Society）捐赠的 2 英镑。捐赠者数量（截至 1887 年）为 42 人，而筹集的资金金额为 791 英镑 9 先令。[1] 其中，第一个捐资的讲座教师哈德森·肖是贝列尔学院的教师，年度收入为 350 英镑（包括讲座费），在大学推广工作方面非常成功。

2. 大学推广工作基本原则的探索

地方委员会代表第一次会议通过了两项决议：第一项决议是大学有义务在国家层面强化对高等教育的需求，并采取必要措施实现目标；第二项决议是鼓励大学在地方委员会协助下在各自地区开展大学教学。会议还讨论了推广工作的基本原则。

时任圣约翰学院院长、牛津大学副校长贝拉米（Bellamy）提出第一项决议，支持大学推广运动采取相同的路线，指出大学完全能够提供组织需要的第一个必要条件，即"最充实和最有教养的人才"（the Best Filled and the Best Cultivated Brains）。第二个必要条件——资金，则情况不同。大学能够提供第一个必要条件，而第二个必要条件则必须由大学之外的人提供。贝拉米认为即使大学的资金翻了 10 倍，大学也不是一个富裕的机构。大学的资金主要应用于提供大学内部每个学习分支部门本身所需要的设备，以满足校内学生扩展知识领域的学习要求。大学的基本业务不是传播学习，而是创造学习。因此，大学必须向大学之外的其他人寻求帮助，以筹集用于在不同城镇传播知识所需的资金。

塔尔博特（E. S. Talbot）支持剑桥大学在大学推广领域的首创工作，认为剑桥大学是大学推广工作的先锋。剑桥大学有幸成为大学推广的起

① W. H. Draper, *University Extension: A Survey of Fifty Years, 1873 – 1923* (Cambridge University Press Archive, 1923), p. 39.

源，其实施的计划是牛津大学所遵循的。而后，大学推广发展成为每一
所大学的职能。他还表示："大学推广体系为国家高等教育体系奠定了扎
实的基础。……大学推广运动已被英国其他大学所接受。此外，大学推
广运动也被悉尼大学采用。1886 年，20000 名听众参与大学扩展讲座，表
明了民众对大学推广教学课程感兴趣的程度。2000 名考生参加考试，体
现了学生的忠诚精神。"[1]

在 1887 年牛津地方委员会代表会议结束之前，塔尔博特提及诺森伯
兰郡向推广学生提供 10 英镑的奖金，以资助他们在剑桥大学度过一个月
的暑假。受到启发，牛津大学也提供了四个类似的奖项，使牛津大学推
广中心的优秀学生同样能在暑期学习。这一举措是大学推广运动发展过
程中的创新探索，为后续大批量提供奖助学金名额供优秀学生进入大学
校园学习奠定了基础。

四　大学推广运动面临的困难

大学推广运动从正式开端到兴起，同时伴随着课程设置、课程费用
和学习认定等问题。在总体呈现强盛发展态势的情况下，大学推广运动
也面临诸多困难。

（一）剑桥大学推广工作的短暂低迷

剑桥大学推广讲座工作于 1875 年至 1881 年出现短暂低迷，主要是民
众对大学推广运动的新鲜感在某种程度上的消失所致。此外，还有以下
几个原因导致了推广工作的低迷：其一，重复开设课程。在大学推广教
学开始最初几年，课程数量与中心数量的比值很大，每一个中心平均有
两门课程。所有推广中心的课程都长达两个学期以上。随后，许多推广
中心不再开设不同科目的并行课程，而是重复开设费用较低的课程，即
在下午和晚上向不同的听众开设同样的课程。其二，第二学期参与人数
下降。两个连续学期的第二个学期中出现参与人数下降是不可避免的。
当学生们的兴趣减退时，实力较弱的推广中心的课程甚至暂停一年。发

---

① 　W. H. Draper, *University Extension: A Survey of Fifty Years, 1873 – 1923* (Cambridge University Press Archive, 1923), p. 44.

展较为强劲的推广中心——泰因河畔纽卡斯尔，同时开设两大系列课程，一门是自然科学，另一门是历史或文学。剑桥大学七个附属中心的成功证明，在参与人数没有严重减少的情况下，可以维持单一的按教育次序排列的系列课程。其三，地方学院（Local College）的兴起。在考虑19世纪70年代末大学推广参与人数下降的原因时，不容忽视的是在1870—1880年的时间里，地方学院如雨后春笋般涌现，一定程度上吸收了推广学生。诺丁汉大学学院、谢菲尔德菲尔斯学院（Firth College Sheffield）、卡迪夫大学学院（University College Cardiff）的建立，以及约克科学学院（Yorkshire College of Science）增加了一个文学系（Literature Department），这些都导致了传统大学推广运动统计数据的变化。

（二）大学推广教学课程的费用问题

在大多数城镇，保持推广课程运行是一场艰苦的斗争。对于英格兰的绝大多数城镇来说，大学推广超越了这个时代，有些城镇推广运动出现一段时间以后就消失了。对于人口较少的制造业中心和较小的乡村小镇来说尤其如此。显然，大学推广课程的费用必须更低廉。拥有教育专项资金的工人协会认为讲座课程费用过于昂贵。许多很乐意尝试大学推广计划的城镇，由于推广运动伴随而来的财政责任而有所退缩。有些城镇对先前的资金赤字感到沮丧。较小的城镇和较贫穷的大城区正是大学推广部门（Extension Department）最担忧的传播推广运动的地方。换句话说，财政困难阻碍了大学推广在最需要传播的城镇的发展。

要留住讲座教师，支付给讲座教师的费用不能减少。地方推广中心的费用已降到最低水平，不能再降低。可能的补救措施是提供短期的课程，或为大学推广教学的模范样本提供场所。这样的安排使课程成本减半，让较贫穷的中心能够保持运作，也使无法支付长期课程费用的学生更容易筹集必要的费用以获得接受高等教育的机会。因此，牛津大学采用短期课程，有效解决了大学推广课程的费用问题。

（三）大学推广教学课程的学习认定

大学推广运动所到之处都产生了激烈的讨论，即给予完成一定课程的学生学习认定的问题。开设什么学科，如何给予学生学分，是大学要考虑的重要问题。要吸引大量学生，每一门课程都要伴随阶段性考试，并授予那些成功通过考试的学生学位。普通校外学生都希望能专门学习某一特定分支学科课程，以实现其目标，成为所在领域的专家。大学不情愿授予学分，特别是对未能在大学限定范围和教育体系内接受锻炼的学生，而这恰恰也是传统大学必须放弃的一块阵地。

英国大学通过机构的从属关系和授予推广学生证书及文凭的形式，极大地推动了学生继续学习的热情。伦敦大学推广委员会（London University Extension Board）的学生坚持认为，不论是从个人还是从职业的因素来看，获得学位是有意义的。接受大学推广教育的学生中有一部分既要保持日常工作，又要在成人生活阶段继续学习一些课程以在某个学科领域达到熟练或精通的程度，实现其独立地开展工作的目的。鼓励对某一学科感兴趣的成年人继续学习以达到更高水平，或达到学士水平，不仅有利于学生成长，而且有利于大学。在学习经历被认可的情况下，许多学生的学习都会无限期地持续。完成了学习，学生自然就会得到外界的认可。因此，应授予学生达到学科水平的学位认可。

此外，聘请具备合格条件的讲座教师也是大学推广教学工作面临的困难之一。大学推广运动一开始就遇到的问题是聘请具有特别资格、能成功开展大学推广教学的教师。成功的推广讲座教师应能在公众场合流利演讲，具备在听众面前将学科的内容清晰并声情并茂地进行讲解的能力。同时，讲座教师必须是一个机智和富有爱心的人。讲座教师还要拥有指挥课堂的艺术，具备激发学生提出问题的能力。

第三节　兴盛期（1886—1899）

兴盛期，大学推广运动在英国各地区取得发展，崭新的组织机构得以产生。暑期集会成为大学推广系统的组织形式。大学附属中心计划（Affiliation Scheme）实施，大学推广学院（University Extension College）和城市学院成立，进一步巩固了大学推广运动的成果。政府技术教育拨款支持大学推广运动进一步促进了大学推广运动的发展。大学推广运动从零星的实践尝试，经过众多关心民众高等教育的倡导者的努力，发展成为遍布英国各地有组织的大学制度。大学推广运动取得进展，组织方法得到改进，职能范围得到扩展，民众对大学推广的态度发生了转变。

此时大学推广运动进入其历史上的一个关键时期。1887—1888 年的惊人增长，无论是用统计数字，还是用媒体的兴趣和民众觉醒的程度来衡量，都标志着大学推广运动实验阶段的结束，进入了兴盛期。[①] 这一历史阶段，大学推广运动的组织形式有所创新，除了已有的流动图书馆的引入与发展，牛津大学于 1888 年率先组织了暑期集会。另外，剑桥大学探索建立附属中心，创建的大学与地方推广中心具有附属关系（Affiliation），标志着大学推广进入一个崭新的时代。国家技术教育拨款、大学奖学金、地方专项资金的投入，进一步推动了大学推广运动的蓬勃发展。苏格兰地区的大学推广运动也开始落地，从而在英国形成了大学推广运动的繁荣景象。从 19 世纪 80 年代后期开始，大学推广传播到美国。19世纪 90 年代，大学推广传播到加拿大、澳大利亚、欧洲大陆等地，形成了蔚为壮观的国际高等教育领域改革图景。

一　暑期集会成为大学推广系统的组织形式

（一）暑期集会理念的源起

暑期集会理念源自美国的肖托夸运动，在剑桥大学、牛津大学的借鉴下得以产生与付诸实践。早在 1874 年 10 月 15 日，牛津大学圣玛丽教堂的牧师福克斯（E. S. Ffoulkes）就在给《泰晤士报》的一封信中写道："牛津大学一年只为大学服务 6 个月。为什么要禁止牛津大学在剩下的 6个月为其他大学服务呢？如果供一所大学使用的同一栋楼能供两所大学使用，那将是对国家财政的巨大节省。或者，女士们应该被邀请在大学里待 6 个月。或者，让那些想要参加地方考试的候选人在 4 个月的长假期里住在学院的宿舍，在适当的监督下，为考试做准备。如果能在大学暑假期间连续住上 4 个月，许多中产阶级非常乐意参与大学课程。牛津大学可以从学院中邀请导师和教授。唯一的变化就是，应该在宿舍配备家具，便于整年都可以安排课程。"

1885 年和 1887 年，剑桥大学尝试开展了暑期集会：在长假期间，从

[①] H. J. Mackinder, M. Sadler, *University Extension: Has It a Future?* (Frowde, 1890), p. 1.

地方推广中心挑选几名最优秀的学生，让他们继续在大学里从事专业学科的学习。1885 年，来自诺森伯兰郡的 4 名推广学生获得奖励，得以到剑桥大学进行为期 1 个月的学习。

牛津大学重启大学推广教学工作后，扩大大学影响力的一个重要方式是 1888 年推出暑期集会。暑期集会的召开源于查尔斯·罗利（Charles Rowley）在诺丁汉大学佩顿（Paton）的请求下向委员会提交的建议。该委员会曾开会讨论是否可能在英格兰引进阅读社交圈（Reading Circles）体系，正如美国的肖托夸集会。人们感到，如果在大学所在城镇举行暑期集会，推广运动便能够利用住在那里的教师提供教育服务。这些教师对大学推广工作很友好，但由于大学的职责，不能以讲座教师的身份积极参与推广工作。此外，学生们可享受大学博物馆和图书馆提供的巨大便利，并从与教师的交流中获得激励。简而言之，暑期集会引入了大学推广系统原本缺少的住校要素。[①] 牛津大学的暑期集会立即在牛津蔓延，成功地吸引了大批学生。学生从繁忙的生活中脱离出来，转到一个富有传统和文化气息的地方，有利于安静地学习，并在知名教师的指导和学校设备的辅助下，领略大学的新思想。

（二）牛津大学暑期集会

牛津大学暑期集会成为大学推广运动发展阶段中的重要组织形式。牛津大学为大学推广增加了两个特点：一是上述提到的 1885 年开始建立的流动图书馆制度，二是 1888 年开始举办的暑期集会。[②]

为了保持地方推广中心与大学的联系，牛津大学特别依赖暑期集会，暑期集会也成为大学推广运动发展历程中最为突出的特征。在牛津大学推广委员会和特别委员会的共同监督下，第一次暑期集会于 1888 年 8 月举行，持续近 2 周，有 900 名学生参加。其间，上午有短期课程，晚上由知名人士就各种话题发表演讲。正如萨德勒所说："许多新推广中心的建立可以直接追溯到这次集会的热情。"[③] 1889 年 8 月举行的第二次暑期集

---

① H. J. Mackinder, M. Sadler, *University Extension: Has It a Future?* (Frowde, 1890), p. 80.

② H. J. Mackinder, M. Sadler, *University Extension: Has It a Future?* (Frowde, 1890), p. 79.

③ G. Henderson, Report Upon the University Extension Movement in England (Order of the Philadelphia Society for the Extension of University Teaching, 1890), p. 17.

会持续 1 个月，此次集会由两部分组成：第一部分与第一次集会相似，而第二部分则缺乏教学的元素。1889 年及以后的几年中，牛津大学的暑期集会分为两部分：第一部分持续十天，第二部分为更认真的学生准备，为期 3 周。第二部分的课程数量较少，时间较长，总体上比较系统。1889 年，仍有 150 名学生参与第二部分。1890 年 8 月举行了第三次暑期集会，1200 名学生聚集在牛津老城——曾经被拆除的母校旧址，举办的活动内容充实而多样。[①]

此后，参加会议的人数每年大致相同。在暑期集会的第一阶段，上午要上三节课。下午则按照牛津良好的习惯，大部分时间进行户外运动。晚上有知名人士的演讲、联谊会和音乐会。第二阶段比较安静，也不那么匆忙。第一阶段所讲的学科主题在第二阶段被继续更加充实地讨论下去，学生有更多的时间用于阅读。[②]

暑期集会的讲座课程包括历史、诗歌、哲学、考古学、政治经济学和生理学。但是，讲座课程内容并非学生们参与暑期集会的全部收获。学生可以选择在家里听讲座，但在那些古色古香的大学建筑里徜徉，品味只有像牛津大学这样的地方才能提供的灵感，是学生并不经常享有的特权。在驻留大学期间，学生参观了大部分的学院，包括许多英国历史的场景，生动地激发了学生的追忆。他们凝视着殉道者纪念碑（Martyrs' Memorial），信步走进查尔斯国王（King Charles）在圣约翰的公寓。那些有文学爱好的学生可以在彭布罗克与约翰逊交谈，或到三一学院托马斯·沃顿（Thomas Wharton）的住处看看他忙于研究诗歌史的情景。

牛津大学丰富的校园文化和设施，使暑期集会具有了不可估量的价值，与它们接触本身就是一种博雅教育。参加暑期集会的人不局限于优等生。例如，牛津大学提供了 20 多个奖学金名额，帮助贫困学生参加暑期集会。矿工们也可以与牛津大学的教师们并肩，讨论这场运动的未来等相关问题。

---

① G. Henderson, Report Upon the University Extension Movement in England（Order of the Philadelphia Society for the Extension of University Teaching, 1890）, p. 17.

② R. A. Woods, *English Social Movements*（New York：C. Scribner's Sons, 1891）, pp. 119 – 141.

考评员的报告展示了参加暑期集会的学生的特点：参加暑期集会的学生提交的论文数量有很大的增加，且保持了高质量水平。工人们写的历史及其他方面的文章值得赞扬。在科学学科领域，优秀且值得一读的文章远远超过此前几年。文章写得非常好，证明他们已经努力和认真地做了相关工作。在文学方面写得最好的文章也显示学生进行了大量的阅读和思考。大多数论文都达到了获得大学奖学金的标准。

（三）剑桥大学暑期集会

剑桥大学暑期集会（The Cambridge Summer Meeting）正式开始前，曾于 1885 年、1887 年邀请个别优秀的推广学生参加在学校举行的学科学习。1884 年夏天，在诺森伯兰中心学习的两名矿工学生，在剑桥大学待了三天。这是暑期集会的尝试。学生可在斯图尔特教授的住处喝茶，向他提问。聚集在剑桥大学的同行详细讨论，认为 10 英镑的小额奖学金就足以支付在剑桥大学一个月的住宿费和交通费。到剑桥大学短期学习一段时间的想法在暑期集会上得到了广泛的支持。

格莱斯顿奖学金的设立使学生到剑桥大学短期学习成为可能。当时在斯图尔特教授住处的格莱斯顿小姐代表她的父亲提供了一笔 10 英镑的奖学金，让 1 名来自矿区的学生在剑桥大学度过一个月的暑假。这个提议被欣然接受，激起了极大的热情。在泰恩塞德，她又捐助了 3 笔同样数额的奖学金。这样，4 名学生，分别是 2 名男子和 2 名女子得以到剑桥大学进行学习。[①] 1885 年夏天，剑桥大学安排了两门实践课，一门是生理学，另一门是地质学（古生物学）。4 名学生在剑桥大学度过了一个月时光。他们的学习成绩都很好，并把在大学里的经历带回了家。1887 年，这一尝试再次进行，马歇尔教授提供了 2 个奖学金名额，也取得了令人满意的结果。

由此，1889 年 8 月，剑桥大学暑期集会正式开始，大约有 50 名学生聚集在剑桥大学学习化学、物理、地理、艺术等课程。[②] 化学课程在大学

---

① R. D. Roberts, *Eighteen Years of University Extension* （Cambridge University Press, 1891），p. 86.

② G. Henderson, Report Upon the University Extension Movement in England （Order of the Philadelphia Society for the Extension of University Teaching, 1890），p. 19.

的实验室里开设。教师做了一系列实验后，学生们重复这些实验。卡文迪什物理实验室（Cavendish Physical Laboratory）也向学生开放以便进行实际工作。学生在伍德沃德博物馆（Woodwardian Museum）集会，观看了一系列有关动物王国主要化石类型的展览。菲茨威廉考古博物馆（Fitzwilliam Museum of Archeology）也因"希腊艺术"这门课程而开放。那些对建筑感兴趣的学生研究了剑桥的建筑，并前往附近的城镇参观。大学图书馆也同步对学生开放。

与牛津大学暑期集会相比，剑桥大学暑期集会的参与人数比较少，但比牛津大学提供的权利范围更广。1890 年，剑桥大学采取了第二项极为重要的措施，决定将剑桥大学的暑期课程计划纳入大学推广系统。① 大学联合会此举的目的是使学生有机会通过在实验室和博物馆进行实践工作来补充各推广中心进行的理论工作。

（四）牛津大学与剑桥大学暑期集会的区别

剑桥大学暑期集会比牛津大学暑期集会更务实但不那么流行。牛津大学推广委员会的设计与剑桥大学联合会略有不同。牛津大学于 1888 年安排了第一次暑期集会，比剑桥大学略早，且规模要大得多。仅从数字来看，50 名学生聚集在剑桥大学，而参加牛津大学暑期集会的学生达 900 人。暑期集会中有大量关于各种主题的短期讲座课程、会议、短途旅行和社交聚会。从外部看，两校暑期集会除了规模不同外，在其他方面没有太大的不同。但对暑期集会的起源和方法的研究表明，两所大学的方案特征仍存在或多或少的区别。②

1. 面对的目标群体差异

牛津大学欢迎所有愿意参加暑期集会的民众，不论他们的学历如何，也不论他们是否为大学推广学生。其讲座课程内容是民众感兴趣的，旨在满足最多样化的需求。牛津大学暑期集会参与人数众多，并倾向于扩大牛津大学的影响力。而剑桥大学暑期集会则将邀请限制在那些更优秀

---

① R. D. Roberts, *Eighteen Years of University Extension*（Cambridge University Press, 1891），p. 87.

② R. D. Roberts, *Eighteen Years of University Extension*（Cambridge University Press, 1891），pp. 88 – 89.

的学生之内，这些学生在冬天获得了与课程相关的证书，希望通过在实验室和博物馆进行的实践工作来补充理论知识。剑桥大学的暑期课程吸引的是少数人，目的是增加推广工作的教育价值。

2. 学生是否在校住宿的差异

暑期集会给学生提供了能够合理吸收的更多东西，特别是对那些只停留 10 天的学生。但管理集会的人认为，较长时间和较短时间的集会都以各自不同的方式取得成功。牛津大学暑期集会将在大学实际居住的元素引入推广系统。推广学生在大学里的生活方式和牛津大学常规学生在学校里的生活方式相似。推广学生听著名的大学教授讲课，并在社交聚会上结识大学教授，呼吸古老大学里那种迷人的气息。然而，在剑桥大学暑期集会上，由于许多常规大学生在假期留在学校，推广学生不能在校住宿。但由于数量较少（只有大约 50 人），推广学生能够获得更全面和更有价值的成果。推广学生能够在实验室里进行有关讲座学科内容的实验工作。剑桥大学设立了几个奖学金名额，根据这些奖学金，优秀的学生可以被派往参加暑期集会，在学校停留一个月。参加集会的大多数学生都是女性，一般住在女子学院。

暑期集会给出了一个当时还未深思的问题解决方案。这些暑期集会使大学与大学推广学生面对面，使这种关系成为现实。大学推广运动确实使国家大学和民众之间的联系更加紧密。

二　大学推广崭新组织机构与制度的出现

（一）剑桥大学附属中心计划的实施

剑桥大学附属中心计划的实施给予了附属中心一定的特权。地方推广中心与大学绑定的方式有两种：一是大学向推广中心提供更加明确的学习指导，二是邀请学生在大学短期驻留。剑桥大学在提供更加明确的学习指导方面领先，而牛津大学在邀请学生在大学短期驻留方面领先。剑桥大学和牛津大学联合附属地方学院，授予推广学生宝贵的大学特权，并在三年内为学生提供必要的大学驻留时间。在这项推广工作的巩固和系统化方面，剑桥大学起了带头作用。继续进行大学推广工作的责任落在地方推广中心，而大学的职能是指导和促进地方推广中心的工作。课程的持续性对吸引和留住认真的学生群体至关重要。从教育学的角度看，如果一门讲座课程按照推广计划进行系统教学是对旧学制的改进，那么一系列协调有序的课程安排无疑是对单一课程的革新。

附属关系的运作，是巩固大学推广运动的众多迹象之一，标志着大学推广运动的一个崭新时代。[①] 剑桥大学很早就认识到这一需求，1886 年根据一项新的法令，剑桥大学决定将附属特权有条件地扩展至地方推广中心。这一想法借鉴了授予地方学院一定特权的做法。即使地方学院不存在，如果地方推广中心同意开设全面、系统的讲座并持续四年，学生通过大学入学的初步考察，那么附属关系也将被授予。这场运动注定会产生一项真正具有国家特色的高等教育计划。任何一个参加剑桥大学暑期集会的人都会感受到学生对附属关系的高度重视。学生自豪地宣称"我们来自剑桥大学"（We, of Cambridge），已成为隶属于剑桥大学的学生（Student Affiliated to Cambridge）。

剑桥大学对附属中心计划的实施做了进一步的规定。推广中心的地方委员会加入附属计划需要满足剑桥大学联合会的要求，包括大量认真的学生准备进行 3 年的课程学习，以及推广中心的财政资源足以支付连续工作产生的费用。如果学生准备进行长达 3 年的课程学习，在教师指导和能保证必要的财政的基础上，地方推广中心将同意学生的住校学习要求，并考虑学生成为剑桥大学的一部分。大学制定的课程分为两大组别：一是自然、物理和数学科学，二是历史、政治经济学、精神科学、文学、艺术等。学生若想享有从属关系的特权，必须修满 8 门（自然、物理、数学 6 门，历史、经济、文学等 2 门）完整的 12 场讲座课程，每场讲座课程都要完成课堂作业，并参加课程结束时的考试。除此之外，还必须通过基础数学、拉丁语和希腊语的考试。满足以上要求的学生可以认定为已具备"加入剑桥大学"的条件。[②]

成功修完课程的学生，享有下列权利：学生可标榜为"剑桥大学的

① G. Henderson, Report Upon the University Extension Movement in England（Order of the Philadelphia Society for the Extension of University Teaching, 1890）, p. 17.

② R. D. Roberts, *Eighteen Years of University Extension*（Cambridge University Press, 1891）, p. 82.

学生"；如果他们进入大学，可以免于"初试"（Little Go），并免除一年的居住限制。这样，学生进入大学，就被看作二年级学生。如果学生选择住在剑桥大学，则可以在两年内获得荣誉学位，而非三年。

剑桥大学附属中心计划实施成效明显。纽卡斯尔是第一个试用新计划特权并被承认的推广中心。在纽卡斯尔，委员会原以为当他们的中心成为大学的附属机构后会失去 1/3 的学生，然而学生的数量非但没有减少，反而实际增加了 12%，而真正认真的学生的数量自系统工作开始以来增加了 1 倍。[①] 证据表明，附属关系对地方推广中心的刺激作用推动了学生数量的增加，其他地方推广中心也纷纷效法。随即，剑桥大学附属中心增加到 5 个。附属地方推广中心的课程已然成为进入大学的垫脚石。

大学的认可对地方推广中心的努力至关重要。剑桥大学以肯定的态度解决了一个有争议的问题，即每天工作繁忙的学生是否能从事值得大学认可的教育工作。这一举措的重要性在于，大学有意在地方推广中心所做的工作上标注印记，证明大学已经满意于大学推广教学方法的彻底性和效率。附属中心计划圆满地解决了是否有可能对夜校学生进行有大学认可的教育和培训的问题。这是一种新型大学生涯的真正起点。但是，附属中心计划也存在不足。例如，坚持语言选拔考试被一些年龄较大的学生描述为绊脚石。并不是说年长学生未准备好学习，而是他们觉得利用好花在学习拉丁语或希腊语等基础知识上的时间，也许能更有效地把自己的专业知识提升到更高水平。

（二）牛津大学推广学院的建立

1892 年，牛津大学推广委员会在精心组织下迈出了大学推广运动征程上更为重要的一步。在牛津大学基督教堂学院（Christ Church）的协助下，大学推广委员会将雷丁城内及附近所有教育机构与地方大学推广协会（University Extension Association of the Town）联合起来，组建大学推广学院。[②] 作为新的组织机构，牛津大学基督教堂学院为大学推广学院提供

---

① R. D. Roberts, *Eighteen Years of University Extension* （Cambridge University Press, 1891）, p. 85.

② J. E. Russell, "The Extension of University Teaching in England and America: A Study in Practical Pedagogics," Ph. D. diss., University of Leipsic, 1895, p. 173.

有效的监督，以保证一定的收入，并通过指派新学院院长职位的方式使地方协会与大学紧密联系。

从私人捐款、城镇和政府拨款中，大学推广学院获得了合适的建筑场所和设备费用，用于运作大学推广工作。工人们对夜校产生了兴趣，对这所"人民学院"的成功做了不少贡献。这项工作的规模可以从每年约为3000英镑的开支中推算出来。人民学院的教师总共约20人，大部分来自牛津大学。继牛津大学推广学院成立后，埃克塞特镇和剑桥大学也开展了类似的工作。剑桥大学联合会也通过其提供薪金的院长与新的推广学院保持密切联系。因此，地方的努力得到了尊重和认可，取得的结果证明建立大学推广学院的实验是正确的。

（三）大学推广中心的两种类型

根据地方推广中心的特点，推广中心主要分为两种类型，即混合式推广中心（Mixed Centres）和工匠推广中心（Artisan Centres）。①

1. 混合式推广中心

混合式推广中心可再细分为两种：一是课程安排在上午或下午，主要由女士付费参与的推广中心。这些中心不存在财政问题。二是课程安排在夜间的推广中心，观众多样，其中包括工匠。地方委员会认为白天给女士上课，晚上给多类别学生上课的安排对推广中心极为有利。白天高价出售门票的收入在很大程度上弥补了低廉的夜校课程的费用。与职业工作相关的大多数课程主要在夜间讲座推广中心开设。

混合式推广中心开展大学推广的问题在一些城镇中出现。推广中心先召开预备会议，获得保证基金，并任命一个委员会，其中有一名至两名工人参与委员会工作。推广中心期望大量的听众参与讲座，费用是固定的5先令，但在某些特定情况下有可能减少至3先令6便士或2先令6便士。在参与人群中，中产阶级观众占多数，工匠占少数。教育的结果令人满意，但委员会和担保人都对工人的缺席感到失望。第二门课程安排了更有趣的科目，费用有所降低，但听众更少——参与的工人仍然较

---

① R. D. Roberts, *Eighteen Years of University Extension* (Cambridge University Press, 1891), p. 54.

少。委员会和担保人主要是从以下几方面着手解决问题的。

（1）地方秘书个人努力的重要性

吸引和留住大量听众在很大程度上是地方组织需要考虑的问题。仅仅在当地的报纸上刊登海报或广告是不够的。经验表明，大学推广课程的成功与委员会秘书的个人努力成正比。例如，英格兰北部的四个城镇学校开设了同样的课程，其中一所学校的授课情况远不如其他三所学校成功。这一所学校的地方秘书是个忙碌的律师，几乎没有时间推进这项工作。委员会负债累累，决定放弃这场运动。他们向保证人（Guarantors）要求赔偿一半的损失，以弥补财政赤字。一位同学在听取了委员会的决定后，决心继续这项推广工作。他自费发送传单给可能买票的人，邀请他们参加另一门课程。但是人们对这一呼吁的反应非常微弱。随即，他又发了第二份传单，亲自到城里游说。最终，他的努力获得了成功。由此，一个新的委员会成立，并安排了相关课程。此后，大量新鲜面孔涌入申请购票。在讲座的第一个晚上，售出 300 张门票。学期结束时，学校获得良好收益，支付所有的费用后，还有 60 英镑的余额，原本最微弱的推广中心发展成为最强大的推广中心。可见，地方推广中心的秘书与工作人员对推广中心发展的影响很大。

（2）通过游说活动等推动门票销售

推广中心第一门课程通常都很成功，但在第一门课程之后，第二门课程参与人数会出现下滑。学生参与人数缩减的原因是只有少数学生有充足的时间连续参与 6 个月的课程学习。财政紧张通常是从第二学期开始的，而通过降低费用来增加学生人数的想法被证明是完全错误的。减少费用并不能增加参与人数。委员会为了让学生人数翻一番，常常把票价减半，可是灾难随之而来。除非同时通过有效的游说活动和其他方式来推动门票销售，否则票价不应降低。

（3）推广中心接受捐赠以增加讲座人数

新推广中心的讲座运作通过接受捐赠来弥补赤字。每个城镇都有许多对高等教育感兴趣的人，如果他们对结果感到满意，就会支持并为此做出贡献。地方委员会希望让工人以及付不起高额费用的民众参与讲座，而捐赠者被要求贡献力量。各附属市镇为推动推广中心委员会安排大学制订的三年学习课程计划而取得特别捐款，这说明委员会如果在地方民众面前呈现一个系统的讲座工作计划，就可能获得相关资金。学期结束时，如果捐赠者发现推广中心招收的工人很少，他们就认为这些讲座是失败的，往往会撤销支持。因此，在为工人提供教学讲座方面，还有许多重要的工作要做。此外，并非只有工人对讲座有需求。讲座课程继续向中产阶级观众开放也十分重要。

2. 工匠推广中心

工匠推广中心的特点是参与讲座的大部分或全部听众都是劳动民众，且讲座的管理工作由工匠委员会负责。工匠推广中心包括位于诺森伯兰郡与剑桥大学相连的煤矿和炼铁工村庄等；位于伦敦工业区的组织，在伦敦协会的领导下开展工作；在兰开夏郡和约克郡的一些大城市，与牛津大学有联系的合作协会。特别是约克郡，成立了专门的工匠委员会，以保持与普通委员会协调行动。

工匠面临着支付门票的问题。他们认为"面包"问题先于教育问题，课程费用的增加必然意味着家庭"面包"的减少。工匠推广中心一门完整的讲座和讨论课的票价通常是 1 先令，门票销售所得的收入显得微不足道，无法支付所有的运营费用。如果推广中心要继续运作，就必须从其他渠道获得帮助。其余的费用都是通过一个又一个季度的捐赠来弥补的。例如，合作协会经常从教育基金中获得捐款。诺森伯兰郡的工作得到了煤矿主、合作社和私人公司的资助，而伦敦协会则帮助了大都市中较贫穷的中心城市。

诺森伯兰郡矿工协会与大学推广运动的产生与发展密切关联。1883年至 1886 年，位于诺森伯兰郡的矿工委员会尝试利用工会的资金建立诺森伯兰郡矿工工会，以支持该地区的大学推广讲座。1883 年，委员会的一名主要成员表示大学推广计划经历严重的危机。如果工会决定用资金支持推广课程，大学推广终将成为全国性的教育系统。1883 年底，在一次诺森伯兰郡全体推广中心代表会议上，代表们充分考虑财务问题后，决定改变矿工工会的相关规定，从而使工会执行机构支持推广教育系统的资金问题。根据组织此前的规则，资金只能从工会的资金中拨出用于特定用途，而教育用途不是其中之一。工会组织通过和解的方法解决了争端，过去花在工业上的钱转而花在教育工作上。

　　劳工组织本应认真考虑新颖的建议，即改变其规则，制定能够使工会基金用于为其成员建立大学教育的制度。矿工们举行了会议，工会就变更资金用途事项进行表决。但是，改变规则的提议被否决了。矿工对前景持过于乐观的态度，这一逆转暂时浇灭了在地区中保持推广课程在相同水平的希望。仅中央委员会每年提供300英镑或400英镑捐赠资金不足以维持地区推广中心的运作。[①]

　　学生们对大学推广课程的热情在剑桥大学引起了反响，一些了解这一地区的讲座教师决定尝试向诺森伯兰提供帮助。剑桥大学讲座教师发起呼吁，大学筹集了一笔150英镑的资金送到矿工委员会。诺森伯兰矿工委员会还得到吉尔克里斯特教育基金（Gilchrist Educational Fund）的资助，推广工作得以持续进行。

　　1887年，工会争端导致了灾难性的罢工，使该地区陷入了长达数月的严重困境，许多优秀学生流失。但是，仍有几个热情的学生坚持工作。例如，巴克沃斯的学生协会虽然遇到了相当大的困难，但大学推广课程仍继续运作。由于罢工期间该地区学生与资金的流失，大学推广工作几乎没有恢复的可能。正是因为这一小群继续工作的矿工的能量和决心，学生协会的秘书埃利斯·爱德华兹（Ellis Edwards）完成了看似不可能完成的任务。爱德华兹为讲座课程筹集资金，计划夏天在村里举办一场展览。他进行了初步安排，采购了一台小型印刷机，编写并印刷了各种票据和宣传单。他组织展览后，约筹集到49英镑，从而安排了一门讲座课程。

　　巴克沃斯的学生协会凭借对知识的热情完成了计划，得到了财政援助，满足了追求知识的需求。由此，郡县委员会的部分教育基金得以应用于在工业中心建立大学推广教学体系，满足劳动人民的需要。

（四）“人民讲座”制度的实施

　　伦敦协会1888年创立的“人民讲座”制度成为建立大学推广中心的有效手段。“人民讲座”是包含3场讲座的短期课程，在选定地区最大的

---

① R. D. Roberts, *Eighteen Years of University Extension* (Cambridge University Press, 1891), p. 65.

礼堂举行，门票免费。其中，第一场讲座主要是引起观众对大学推广体系的注意，并分发问卷，请准备购买完整的推广讲座课程门票的观众填写。通过这种方式，在庞大观众群中，1000—1500 名认真的学生被筛选出来，成为推广中心的核心主体。[①] "人民讲座"与大学推广课程有所差异，不举行相关的考试，也不颁发证书，以"人民讲座"的名义进行认定。

"人民讲座"计划的实施取得了惊人的结果。像肖尔迪奇、伯蒙西、苏拉特福德、白杨、沃尔瑟姆斯托等地的大市政厅里几乎每一场都挤满了观众。在"人民讲座"课程结束之后，都是完整的大学推广讲座课程。伍尔维奇推广中心售出过不少于 650 张完全课程票，听众包括伍尔维奇兵工厂的工人。讲座教师每周平均收到 140 篇文章，而超过 100 名学生获得期末考试成绩的证书。[②]

1889—1890 年，吉尔克里斯特信托基金（Gilchrist Trustees）在不同城镇举办了几次"人民讲座"，以建立推广中心与大学之间的联系。这取得了令人鼓舞的效果，许多城镇与牛津大学、剑桥大学或维多利亚大学建立了联系。剑桥大学的短期课程作为一种提前为更完整的推广课程做准备的方法，是"人民讲座"的优秀案例。如在泰恩河畔的小镇上，大学推广课程完全取代了杂乱无章的课程。大学坚持开设连续 12 场讲座的课程，而开设短期课程主要是为了唤醒民众对大学推广运动的兴趣，实现更大的宣传。短期课程并未要求考试和颁发证书，但短期课程为完整的大学讲座课程建立了更坚实的学生数量基础。

大学推广学生中总是有两大构成部分：一是认真的学生，愿意留出私人阅读和家庭学习时间；二是忙碌的人群，急于求成，主要是在讲座中寻找一种消遣。两大构成部分的比例在不同的推广中心和不同的课程中是不同的。大学推广方法应满足这两类群体的需要，提供同时达到这两种学生群体目的的方法。仅仅渴望智力娱乐的推广学生只参加讲座，

---

① R. D. Roberts, *Eighteen Years of University Extension* (Cambridge University Press, 1891), p. 69.

② R. D. Roberts, *Eighteen Years of University Extension* (Cambridge University Press, 1891), p. 70.

而真正认真的学生能够通过讨论课、文章写作和考试获得宝贵的学科知识。因此，大学推广讲座有两种不同的目标。一是唤醒和激发人们对文学、历史和科学研究的兴趣，从而为忙碌的人们提供重新创作的机会。二是对这些学科进行系统教学，以便进行深入研究。后者显然是大学一直密切关注的目标。然而，前者是后者的先决条件。

"人民讲座"制度正好满足了这一需要，同时不会降低推广工作的教育水平。牛津大学更广泛地推行了短期课程制度，并颁发了与之有关的证书。然而，1890 年起，牛津大学推广委员会决定像剑桥大学一样将颁发证书的课程时长限制在至少 12 场讲座。毫无疑问，伦敦"人民讲座"是在新推广中心开展大学推广工作最有价值的途径。在城里最大的演讲厅开设一门短期课程，即"人民讲座"，是恢复民众兴趣的有效方法。

此外，大学推广的期刊创刊成为这一发展阶段的重要特征。随着大学推广运动的推进，暑期课程、学生协会、家庭阅读联盟、地方推广中心联盟、附属中心和暑期集会都成为大学推广不断呈现在学生生活中的新鲜因素，大学推广运动俨然成为民众所关注的公共事务。① 因此，报纸和书籍等推广文献作品的突然增长成为推广运动最新发展的特征。1889年，牛津大学在这方面做了尝试性的努力，以通告的形式不时发布大学推广最新的安排，以减轻办公室里的大量信件书写工作。随后，西南协会（South Western Association）每一季度都于埃克塞特发行杂志。1890 年2 月，一本名为《大学推广杂志》的月刊在伦敦创刊。该期刊的目标指向整个运动，由伦敦协会管理，因此其中很大一部分内容由该协会的公告占据。此外，约翰·默里（John Murray）聘请圣安德鲁斯大学奈特（Knight）教授担任编辑并出版了一系列《大学推广指南》（*University Extension Manuals*）。

三　地方学院与大学推广工作的巩固

（一）英国大学推广的发展与地方学院有着紧密关联

从 19 世纪 70 年代开始，几乎所有重要的城市都建立了地方学院

---

① H. J. Mackinder, M. Sadler, *University Extension: Has It a Future?* (Frowde, 1890), p. 34.

（或译为城市学院）。1870—1880 年，地方学院的兴起与发展对古典大学领导的大学推广运动产生了巨大的影响（英国地方学院名录详见表 2 - 1）。因此，在考量 19 世纪 70 年代末大学推广参与人数曲线下降的原因时，存在一个不容忽视的因素，即在 1870—1880 年里，地方学院如雨后春笋般涌现。在地方学院所在城镇，大学推广工作融入地方学院的工作中，如诺丁汉大学学院、谢菲尔德菲尔斯学院、卡迪夫大学学院的建立，以及约克科学学院增加了一个文学系。这些学院稀释了同年度的大学推广运动的统计结果。[1]

一些地方学院的建立可以直接追溯到推广中心的运作。较强的推广中心不断趋向于成为一所地方学院，或一些地方学院的建立得到推广工作者的协助和鼓励。大学通过在地方学院举办大学推广讲座，与其保持合作关系。此外，地方学院与邻近的图书馆、博物馆保持密切合作关系。通过地方学院组织的娱乐活动、非正式聚会和远足，形成了一种独特的社交生活，有助于巩固大学推广系统。

除了享有一些特权外，地方学院的学生还享有由古典大学减免的三年居住期限中的一年。剑桥大学对几个附属的推广中心给予同样的优惠，条件是推广中心的学生必须参加为期四年的系统的文学和科学讲座课程。所有对推广运动感兴趣的人都知晓在推广学习中缺少按教学秩序授课的制度。牛津大学和伦敦协会试图通过向遵循连续和系统学习计划的学生颁发特殊证书来解决这一难题。伦敦协会努力使伦敦大学成为民众大学的核心，建议伦敦大学联合伦敦地区所有的推广中心。

表 2 - 1 英国地方学院名录

地方学院名称	所在城市	建立年份
大学学院	伦敦	1826
英王学院	伦敦	1828
欧文斯学院（Owens College）	曼彻斯特	1851

---

[1] R. A. Woods, *English Social Movements* (New York：C. Scribner's Sons, 1891), pp. 119 - 141.

续表

地方学院名称	所在城市	建立年份
杜伦科学学院 （Durham College of Science）	纽卡斯尔	1871
威尔士大学学院 （University College of Wales）	阿伯里斯特威斯	1872
约克科学学院	利兹	1874
梅森科学学院 （Mason Science College）	伯明翰	1875
大学学院	布里斯托尔	1876
菲尔斯学院	谢菲尔德	1879
大学学院	诺丁汉	1880
大学学院	利物浦	1881
大学学院	加的夫	1883
大学学院	班格尔	1884

资料来源：R. D. Roberts, *Eighteen Years of University Extension* （Cambridge University Press, 1891），p. 129。

（二）地方学院努力成为地区高等教育机构的领头羊

有研究指出，地方学院的建立是大学推广运动的直接结果。剑桥大学推广工作的早期推动者们无疑期待着建立地方学院这样的永久机构作为大学推广运动的自然结果。然而，曾参加大学推广课程的大批混合观众在地方学院里并不常见，主要原因如下。首先，大学推广运动主要是为忙碌的成年人提供大学层次的系统教育。把高级知识分子阶层与商业阶层区别开来的传统观念常常影响教育事务管理人员的看法，从事日常贸易的商人能接受高等教育并受到大学认可的想法还是新鲜事物。其次，地方学院的管理人员和教师认为夜校课程单调乏味，与白天的工作相比更不重要。夜间课程由劳累过度的教授承担，其精力已经被白天的课程严重消耗，很少试图呈现夜校课程的吸引力。学生们在白天辛苦工作之后也必然感到疲劳。因此，讲座教师必须做到最好以引起学生的兴趣。同时，讲座教师应清晰、有吸引力和简洁地阐述所教学科。这是一项需要教师花费较大精力才能完成的工作。

地方学院抓住机遇，摒弃完全囿于传统大学规划的想法，大胆开辟新的思路，努力成为该地区高等教育机构的领头羊。地方学院的讲座教师要么受雇于学院，要么在另一所传统大学的指导下工作，以提供系的学习课程，包括在学院围墙内进行的实验工作。地方学院成为遍布该区域的大学推广机构网络的中心，并不回避巡回教学（Peripatetic Teaching）的必要性。

（三）地区协会与大学推广的组织趋势

斯图尔特在1879年的合作大会上发表演讲，描绘了大学推广运动的发展愿景："大学推广计划成立一个中央委员会，其合作的协会遍布全国。协会成为所有人都能接受的流动且永久的合作大学，并被传统大学接受作为姊妹学校，成为大学的附属机构。协会输送最有前途的青年到牛津或剑桥大学完成学业。"① 19世纪80年代后期，大学推广运动出现了在若干地区成立联盟中心协会（Association of Federated Centres）的趋势。协会的主要目的是将各中心分组，为讲座教师安排工作，确保最佳的讲座教师人选，减少各中心的比例费用。联盟中心协会还考虑通过协助建立新的推广中心以及在农村和城郊地区进行辅助工作，扩大运动的范围。协会任命了一个执行委员会负责开展具体业务，通过各中心代表的年度会议来处理相关事务。推广中心集中在彼此容易到达的地区，以便为学生提供系统课程学习的机会。英国各地逐渐形成一套有组织的教育体系，可以说是一所流动的大学。

19世纪80年代后期，地区协会逐步形成并获得发展。1887年，东南、西北地区协会形成。1888年，西南和约克郡的协会成立。正如约克郡协会的章程中规定的，地区协会的目标包括：大学教学的组织和推广；学科和讲座的建议，并聚集推广中心开设讲座；假期讲座的组织和系统工作；学生协会的形成和图书借阅；促进高等教育大众化。②

地区协会产生广泛的影响。在1887年的报告中，罗伯茨认为"地区协会在某种程度上是当地一所地方学院的模拟，将成长为该地区一个明确的和有组织的教育系统——流动（Floating）地方学院"。地区协会安排一名高级讲座教师作为负责人，与推广中心联系并开展协会的组织和

---

① R. D. Roberts, *Eighteen Years of University Extension* (Cambridge University Press, 1891), p. 75.

② G. Henderson, Report Upon the University Extension Movement in England (Order of the Philadelphia Society for the Extension of University Teaching, 1890), p. 27.

监督工作。同时，与地方委员会交流，帮助在暑期未开设讲座时组织安排补习班（Supplementary Classes）。[①]

四 技术教育拨款与大学推广运动

（一）政府技术教育拨款支持大学推广运动

1. 1890 年政府技术教育拨款法案

大学推广运动的实践证明，女性和中产阶级富人有闲暇时间用于学习，还能负担得起课程费用。以他们为主体的大学推广中心发展得最好，而其他中心则面临着运作财政困扰。1890 年，英国政府拨款 75 万英镑用于技术教育，旨在通过提高工匠们的基本科学原理知识来改善工业状况。[②] 拨款由各郡议会以最合适的方式使用。郡议会的使用不受任何限制，除了技术指导之外，拨款主要应用于与工业相关的科学和艺术原理的教导与具体实践。

技术教育拨款法案使一大笔钱意外地转到大学推广教育用途。然而，把大学推广计划应用到技术教育目的上，如为农村观众讲授植物病害、排水的原则等，受到了运动支持者的猛烈抨击。由于《技术指导法》（*Technical Instruction Act*）将所有行业、工业和职业都作为其应用的对象，在一定程度上解决了困扰民众的财政问题。有些郡县慷慨地拨款支持除历史和文学之外所有的推广课程，而有些郡县则计划对各自负责地区的小学教师进行系统培训。技术教育拨款的最终目的是援助技术指导，其结果是间接影响大学对边远农村地区的工人培训。

2. 1890 年郡议会教育基金（County Councils Education Fund）拨款

1890 年通过的地方税收法案（Local Taxation Act）对烈性酒征收的额外税收的剩余部分，经扣减后分配给了郡议会。经郡议会许可，可将剩余部分或全部用于技术教育。在法案中，技术教育被定义为"将科学和艺术的教学理论应用于工业"，涵盖大量大学推广的科学课程。因此，郡

[①] G. Henderson, Report Upon the University Extension Movement in England （Order of the Philadelphia Society for the Extension of University Teaching, 1890）, p. 27.

[②] J. E. Russell, "The Extension of University Teaching in England and America: A Study in Practical Pedagogics," Ph. D. diss. , University of Leipsic, 1895, p. 170.

议会授权专项拨款援助在这一范围内的推广课程。由此，大学推广运动
获得在各大工业中心进行大学推广工作的支持，让产业工人更充分地触
及大学推广运动。即使郡议会没有预先准备好资助任何推广运动，根据
法案，郡议会也可参照过去大学推广的记录与计划给予拨款。

3. 1891 年德文郡专项资金的大胆尝试

1891 年，德文郡议会投票通过了一笔 1500 英镑的资金，用于支持在
德文郡不同地区举办与农业有关的推广讲座，并在小镇和村庄开设了 38
门关于机械和化学的课程作为实验。吉尔克里斯特信托基金安排了一系
列每两周一次的 6 场讲座课程，由杰出的科学家在全国各地的工业中心
开设。这些讲座在各地都受到极大的欢迎，城镇大厅里挤满了人。由于
技术教育方案的影响，大学推广系统开始提供适合成人工匠需要的课程
类型和类似人民讲座的短期课程类型体系，带给劳动人民触手可及的高
等教育机会。巡回教学的发展把推广讲座教学带到城镇和农村民众的家
门口，在为劳动人民建立教育制度方面卓有成效。

（二）大学推广运动与技术教育的关系

大学推广运动与大学机构联系在一起，成为知识训练和文化的源泉，
以及技术教育的实用生活教育。正如诺森伯兰郡的矿工和其他地区的工
匠接受推广教学的情况，进一步说明大学推广教学不能仅仅适应悠闲生
活的需要。化学、地质学、采矿和其他科学课程对矿工赖以谋生的职业
具有实用价值，为诺森伯兰郡的煤矿工人开辟了新的兴趣领域。矿工获
得了科学原理的指导，对该地区工业的发展至关重要。当然，大学推广
讲座课程并没有假装可以教授采矿的实践技能或贸易的实际细节，但提
供了对实践工人大有益处的自然科学原理知识。大学推广教学系统可以
提供最有价值的科学原理教学，而更专业、更实际的实践技术教学必须
由其他机构提供。

大学推广运动从根本上来说不是为了技术教育。古典大学可以通过
大学推广系统帮助技术教育，即通过剑桥大学、牛津大学坚持潜心研究
某些特定分支科学课程的专家在地方学院和技术学院为学生提供讲座课
程，直接传播研究的最新成果，而这是通过任何其他渠道都无法获得的。
学徒、熟练工和工长在工程学、矿业、农业、纺织工业等各个分支的实

践技术教学则必须由专家执行。

大学推广运动是国家高等教育制度的先驱。英国民众存在日益增长的接受高等教育的需求，有必要建立国家高等教育制度，使社会的每一个阶层都受到影响。国家高等教育制度应满足下列条件：第一，为满足从事商业贸易人员的需要，教学应在晚上进行。第二，学科应主要与日常生活息息相关，特别是自然科学、政治经济学、工业和商业历史、地理、文学和艺术（偏向艺术欣赏，而不是艺术创作）等学科。第三，教学方法要把握好原则，进行真正的心智训练，促进讲座教师和学生之间的交流，并安排定期的家庭作业。在科学学科中，应有与理论讲座相适应的实践实验工作。第四，应安排学习课程，保证一定的学习年限，适当地涵盖广泛的学科，以便提供广泛而自由的高等教育。第五，学生通过完整的课程学习后，应在结业时获得大学荣誉和学位等认可。遵循以上条件，大学推广系统逐渐发展成为全面综合的国家高等教育系统。

五　大学推广运动兴盛期的数据分析

大学推广运动的发展过程中所取得的成绩，可以分为两大类，即直接成效和间接成效。直接成效主要指参与讲座的统计数量和通过考试的人数记录，而间接成效则是由民众所展现的对高等教育的态度变化，既使整个社会对高等教育的观念产生变化，也使更加综合性的大学系统成为可能。以剑桥大学、伦敦协会、牛津大学的相关工作为例，可以总结这一时期英国大学推广运动所取得的成效。

（一）大学推广运动兴盛期的直接成效

剑桥大学、伦敦协会、牛津大学在这一时期的大学推广讲座工作呈现总体上升的发展态势，这是兴盛期的具体表现。对剑桥大学、伦敦协会、牛津大学在这一时期的参与讲座人数、授予证书数量等相关数据进行比较与分析，可以管窥大学推广运动兴盛期的直接成效。

1. 主要机构的大学推广讲座工作进展

（1）剑桥大学推广讲座工作进展

图 2 - 1 反映了剑桥大学推广讲座工作的进展情况。由图 2 - 1 可见，剑桥大学的讲座参与人数在 1873—1875 年呈迅速上升状态，1875—1881

年总体呈现下降态势，随后又转而呈现上升趋势，其间虽然有小的波动但总体呈现稳定上升趋势。

图 2-1 中参加考试的人数变化情况也可以说明推广工作的相关进展。从大学推广考试的特征来看，大学推广考试区别于其他考试的是其过程性评价的特征。大学推广考试经常被误解为有很大比例的参与者参与考试，通过并获得证书。事实上，只有最优秀的学生才会被准许参加考试，而后进的学生则会被讲座教师提前淘汰。规则是只有那些每周的学习和文章写作工作都做得令人满意，具备条件获得资格证书的人，才被允许参加最终考试。剑桥大学推广工作中，参加考试的人数曲线随着

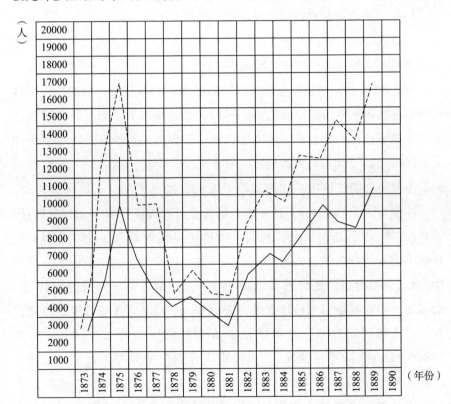

图 2-1　剑桥大学推广讲座工作进展曲线（1873—1890 年）

注："——"表示参加讲座的学生人数；"----"表示参加考试的人数（参加考试的人数，最后一个零从纵轴数字中删去）。

资料来源：R. D. Roberts, *Eighteen Years of University Extension*（Cambridge University Press, 1891）, p. 96。

参与人数的变化而呈现不同的发展态势。校外考评员认为旧推广中心的成绩比新推广中心达到的标准更高。有的推广中心没有固定顺序的学科讲座课程。但一个学期接着一个学期参加讲座的学生经常进行有价值的心智训练，培养了掌握新学科的能力，极大地扩展了自身的知识领域。

因此，莫尔顿指出，大学推广制度"提高标准"的真正方式并不是增加最后考试的难度（即提升失败的机会），而是增加教学的有效性和倾向学习课程的各方面（即提高成功的机会）。大学推广制度确实倾向于提高考试标准。附属中心计划被大学采用时，更高工作标准的最终结果是增加了认真学习的学生数量。

（2）伦敦协会推广讲座工作进展

伦敦协会推广讲座工作进展曲线（见图2－2）与剑桥大学推广讲座工作进展的曲线在某些波形上形成了对比。

图2－2显示，伦敦协会参加讲座的学生人数和授予证书的学生人数从开始就整体呈现持续上升态势，不仅人数稳步上升，而且每门课程的平均出席率也在稳步上升。1876年，每门课程的平均参与人数在30—40人，1889年时平均参与人数超过了100人。[1]

伦敦协会推广讲座工作进展最引人注目的是由于"人民讲座计划"（People's Lectures Scheme）的实施，讲座参与人数自1887年后快速增长。1885—1887年的总人数大致相同，随后则显著地增加了50%。1887—1889年参加讲座的学生人数几乎翻了一番。1890年，这一数字上升至近10000人。取得这一显著进展的原因之一是1887年"人民讲座计划"的实施，即在各地最大的厅堂里，安排8—10门包含3场讲座的短期课程。"人民讲座计划"推动了伦敦许多推广中心的成功设立，助推1888—1890年的迅速发展。"人民讲座计划"的参与人数多，有利于广泛宣传推广运动的目的，有效地介绍随后举办的全部推广课程，实现了当地组织者使讲座在任何地区都为人所知的工作目标。

伦敦协会推广讲座工作进展的曲线显示，伦敦协会授予证书的学生人数增速快于参加讲座的学生人数增速，尤其是在1888—1890年。提供

---

[1]　R. D. Roberts, *Eighteen Years of University Extension* (Cambridge University Press, 1891), p. 102.

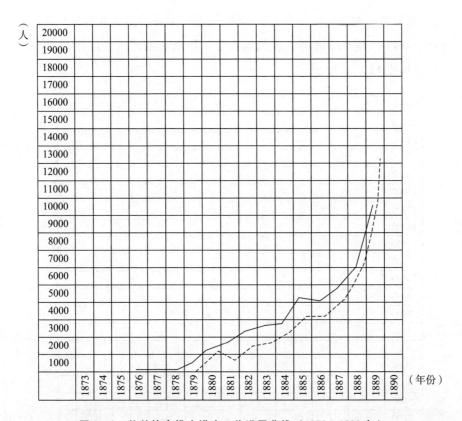

图 2 - 2　伦敦协会推广讲座工作进展曲线（1873—1890 年）

注："——"表示参加讲座的学生人数；"----"表示授予证书的学生人数。
资料来源：R. D. Roberts，*Eighteen Years of University Extension*（Cambridge University Press, 1891），p. 100。

结业荣誉证书（Sessional Certificate）是对至少持续学习两个学期的推广学生的一种激励，刺激了伦敦协会推广讲座参与人数的增加。

（3）牛津大学推广讲座工作进展

牛津大学推广讲座工作进展曲线（见图 2 - 3）呈现两个显著特征。一是 1887 年和 1889 年参加讲座的学生人数急剧上升，而授予证书的学生人数却下降。二是通过考试的候选人比例低于剑桥大学和伦敦协会。与剑桥大学推广讲座工作进展曲线比较可知，早期参加讲座的学生人数曲线都呈现迅速上升趋势。然而，牛津大学和剑桥大学的推广讲座有一个本质的区别——剑桥大学的课程是 12 场讲座，而牛津大学的大部分课程是 6 场讲座。例如，在牛津大学 1889—1890 年开设的 148 门推广讲座课程中，113 门是 6 场讲座，24 门课程是 7 场或 8 场讲座，只有 11 门课程是 10 场或 12 场讲座。①

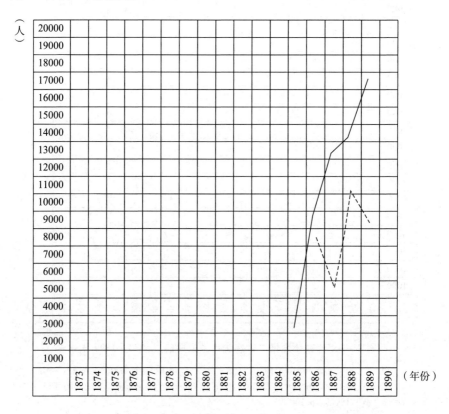

图 2 - 3　牛津大学推广讲座工作进展曲线（1873 ~ 1890 年）

注："——"表示参加讲座的学生人数；"----"表示授予证书的学生人数。

资料来源：R. D. Roberts, *Eighteen Years of University Extension*（Cambridge University Press, 1891），p. 102。

牛津大学授予证书的学生人数曲线特点完全出乎意料。人们很自然地认为，更多的学生准备参加 6 场讲座的短期课程，而非 12 场讲座的长期课程，但结果恰恰相反。学习时间越长，持续的时间越长，学生就越有可能参加考试。牛津大学短期课程的成功，以及在伦敦举行的人民讲座成为成功开设更完整的 12 场讲座课程的基石。

---

① R. D. Roberts, *Eighteen Years of University Extension*（Cambridge University Press, 1891），p. 134。

2. 大学推广课程与学生数量的比较

其一，从纵向比较来看，1885—1891 年的课程数量与学生人数情况如表 2 - 2 所示。

由表 2 - 2 可见，1885—1891 年，英国的大学推广学生人数增加了一倍多。1885 年，牛津大学作为一个有力的竞争者重新进入这个领域，为大学推广工作做出贡献。1885 年起，大学推广在苏格兰、爱尔兰、美国和澳大利亚盛行。法国和印度也进行了相关的官方调查。

表 2 - 2　1885—1891 年的课程数量与学生人数情况比较

比较项目	剑桥大学	伦敦协会	牛津大学	总数
1885—1886 学年课程数量（门）	82	63	27	172
1885—1886 学年参与人数（人）	8557	5195	3000	16752
1889—1890 学年课程数量（门）	125	107	148	380
1889—1890 学年参与人数（人）	11301	10982	17904	40187
1890—1891 学年课程数量（门）	135	130	192	457
1890—1891 学年参与人数（人）	10947	12923	20248	44118

资料来源：H. J. Mackinder, M. Sadler, *University Extension*, *Past*, *Present*, *and Future*（Cassell, 1891），pp. 44，90.

其二，从横向比较来看，以代表性的几所大学为例，以各大学于 1889—1890 学年开设大学推广课程情况进行统计比较（见表 2 - 3），可以管窥当时开设课程的概况。

从课程数量来看，1889—1890 学年，牛津大学开设 148 门课程，剑桥大学开设 119 门课程，伦敦协会开设 102 门课程。每门课程的平均讲座场数是：牛津大学 6.6 场，剑桥大学和伦敦协会低于 12 场。仅 1889—1890 学年一年的开设讲座总数为 3475 场。这一数据还不包含牛津大学暑期集会的 100 多场讲座。

从参与讲座或课程的平均人数来看，1889—1890 学年，17904 人参加了牛津大学的讲座或课程，11301 人参加了剑桥大学的讲座或课程，12067 人参与了伦敦协会的讲座或课程，1040 人参与了维多利亚大学的讲座或课程。不考虑参加牛津大学暑期集会的 1000 多人，一学年参与讲座或课程的平均人数总共是 42312 人。

从授予证书数量来看，1889—1890学年，在剑桥大学，1734名学生在最后一学年返回参加考试，1585人获得证书。牛津大学和伦敦协会授予证书数量分别是927份、1384份。维多利亚大学授予证书31份。共计3927人获得了证书。但是，许多优秀的学生不愿意参加考试。考试并不是大学推广的目的，而是一种非常有价值的方法，有助于激发推广工作的彻底性。

从讲座教师数量来看，1889—1890学年，实际雇用的讲座教师人数是：伦敦协会30人，牛津大学24人，剑桥大学24人。由于在伦敦授课的讲座教师中有8人同时为剑桥大学授课，2人同时也为牛津大学授课，因此聘用的讲座教师总数为68人。1890—1891学年，聘用的讲座教师总数上升至88人。[①]

表 2 - 3　1889—1890 学年开设大学推广课程情况统计比较

大学推广组织	课程数量（门）	开设讲座总数（场）	每门课程的平均讲座场数（场）	参与讲座或课程的平均人数（人）	参与讲座的总人数（人）	授予证书数量（份）
剑桥大学	6 场讲座的课程：4 7 场或 8 场讲座的课程：0 11 场或 12 场讲座的课程：115 共 119 门	1404	11.7	11301	132221	1585
伦敦协会	6 场讲座的课程：3 7 场或 8 场讲座的课程：0 10 场或 12 场讲座的课程：99 共 102 门	1028	10.0	12067	120670	1384
牛津大学	6 场讲座的课程：113 7 场或 8 场讲座的课程：24 10 场或 12 场讲座的课程：11 共 148 门	979	6.6	17904	118166	927
维多利亚大学	8 场讲座的课程：8 共 8 门	64	8	1040	8320	31
总计	377	3475		42312	379377	3927

注：由于不同机构的相关统计数字根据不同的原则收集，如伦敦协会根据"选修课程记录"而不是"平均出勤率"统计人数等，不同版本的相关统计数据存在差别。

资料来源：R. D. Roberts, *Eighteen Years of University Extension* (Cambridge University Press, 1891), p. 134.

[①]　H. J. Mackinder, M. Sadler, *University Extension, Past, Present, and Future* (Cassell, 1891), p. 92.

（二）大学推广运动兴盛期的间接成效

大学推广运动促发了英国民众对高等教育的情绪转变。最初，大学推广运动被民众认为不值得在教育界引起重视。大学推广运动的成功建立在对民众需求的误解之上，由经验欠缺的爱好者推动。最初的狂热者既不具备实践常识，也不具备管理能力。尽管如此，在没有政府支持的情况下，大学推广运动拓展到英格兰和威尔士各地，进入苏格兰和爱尔兰海峡对岸，跨越海洋去往美国、亚洲、非洲和澳大利亚。大学推广运动在英语国家产生了广泛影响。最初的一小群狂热者随着大学推广运动的蓬勃发展不再默默无闻。尤其是 1890—1895 年，这一运动迅速发展。1891—1892 年，剑桥大学联合会掌管 296 个中心，拥有 18779 名学生。[1]仅在英国，1893 年就开设了近 700 门课程，总共有 57000 多人参加。[2] 大学推广运动对高等教育发展和人民生活的有益影响得到了政府当局的证实。

大学推广体系逐步完善，不仅包括大学、讲座教师和各中心的推广实践，还包括一些未被唤醒的独立推广中心，这些中心只关心大学作为讲座教师和考评员的提供者的角色。常规大学推广学年由两个学期组成，每个学期共 12 周，一学期在圣诞节前，一学期在圣诞节后。在很长一段时间里，人们认为民众只关心在冬天的长夜里接受教育。然而，随着学习习惯发生变化，最意想不到的需求出现在暑期课程方面。1889 年的伦敦协会报告显示其暑期课程不少于 13 门。1890 年，牛津大学开设了 4 门暑期课程，同样 1891 年也安排了 4 门课程。[3] 大学推广运动的新发展使这些推广中心持续运营和相互联系，使它们离大学更近。

回顾大学推广从正式开端至 19 世纪 90 年代的历史，从最初的模式到多样化的形式，有足够的证据表明大学推广运动系统是如何自然地发展起来的。比较请愿者的愿望和兴盛期大学推广工作的结果，可见所有请

---

① R. M. Wenley, *The University Extension Movement in Scotland* (the University Press by Robert MacLehose & Company, 1895), p. 9.

② J. E. Russell, "The Extension of University Teaching in England and America: A Study in Practical Pedagogics," Ph. D. diss. , University of Leipsic, 1895, p. 175.

③ H. J. Mackinder, M. Sadler, *University Extension: Has It a Future*? (Frowde, 1890), p. 25.

愿者曾尝试开设推广课程的实验，只有大学机构才能保持这项工作的系统性和连续性的观点是正确的。[①] 大学推广运动把大学教学的优势和权利扩大到所有阶层，满足了民众的需求。兴盛期的发展催生了相关的机构和计划，使大学推广惠及更多民众。

一是莫尔顿倡议在剑桥大学的推广中心成立学生协会。学生协会通常是一个推广中心运作良好的标志，目标是把学生团结在一起，产生团队精神，进行必要的课程宣传，在授课过程中对难点进行讨论，在课程结束后继续补充学习，在暑假组织科学和历史课程的游览等。1889 年左右，学生协会数量增加。1889 年至 1890 年，不少于 36 个学生协会在牛津大学地方推广中心成立。

二是三大大学推广机构都启动了名为"家庭阅读圈"的计划。推广中心无法触及的小城镇的学生，以及在非上课季节的推广学生在专家的引导下加入读书会，阅读相关学科书籍。成员们定期向阅读圈的专家寄送论文。该方案的优点是可以触及村庄中相对偏远的个体，但该方案也面临一些问题，如学生的阅读和写作缺乏与教师现实接触的激发和批阅。有人质疑，如果不包括与老师面对面的交流，是否还需要任何相关的学习计划。全国家庭阅读联盟（National Home Reading Union）经过一段时间的发展后，成员达 7000 名。[②]

三是大学机构给予推广学生的大学认可是大学推广运动发展的重要保障。提供给推广学生一些最有价值的大学认可，一方面激发地方委员会按照教育序列安排课程，另一方面鼓励学生遵守为他们制定的系统化学习课程的安排。如果没有大学的认可，持续性和系统化的推广工作是不可能完成的。1888 年伦敦的大学皇家委员会（Royal Commission on the University）指出推广工作应该成为大学教学体系的一部分。[③]

总体而言，在这一发展阶段，英国政府开始关注作为国家最高教育

---

① R. D. Roberts, *Eighteen Years of University Extension* （Cambridge University Press，1891），p. 93.

② H. J. Mackinder, M. Sadler, *University Extension: Has It a Future?* （Frowde，1890），p. 27.

③ R. D. Roberts, *Eighteen Years of University Extension* （Cambridge University Press，1891），p. 96.

形式的大学教育，对大学教育活动和资源的要求越发严格。同时，大学推广运动取得进展，组织方法得到改进，职能范围得到扩展，民众对其态度也发生转变。

第四节　高原期（1900—1923）

高原期展示了大学推广运动的继续发展及其与工人教育、教育重建的密切联系。随着大学推广的发展，国家援助大学推广运动受到了不同的对待。第一次世界大战激发了民众的社会平等情绪。成人教育成为民众教育的组成部分，迎来了新的发展机遇。同时，大学推广运动也在寻求其在国家教育体系中的地位。

20 世纪初的英国大学推广运动具有两大重要的发展特征，即工人教育协会的成立和导师制课程（或译为"导师指导班"）的实施。[①] 20 世纪初，英国博雅教育的概念发展出许多分支。大学思想发生了从牛津大学坚持的古典传统到较新的利物浦大学坚持的更加世俗、强调科学的思想的转变。利兹和曼彻斯特大学推广工作引入了社会对贫困群体的关注，这与执政的自由党的社会改革以及妇女解放压力的增大是相伴相生的。社会关切的这些因素为迈向民主发展的博雅教育提供了新视角。[②]

阿尔伯特·曼斯布里奇（Albert Mansbridge）预见了博雅教育的潜力，以及大学推广运动和工会组织之间的联盟。曼斯布里奇成立了"劳动者高等教育促进协会"（Association to Promote the Higher Education of Working Men），于 1906 年更名为"工人教育协会"。曼斯布里奇预测小型导师制课程将会取代推广讲座。他的观点很快得到了倡导大学推广运动的大学学者的支持。1908 年，牛津大学在兰开夏郡的罗奇

---

① A. E. Ottewell, The University Extension Movement（Master's Thesis, University of Alberta, 1915）, p. 25.

② Google, *English University Adult Education, 1908 - 1958：The Unique Tradition*, https://books. google. com. hk/books? hl = zh - CN&lr = &id = 9wq8AAAAIAAJ&oi = fnd&pg = PR7&dq = related： z41Hx0IoAMcJ：scholar. google. com/&ots = xl2FGDHRx0&sig = D - vpH2YAH6V7p7kIkXO8QGAlA 8g&redir_esc = y#v = onepage&q&f = false, 2019 - 10 - 12.

代尔和斯塔福德郡的朗顿资助了 2 门大学导师制课程。

一　工人教育协会与大学推广运动

（一）曼斯布里奇与工人教育协会

20 世纪初期，许多热衷于大学推广学习的学生对缺乏课程感到不满。正如一名工人所说，知识食粮的味道让他和伙伴们渴望更多。因此，学生要求大学的教学安排更加系统化和多样化。由此，利兹、利物浦、诺丁汉、谢菲尔德、雷丁、埃克塞特、科尔切斯特等地方学院积极响应。

尽管地方学院和大学有所发展，但是进一步推动工人阶级接受高等教育的工作责任依然重大。大学推广运动得到了社会各阶层的热烈支持，尤其是从一开始它就受到了工人阶级的热烈欢迎。在英国许多地方，大学推广运动成为近代英国社会生活中最伟大的统一力量之一。兰开夏郡的工厂工人和北方的矿工一直是其最有力的支持者。然而，大学影响工人的努力并没有像最初希望的那样成功，大学对于工人教育的影响未达到预期的目标。最重要的原因之一是，工人质疑大学推广运动只是大学"高级/大师讲习班"（Master Class）的另一种尝试，以维持松动的大学权力。[①] 对这一事实的担忧导致工人阶级寻求自己组织一次卓越的教育运动。在这样的背景下，工人教育协会应运而生。

工人教育协会在 1903 年的牛津大学暑期集会结束时创立。在 1903 年的牛津大学暑期集会中，"劳动者高等教育促进协会"成功组建，阿尔伯特·曼斯布里奇任荣誉主席。1906 年，该协会更名为"工人教育协会"。协会的建立要归功于《大学推广杂志》（《大学推广公报》的前身）中由曼斯布里奇撰写的三篇文章。曼斯布里奇受益于大学推广讲座相关的学习课程，相信这样的讲座将会为工会成员和合作社提供更广泛的帮助。曼斯布里奇认为大学推广机构作为英格兰的教育中心应承诺教育的民主化。在大学推广运动中吸收工人阶级作为"新鲜血液"是大学合法的职责和最高的荣耀。

---

① A. E. Ottewell, The University Extension Movement（Master's Thesis, University of Alberta, 1915）, p. 26.

（二）工人教育协会的架构与目标

1. 工人教育协会的架构

1903 年 8 月 22 日暑期集会的最后一个星期六下午 3 点，在牛津大学举行的会议上，工人教育协会成立并选出其行政人员，明确了协会的架构，组建了临时委员会执行协会。工人教育协会通过在合作协会、工会、友好协会和其他集会上积极宣传，以及推动联席会议，在本地和全国范围内建立了一个工作联盟，在大学推广和主流的工人阶级之间建立联系。此外，协会还协助和鼓励工人进行具体的教育工作尝试。同意协会目标的个人和社团都可以获得会员资格，年费是 1 先令。此费用连同必要的捐赠共同作为协会的资金。

工人教育协会是非官方、非宗教性质的协会，设有 1 个中央委员会、8 个地区委员会，超过 150 个分支机构，对民众思想解放和促进教育进步产生深远影响。协会引以为傲的是它建立了一个平台，让处于不同地位和从事不同职业的人们聚集在一起，包括从不可知论者到救世军官员，从政客到临时工。工人教育协会的原则是推动工人阶级接受地理、历史、经济、文学、科学和艺术工作等方面的高等教育。

至 1911 年，工人教育协会由 1541 个组织共同组成，包括 543 个工会组织、行业理事会（Trades Councils）和分支机构，184 个合作委员会（Cooperative Committees），261 所成人学校和学习班（Adult Schools and Classes），22 所大学机构，19 个地方教育机构，110 个工人俱乐部和讲习所，97 个教师协会（Teachers' Associations），91 个教育和文学协会，以及 214 个主要由工人组成的社团。[①]

2. 工人教育协会的目标

工人教育协会的目标是激发教育需求，组织供应并确保手工劳动者利益。曼斯布里奇归纳了协会的三个主要目标。

第一，大学教学的推广。这是首要目标，发挥大学推广机构的媒介作用，最终在大学和工人阶级之间建立联盟。

---

① W. H. Draper, *University Extension: A Survey of Fifty Years, 1873 – 1923* (Cambridge University Press Archive, 1923), p. 70.

　　第二，援助工人阶级的特定教育性质工作。这是对首要目标的补充。协会的工作包括合作课堂、工会会议、热门讲座、旅行俱乐部、阅读圈和研讨，是培养工人知识能力的必要媒介，直到工人充分理解推广中心提供的系统化教学。

　　第三，确立一个有效的学校继续教育体制。工人应尽早受到教育，而夜间继续教育制度（Evening Continuation System）最有利于实现这一目的。协会做出承诺，试图确保义务性的夜校教育延续到 17 岁。

　　创立工人教育协会的探索者塑造了良好开端。该协会的工作会议后续在埃克塞特和曼彻斯特的剑桥大学暑期集会以及雷丁、斯特拉特福、伍尔维奇、伊尔福德、德比和罗奇代尔等地举行。1906 年，协会的收入上升至 223 英镑，1907 年增加至 230 英镑，但在同一年，委员会面临 78 英镑的赤字。这在协会的业务扩展充满希望时，引起极大的焦虑。① 尽管有财务上的焦虑和困难，协会的工作仍继续发展。1912 年，牛津大学推广委员会和剑桥大学联合会的两位主席，马里奥特先生和克拉尼奇博士，在帝国大学第一届大会上发表了一篇联合论文作为讨论的基础，总结了工人教育协会的重要教育活动形式——导师制课程。

二　导师制课程的产生与发展

　　随着大学推广运动的推进与发展，其主要成果之一是推动了导师制课程运动。1907 年 8 月，在牛津大学召开的一次会议上，大学的校方代表和工人阶级商量建议设置超越大学范围的导师制课程。②

（一）导师制课程的产生

　　1907 年，导师制课程的兴起是大学推广运动非常重要的一部分，是继大学暑期集会产生后的又一重要事件。导师制课程体现了工人教育协会组织的发展。工人教育协会参与了许多形式的教育活动，但协会把导师制课程作为其主要工具之一。

---

①　W. H. Draper, *University Extension: A Survey of Fifty Years, 1873 - 1923* (Cambridge University Press Archive, 1923), pp. 69 - 70.

②　A. E. Ottewell, The University Extension Movement (Master's Thesis, University of Alberta, 1915), p. 30.

1907 年 8 月 10 日在牛津举行的协会会议任命了一个联合委员会，重点关注大学与高等教育工作的关系。该委员会由副校长提名的 7 名大学成员和工人教育协会提名的 7 名工人组织代表构成。工人教育协会工作的总体管理和讲座教师的任命都由联合委员会负责。委员会在 1908 年发布了一份完整的报告，建议建立超出大学范围的导师制课程。这些课程在 1907—1908 年冬季以实验的方式开始，并迅速发展，而后在英格兰和威尔士的每所大学和大学学院都有开设。

（二）导师制课程的实施

导师制课程所采用的体制是大学推广工作中长期以来熟悉的主要体制。导师制课程除了具备一般的推广课程所具有的特征外，还具有一些独特特征：班级人数限制在 30 人左右，要求学生承诺参与三年制课程，一年 24 次课程，每次课程大约 2 个小时，完成课程后还要撰写一定数量的文章，通常是一年 12 篇有关讲座课程主题的文章。[①] 课程的主题一般是经济史和理论、工业革命史、英国文学或自然历史。学生几乎都是已参加工作的男性和女性，其中许多是工会和其他工人组织的领导者。工人教育协会承担接纳会员和管理所有地方中心的责任。

随着导师制课程的产生与发展，出现了影响整个运动的重要问题。协会成立了一个中央联合咨询委员会（Central Joint Advisory Committee），代表所有从事这项工作的大学和大学学院。[②] 导师制课程运动的最大困难是财政问题。课程无法实现自我财政支持，需要地方教育当局的帮助。如教育委员会提供了一定规模的补助金，吉尔克里斯特信托基金也提供了援助。即使有了这些帮助，大学机构仍需承受沉重的负担。大学对内部学生的责任是如此之大，以至于除非国家提供更多的补助金，否则导师制课程很难有任何发展。例如，牛津大学相关的 24 次课程，导师可收到每门课程 80 英镑的酬劳。这笔费用主要来源于三个方面：大学承担了一半的费用，剩余的费用则由教育董事会和地方教育当局承担。导师制

---

① A. E. Ottewell, The University Extension Movement（Master's Thesis, University of Alberta, 1915）, p. 30.

② W. H. Draper, *University Extension: A Survey of Fifty Years, 1873 - 1923*（Cambridge University Press Archive, 1923）, p. 72.

课程运动的领导者非常自信，认为一旦民众认识到导师制课程的重要性，资金很快就出现。[①]

　　尽管面临财政困难，但在大学机构和地方教育当局的支持下，导师制课程数量逐年增多，参与的学生数量也稳步增长。英格兰和威尔士地区1908—1922年大学导师制课程数量统计情况如表2-4所示。

表2-4　英格兰和威尔士1908—1922年大学导师制课程数量统计

年份	课程数量（门）	学生数量（人）
1908—1909	8	237
1909—1910	39	1117
1910—1911	72	1829
1911—1912	102	2485
1912—1913	117	3176
1913—1914	145	3234
1914—1915	152	3110
1915—1916	121	2414
1916—1917	99	1996
1917—1918	121	2860
1918—1919	152	3799
1919—1920	229	5528
1920—1921	298	7297
1921—1922	342	7783

注：根据 University Extension: A Survey of Fifty Years, 1873-1923 一书中的数据编辑。
资料来源：W. H. Draper, University Extension: A Survey of Fifty Years, 1873-1923 （Cambridge University Press Archive, 1923）, p. 74。

（三）导师制课程的成效

　　讲座教师和大学任命的考评员对导师制课程的教学效率形成了一致意见。导师制课程的发展成果证实了当时设立导师制课程的初衷。1911年，教育董事会对其中14门课程进行了专项检查，检查报告对导师制课

[①]　A. E. Ottewell, The University Extension Movement （Master's Thesis, University of Alberta, 1915）, p. 31.

程所做的工作给予了肯定和赞誉。考评员认为导师制课程与大学全日制学生的课程类似，参与导师制课程的学生达到了与大学全日制学生所取得的水平相当的标准。因此，部分导师制课程的学生论文被收集，并提交给大学作为向学生授予学位的依据。

英国大学推广运动视域中的导师制课程运动的最显著特征是学生所体现出的精神和热情。每一位考评员无不被学生的热情和真诚所触动。学生与讲座教师的愉快关系、课堂的良好氛围，以及学生对课程收获的感恩，这些现象表明了导师制课程得以推广的优势。此外，一些年长的课程工作人员在偏远山区和小规模中心上课，免费提供服务，共享知识之光，受到了工人的称赞。

在许多报告中，英国教育家一致认为大学推广运动的经典模式和类型是无法被取代的，但是可以被后续发展的一些形式进一步补充和激发。正如在英国和其他国家，导师制课程是教育媒介，在知识传播方面占据重要的位置。导师制课程的新发展体现在暑期课程的运行上。暑期课程是导师制课程运动中最令人鼓舞的组成部分，取得了良好的效果。第一次暑期课程于 1910 年 7 月和 8 月在牛津大学举行。1912 年有三所大学举办住宿暑期课程，牛津大学为期两个月，雷丁大学为期两周，伯明翰大学仅为期三天。还有六所大学举办周末暑期课程。这些暑期课程被人们自信地认为是永久的制度。暑期课程的目标是让特定学生进入大学学习一周、两周或者更长时间，给予购买入场券的学生以集中式的教学，提供比导师制课程更详细和个性化的教学。暑期课程的重要性是学生可以在导师指导后单独进行阅读文献。在一周或两周的短时间内，学生通过与导师的密切联系，为一年的工作寻求帮助和激励。

三　全国家庭阅读联盟计划的实施

全国家庭阅读联盟是大学推广运动的派生物。联盟的工作与大学推广工作密切相关，是关于组织全面家庭阅读的计划。但是，阅读圈作为大学推广计划的一部分，其范围是有限的。从广义上讲，首个家庭阅读圈由牛津大学建立。为了广泛触及不能上大学的民众，家庭阅读圈的设计初衷是把大学的好处扩展到更多偏远城镇的学生。由于佩顿等人的不懈努力，全国家庭阅读联盟得以存续。

（一） 全国家庭阅读联盟的目标

全国家庭阅读联盟方案的总体目标涉及民众的教育。一方面是尽可能提供有吸引力的阅读课程，另一方面通过唤醒和引导参与者的知识好奇心，点燃他们的学习欲望，从而发展更高级的学习能力。具体来看，联盟的目标一是促进所有阶层民众开展连续、系统的家庭阅读，让它具有真正的教育意义；二是把在地方阅读圈固定参与家庭阅读课程的民众联系在一起，帮助他们获得学业的共同指导和共同方法；三是通过印刷材料解释说明和指导帮助学生，并在写作中保持联系；四是让阅读圈尽可能多地与口语教师接触。[①]

（二） 不同参与群体的课程大纲

全国家庭阅读联盟通过这些目标和规章制度，同时满足三个不同群体读者的需要。一是11—15岁离开学校的青少年。他们具备阅读的能力。为他们设计的课程的目的是让他们扩展在学校已获得的知识，同时获得对职业有用的专业技术指导。二是工匠。与青少年课程类似，但更直接地涉及生活的业务和责任。此类群体的阅读课程在实践方面与技术学校有关，在文化方面与大学的推广讲座和课程有关。三是涵盖多种群体的普通读者。他们在学校接受教育，但没能继续就读大学。针对三类不同群体，全国家庭阅读联盟安排了有针对性的课程大纲。

类别1——青少年

（1）观察能力训练，说明如何发展和使用观察能力。

（2）基础科学，尤指卫生、贸易等基础科学。

（3）传记，英雄人物的生活。

（4）冒险和对生活积极力量的培养。

（5）小说，展示它的用途以及如何有效地阅读。

（6）自然历史，培养对自然景观、鸟类和动物的兴趣。

（7）国家的历史、特殊的时代和故事，进行爱国主义教育。

---

① G. Henderson, Report Upon the University Extension Movement in England （Order of the Philadelphia Society for the Extension of University Teaching, 1890）, p. 22.

类别2——工匠

（1）政治和社会经济。

（2）政治哲学的要素。

（3）历史，包括通史和宪法，以培养政治责任感。

（4）基础科学，尤指应用于日常生活和商业的科学。

（5）文学、普通文学和英国文学，展示文学的发展及其与国民生活的关系。

（6）传记。

（7）小说。

类别3——普通读者

高级教育课程或涉及历史和文学，或涉及科学和哲学，或两者兼而有之，建议的学习体系包括：

（1）科学、哲学。

（2）文学，普通文学和英国文学。

（3）历史，包括通史和英国历史。

（三）全国家庭阅读联盟的实施

确立了目标和课程大纲，执行委员会每年为不同的学生群体发布书单，这些书单构成下一年度每门学科的阅读课程。经过仔细挑选，工匠和普通读者的书单被分为三个部分：一是需要阅读的，必须精读；二是推荐的，可选择精读；三是有用的参考书。例如，其中一个阅读课程以哲学为主题，必读的书有：洛采（Lotze）的《实用哲学》、西季威克（Sidgwick）的《伦理学史纲要》、巴特勒的《关于人性的三个布道》。推荐的书有戴维斯和沃恩翻译的柏拉图的《理想国》、威廉姆斯翻译的《亚里士多德伦理学》、爱比克泰德的《手册》、凯普斯的《斯多葛主义》、卢卡斯·柯林斯（Lucas Collins）的《巴特勒》、密尔的《功利主义》、西季威克的《道德方法》。[①] 每一本书都贴有当地联盟代理处的售价。为保证价格低廉，联盟还做出了特别安排，通常每门课所需的全部费用只有

① G. Henderson, Report Upon the University Extension Movement in England （Order of the Philadelphia Society for the Extension of University Teaching, 1890）, p. 25.

几先令。

联盟每月出版一本杂志，分为与读者类别相对应的三类，第一类是为青少年设计的，第二类是为工匠设计的，第三类是为普通读者设计的。杂志内容包含每月的阅读指导、几个院系规定的学习书目介绍，并指出学生可能遇到的困难。备忘录提供了学生和教师之间交流的媒介。在这些每月发给阅读圈读者的表单上都写着学生们想向教师提出的问题。这些表单被送到中央办公室，教师的解答则适时地出现在杂志的专栏里。在每个阅读季结束时，学生都可以支付少量的费用，由执行委员会任命的考评员进行审查。

联盟实行会员登记制，确保会员享有特权。青少年的年费是 1 先令，工匠是 1 先令 6 便士，普通读者是 3 先令，这些费用包括月刊杂志的费用。学生可以作为圈子的成员，也可以作为单独的个体参与。一个阅读小组（Circle）由不少于五名成员组成，在领导者的指导下进行活动。阅读小组的领导者要主持会议，确保执行委员会规定的所有条件都得到满足，并作为社交圈与中央办公室之间沟通的媒介发挥作用。

阅读联盟的发展情况令人鼓舞。1889 年 9 月其成员总数超过了 6000人。英格兰、北爱尔兰、威尔士和苏格兰的所有地区都形成了阅读联盟。在兰开夏郡有 98 个阅读联盟，平均每个区域有 32 个。[①] 阅读联盟在海峡群岛、德国、土耳其、圣彼得堡、日本、印度、南非等地也得以运作与发展。当时在中国的英国人也形成了阅读联盟。阅读联盟后续发展成为地方推广中心。

四　暑期集会的继续发展

经过 30 多年的发展，暑期集会已成为一个公认的大学推广工作的重要组成部分，为各个地方推广中心的学生提供了在大学中心居住、学习和交流的短暂体验。为暑期集会开幕致辞的都是当时有名望的人士。讲座由在各专业领域中具有很高地位和权威的著名讲座教师承担。这些优

---

① G. Henderson, Report Upon the University Extension Movement in England （Order of the Philadelphia Society for the Extension of University Teaching, 1890）, p. 27.

势成功地吸引了大量学生轮流参加牛津大学和剑桥大学的暑期集会。下面详细列出了暑期集会的年份、主题以及开幕演讲教师和主题等（见表2-5、表2-6、表2-7、表2-8）。

表2-5　剑桥大学暑期集会

年份	主题	学生数量（人）
1885	—	4
1887	—	4
1890	（第一次校方正式集会）	41
1891		47
1892	—	202
1893	—	650
1894	两门暑期课程	36
1895	两门暑期课程	36
1896	我们国民生活的演变	467
1898	（剑桥大学支持伦敦大学举办）	无
1900	19世纪的英国	752
1902	主要国家及其与大英帝国的关系	950
1904	英国历史与文学中的英国西部	601（在埃克塞特举行）
1906	18世纪	683
1908	古希腊、社会经济学	655
1910	约克郡历史、经济学	504（在约克郡举行）
1912	大英帝国	565
1914	现代生活与政治	561
1916	俄国	483
1918	美国	388
1920	西班牙	451
1922	中世纪和现代意大利	544

资料来源：W. H. Draper, *University Extension: A Survey of Fifty Years, 1873 - 1923* (Cambridge University Press Archive, 1923), p. 148。

表 2 - 6　牛津大学暑期集会

年份	主题	学生数量（人）
1888	—	—
1889	主题多样	—
1890	主题多样	813
1891	中世纪历史	996
1892	文艺复兴与改革	1262
1893	仅开设科学课程	—
1894	17 世纪	1004
1895	1689—1789 年时期	755
1897	革命时代（1789—1848 年）	866
1899	1837—1871 年时期	949
1901	英国的形成（公元 1215 年前）	1058
1903	中世纪的英国	1136
1905	文艺复兴与改革	1006
1907	牛津大学与社会经济学	1219
1909	意大利	1752
1911	德国	1188
1913	法国、社会服务	1200
1915	古希腊和社会服务	607
1917	重建问题	647
1919	英联邦	812
1921	古罗马	836
1923	大学	—

资料来源：W. H. Draper, *University Extension*: *A Survey of Fifty Years*, *1873 - 1923*（Cambridge University Press Archive, 1923）, p. 149。

表 2 - 7　暑期集会开幕演讲教师

年份	暑期集会开幕演讲教师	地点
1888—1890	—	—
1891	弗雷德里克·哈里森（Frederic Harrison）	牛津
1892	詹姆斯·斯图尔特	剑桥
1892	约翰·阿丁顿·西蒙兹（John Addington Symonds）	牛津

续表

年份	暑期集会开幕演讲教师	地点
1893	杰布	剑桥
1895	威廉·奥德林（W. Odling）	牛津
1896	三一学院教师巴特勒	剑桥
1897	里彭主教，博伊德·卡彭特（Boyd Carpenter，Bishop of Ripon）	牛津
1899	乔治·布罗德里克	牛津
1900	巴尔福（A. J. Balfour）	剑桥
1901	阿斯奎斯	牛津
1902	剑桥大学副校长沃德（A. W. Ward）	剑桥
1903	约瑟夫·乔特（Joseph H. Choate）	牛津
1904	布里斯托尔主教福雷斯特·布朗恩（G. Forrest Browne）	埃克塞特
1905	詹姆斯·斯图尔特	牛津
1906	怀特劳·里德（Whitelaw Reid）	剑桥
1907	哈尔斯伯里伯爵（Earl of Halsbury）	牛津
1908	三一学院教师巴特勒	剑桥
1909	侯爵圣朱利亚诺阁下（San Giuliano）	牛津
1910	约克大主教兰（C. G. Lang）	约克
1911	霍尔丹（Viscount Haldane）	牛津
1912	塞尔伯恩伯爵（The Earl of Selborne）	剑桥
1913	迈克尔·萨德勒	牛津
1914	约瑟夫·汤姆森（Joseph Thomson）	剑桥
1915	马哈菲（J. P. Mahaffy）	牛津
1916	下院议员罗伯特·塞西尔（Robert Cecil）	剑桥
1917	下院议员赫伯特·塞缪尔（Herbert Samuel）	牛津
1918	比德尔少将（Major-General Biddle）	剑桥
1919	米尔纳（Viscount Milner）	牛津
1920	德尔瓦尔（Senor Don Alfonso Merry del Val）	剑桥
1921	詹姆斯·伦内尔·罗德（J. Rennell Rodd）	牛津
1922	奥斯塔公爵（Duke of Aosta）	剑桥
1923	迈克尔·萨德勒	牛津

资料来源：W. H. Draper, *University Extension：A Survey of Fifty Years, 1873 - 1923*（Cambridge University Press Archive, 1923），p. 150。

　　随着暑期集会的继续发展，牛津大学、剑桥大学以及几所新大学，如伦敦大学和达勒姆大学都不时举办暑期学校。其规模虽比牛津大学和剑桥大学暑期集会小，但显示了大学推广运动的活力。暑期学校的出现是暑期集会进一步发展的新路线。

1923 年是英国大学推广运动 50 周年的重要时刻。在 50 年（1873—1923 年）的大学推广工作中，牛津大学、剑桥大学和伦敦大学安排的所有课程的总参加人数超过 150 万。[①] 参加课程的人数在不同的地区差别很大。在较弱的地方推广中心，很难形成一个令人满意的课程，但在较强的地方推广中心，很大一部分学生继续坚持课程学习，并有强大的学生核心群体参加最终考试。经验表明，地方组织良好并且完整的大学推广体系得到妥善实施时，一般听众的兴趣与认真学生的需求是相融合的。

表 2 - 8　暑期集会开幕演讲主题

序号	演讲主题	序号	演讲主题
1	13 世纪调查	16	意大利在世界历史的地位
2	大学推广概述	17	大学推广的经验
3	文艺复兴	18	德国和英国
4	大学对国家的影响：过去和现在	19	大英帝国
5	现代化学的曙光	20	法国对英国教育的影响迹象
6	英国文学的浪漫复兴	21	现代生活和政治
7	半个世纪的大学教学	22	希腊扩张的历史
8	大学教学的目标	23	俄罗斯对宗教和文明的贡献
9	19 世纪欧洲和美国的生活和思想	24	重建的问题
10	美国教育	25	美国的战争准备
11	大学	26	大英帝国的未来
12	近 30 年的大学推广	27	西班牙对西方文明的贡献
13	美国的崛起及其发展趋势	28	古罗马
14	现代大学	29	意大利士兵
15	大学的理念	30	三位牛津人阿诺德、纽曼、乔伊特对英国教育的影响

资料来源：W. H. Draper, *University Extension*: *A Survey of Fifty Years*, *1873 - 1923*（Cambridge University Press Archive, 1923）, p. 151。

---

① W. H. Draper, *University Extension*: *A Survey of Fifty Years*, *1873 - 1923*（Cambridge University Press Archive, 1923）, p. 90.

五　大学推广与教育重建

大学推广运动在 19 世纪 70 年代的开端基于过于乐观的假设，即可以实现自给自足（Self Supporting），但运动的发展一直受到财政因素的影响。最终，国家援助的做法得到了大学推广运动内部的接受。有人就此指出，国家援助确认了该运动的"国家"性质，填补了学校和大学之间的"差距"。

1902 年教育法案颁布后，新成立的地方教育当局享有广泛的权力帮助高等教育，支持大学推广运动的全国愿望。但是，中央和地方教育当局对关于新的公立中学和合理化的夜校制度的计划没有产生什么影响。大学推广部门无奈地接受了教育法案令人失望的事实。1902 年以后，大学推广放弃了国家抱负，对大学推广的功能进行狭隘的解释，即提供一种严肃的、与中小学和大学的主流教育无关的休闲学习。尽管大学推广课程在 20 世纪初达到顶峰，但有热情减退的迹象。

工人教育协会在获得政府资助方面取得成功。从 1907 年开始，牛津大学推广委员会逐渐实施了一系列相关的改革举措，其结果是导师制课程迅速在英国各大学传播开来，并形成了一场新运动。时任教育委员会常任秘书的罗伯特·莫兰（Robert Morant）对导师制课程表示赞同。专门为导师制课程制定的规定得到保障，并最终在 1913 年发布。

然而，导师制课程时代的一个特点是在大学推广组织机构之间产生了竞争和不利的影响。这种影响在牛津大学表现得最为明显。牛津大学推广委员会的首席主席马里奥特认为参与推广工作是为了宣传，具有政治性。他告诫牛津大学推广委员会不要让分离主义的工人阶级势力侵入。他采取激烈的防卫行动阻止原本用于工人阶级中心的推广委员会的讲座资金落入导师制课程联合委员会的控制之下。在伦敦，推广登记员将工人教育协会拒之门外。在剑桥大学，事情处理得比较温和，但导师制课程也被当作简单的推广工作。

到 1910 年，大学推广系统显示出"年事已高"的迹象。公众对休闲学习的态度，包括对游戏和娱乐的盲目投入发生转变，威胁着大学推广体系。牛津大学和剑桥大学一直把整个国家视作它们的"校外领域"。

1910 年后，一些地方学院和大学学院开始着手建立自己的推广项目，使问题变得更加复杂。两所老牌大学就如何遏制这些后起之秀保持着密切的磋商。相比之下，导师制课程运动几乎从一开始就致力于国家不同地区的利益。虽然导师制课程取得了良性的成绩，但到 1914 年第一次世界大战爆发时，推广课程的组织者也没有超越其固有的限制，未能产生新的想法。

1910 年，教育委员会开始考虑改善夜校供应和为离校生开办日间补习班的可能性。1911 年 6 月的第 776 号通告 （Circular 776） 宣布改革迫在眉睫，常任秘书长 （General Secretary） 宣布教育署的首要任务是彻底改革技术和继续教育。到 1913 年，各种各样的建议被提了出来，包括将继续教育作为义务教育，以及重组整个 "中间" 部门。1914 年 8 月 "一战" 爆发，迫使政策暂停，但 "一战" 强化了民众教育的重要性。

1916 年，时任谢菲尔德大学副校长的费舍 （H. a . L. Fisher） 被聘请监督教育的发展。1917 年 2 月，教育署的新主席提出建议进行教育改革，其中包括大范围的继续教育改革。与此同时，教育署公布了《关于在英格兰和威尔士继续开办技术和艺术课程的修订条例草案》（*Draft of Proposed Revised Regulations for Continuation，Technical and Art Courses in England and Wale*）。

1917 年，作为政府转向 "重建" 的副产品，大学推广项目迈上了更安全的道路。教育重建在《1918 年费舍法案》（*Fisher's Act of 1918*） 中得以实现。这项措施是教育委员会关于重塑继续教育提议的一个分支。费舍计划对年轻人的教育进行改革，主要是根据 1917 年 2 月的条例草案。教育署的意图是 "制订一个完整的、系统的、与中小学和大学适当相关的继续教育计划"。教育署还表示，它倾向于通过地方教育当局 （Local Education Authority，LEA） 的单一机构提供中央赠款。由此，几乎所有的继续教育经费都将作为综合赠款拨给 "继续课程" （Continuation Classes） 和 "地方学院"，且这两个项目将在地方教育当局的指导下进行。

费舍对大学推广情有独钟。他的一篇关于《大学在国民生活中的地位》（*The Place of the Universities in National Life*） 的文稿对成人教育进行了直言不讳的评论，指出大学推广吸引了比任何其他成人教育运动都要

多的学生。他质疑"成人教育的主要机制必须是经由大学和工人教育协
会联合组织的导师制课程"的假设。①《费舍教育法》在英国历史上首次
明确宣布教育立法的实施"要考虑到建立面向全体有能力受益的人的全
国公共教育制度"。为了实现这一国家目标，地方教育当局规定在本地区
逐步发展和全面组织教育。教育署有权要求并批准每个地方政府区域的
继续教育计划。

在重建过程中，重建部的成人教育委员会（Adult Education Commit-
tee）于 1919 年 11 月发表《1919 年最终报告》（Final Report of 1919），对
成人教育产生重大影响，是成人教育领域的重要文献。报告指出人文主
义成人教育（Liberal Adult Education）是一种独特的学习形式，是社区生
活中的一个必要和永久的组成部分，也是民众教育服务的一个组成部分。
成人教育委员会建议大力扩展普及成人教育，以满足民众的各种需求。
报告指出，成人教育将成为一个基础广泛的金字塔，它的顶点由工人教
育协会和导师制课程联合委员会的公共费用提供。在金字塔的某个地方
仍有大学推广的空间。从 1920 年开始有迹象表明，教育署准备将大学推
广教育纳入赠款援助框架，但主要是通过地方教育当局渠道资助教育。

牛津大学推广委员会主席马里奥特指出，校外教学是中学教育和高
等教育体系之间非常宝贵的一环。为更好地实现牛津大学推广委员会的
利益，他认为在一段时间内，大学推广的重点不再是获得特殊的国家资
助，而是在常规的继续教育资助体系中寻找合适的位置。他强调导师制
课程的分支"直接脱离了普通的大学推广运动"。他在 1918 年 11 月向牛
津大学推广委员会提交的正式报告中提出，当务之急是在地方教育当局
计划中以任何可能的方式认可大学推广教学，并在较长时期内使其适应
继续教育条款。剑桥大学联合会的首席主席克拉尼奇认为要研制方案，
以确定大学推广运动在国家教育体系中的地位。

1920 年 2 月，剑桥大学和牛津大学的委员会主席应邀会见政府官员。

---

① S. Marriott, "From University Extension to Extramural Studies: Conflict and Adjustment in Eng-
lish Adult Education 1917 – 1939," *Journal of Educational Administration and History* 30
(1998): 17 – 34.

教育署表示赞同向大学推广课程提供国家援助的想法。但由于教育署的正常程序是直接与地方教育当局打交道，它不会考虑扩大直接拨给大学机构的资助范围。另一种办法是《技术学校条例》。根据该条例，教育署将地方教育当局用于核准的"成人教育项目"开支的50%退还给地方教育当局。教育署通过当地渠道无条件地支付1/3的经批准的大学推广课程的教学和差旅费。地方教育当局被允许但不被要求贡献1/3的总费用。这也一定程度上反映了国家对大学成人教育援助的模糊性。因此，大学推广委员会必须说服地方教育当局批准推广课程和管理拨款援助。1923年年初，成人教育委员会开展成人教育的经费问题调查形成的报告，建议把成人教育置于一套专门为成人教育目的而制定的综合法规之下，而不是置于技术学校的法规之下。

由此可见，教育重建的过程中，大学推广运动的发展空间受到了一定的挤压，必须转而寻求新的发展路向。由此，大学推广运动进入一个新的发展阶段。

第五节　转型期（1924—1945）

转型期显现了英国大学推广运动的发展走向图景。20世纪上半叶，两次世界大战极大地改变了国际经济、政治格局，对各国的教育也产生了重要影响。两次世界大战之间的这段时期，英国的成人教育发生了重要的变化，是充满冲突与转型的时期。

自1924年大学成人教育与工人教育协会彼此独立开设自己的成人教育课程之后，学生的成分发生了变化。在此前的十几年间，由于大学推广教育的主要形式是导师制课程，学生大都来自工人教育协会，劳工阶级成员较多。随着大学成人教育课程的逐渐增多和大学对课程质量的重视，劳工学生的比例明显下降。[1] 由于大学与工人教育协会等组织的工作方式转变，以及政府对成人教育的政策调整等的影响，大学推广向"新

---

① 李丽：《20世纪上半叶英国成人教育的演变：从工人阶级教育到大众成人教育》，《华东师范大学学报》（教育科学版）2018年第1期。

推广"（the New Extension）转向，导师制课程向大众成人教育转型。

一　从"大学推广"到"新推广"

20 世纪二三十年代，英国的大学校外教育（University Extramural Education）经历了意义重大的制度整合过程。半学术性的"校外"或"成人教育"部门开始取代原来为监督大学围墙外课程而设立的委员会。这个过程带来了组织上的转变，并最终带来了政治上的平衡。20 世纪 20 年代初，人们普遍认为，大学应该与志愿部门合作，尤其是与工人教育协会及其所属地区合作。从 20 世纪 20 年代后期开始，大学新兴院系自行决定是否提供大学推广讲座课程。另外，大学还采取了一些措施，以确定校外服务提供者的地域范围。大学甚至将地方大学或地方学院提升为其所在地区的协调机构。

作为独立和自给自足的成人教育提供者，大学打破了工人教育协会享有的调动需求和在学生与教育提供者之间进行调解的独特能力的传统。矛盾摩擦来源是大学对"新推广"的采用。"新推广"与"大学推广"具有策略上的相似性，但并非直接对 19 世纪的"大学推广"的复兴。"新推广"针对的是普通民众，没有特别关注工人阶级群体。"新推广"倾向于大学自主的表现，更倾向于服务追求地方学院的优势。[1]

两次世界大战之间的这段时期面临的困难预示着即将爆发的问题。大学与工人教育协会（University-WEA）的伙伴关系发生微妙变化。工人教育协会的目标是改善大学与工人阶级的教育联系。工人教育协会创造了"工人导师制课程"（Tutorial Classes For Workpeople），通过联合委员会的机制组织起来，与大学形成了一种自愿的新型伙伴关系。导师制课程赢得了国家财政资助，这是大学推广课程一直以来未能达到的目标，从而为大学推广教育被正式承认为"成人教育"确立了哲学上的主导地位。

---

[1]　S. Marriott, "From University Extension to Extramural Studies: Conflict and Adjustment in English Adult Education 1917 – 1939," *Journal of Educational Administration and History 30* (1998): 17 – 34.

导师制课程运动引发的冲突和调整与公共政策中的问题相互交织。特别引人注目的是，在第一次世界大战结束后的重建时期，大学推广项目干扰了教育委员会为继续教育建立更加协调一致的框架结构的努力。大学推广课程暂时被取消，但最终为采用一种普遍的、非某一特定阶层的办法处理校外学习规定打下了基础。大学推广的管理经验从一种效力日益下降和自信心受损的状态走向为更大的角色重新定位自己的位置。即使在工人教育协会的创始人所称的"冒险"的日子里，通往新的成人教育的道路也不平坦。人们充分认识到"新推广"的出现是大学推广运动对变化环境的建设性回应，而不是偏离成人教育。

二　从财政停滞到拨款认可

20 世纪初期，关于成人教育的探索有了新进展。大学推广讲座课程与导师制课程成为成人教育领域的两个方面。关于成人教育委员会的拨款财政报告被搁置，但未被丢弃。1924 年 1 月，工党成立了政府，计划恢复教育方面的进步。教育署咨询委员会提出建议：结束财政停滞，实行统一的规则。1924 年第一次成人教育法令的提出，一方面出于咨询委员会的热情，另一方面出于政府的自信和委员会官员的谨慎。大学推广项目通过命名，这是国家对大学推广的首次认可，尽管这种认可是有限的。这一承认源于《1919 年最终报告》提出的其中一项建议。

1924 年的条例恢复了早先的"负责机构"（Responsible Body）的概念，并将其作为成人教育的一个行政类别。负责机构是被政府认可的、政府直接资助的非政府机构。人们对负责机构系统的接受归功于自愿利益和大学与工人教育协会同政府的合作所带来的声望。1924 年的条例详细规定了拨款规则，一旦负责机构系统中包括大学推广项目，大学推广项目就可以享受国家的资助。

从 20 世纪 20 年代末开始，大学和大学学院受到财政上的刺激不断发展推广工作，并使之有了新的形式和活力。同时，游说团在《成人教育章程》（*Adult Education Regulation*）的范围内为大学推广争取一切可能的利益。作为教育署对 1929—1931 年审查的一部分，大学推广获得了一项特许，并在 1938 年修订的条例中获得了更大的利益。随着 20 世纪 30 年代的过去，教育署接受了这样一个事实：大学的推广课程变得越来越多样化，与导师制课程相比，它越来越有资格获得公众的认可。教育署提出，不是继续分裂这个系统，而是利用这些规定来创建一个更连贯的成人教育体系。在1938年的修订条例出台后不久，教育署就进行了内部调查，提议在全国各地建立一个单一的在大学支持下运作的负责机构体系。

在两次世界大战期间，政府对大学的各种校外活动采取不偏不倚的态度。对大学推广的次优机会主义者来说，不偏不倚意味着平等对待。20世纪30年代，对大学推广倡导者的争议一直存在，到第二次世界大战才结束。在1944年教育法案颁布前的相关建议和提案征集时，教育署决定成人教育不能立法规定，但也承认直接国家拨款制度及相关的管理结构应该继续。1946年"人文主义成人教育"成为新继续教育拨款条例[Further Education（Grant）Regulation]的一部分。这是一个有意识的现代化方法，试图让负责机构真正负责，废除旧法典中洛可可式的修饰，放弃教育部有责任详细保存各类课程性质的假设。

可见，大学校外领域本身存在一种意识形态上的分歧，即代表机构自治的"推广"和与特定志愿机构存在伙伴关系的"联合委员会"之间的分歧。但随着工人教育协会的变化，以及它与大学之间的平衡，这种区别变得越来越不合时宜。大学成人教育各种受历史制约的方法能否简单地合并成综合性的"校外学习"，或者"大学推广"能否适时地现代化，最终取代其他形式的成人教育，是一个有争议的问题。

三　从工人教育到大众成人教育

1919年，在战后重建部的支持下，成人教育委员会成立。该委员会主席是牛津大学贝列尔学院的院长。成人教育委员会向英国议会提交了成人教育的最终报告。报告指出了民众渴望接受高等教育的现实、实现这种愿望的方法，以及他们与大学之间富有成效的合作的可能性。大学为成人教育做了宝贵的工作，但这方面的开支只占其资源的一小部分，而且在大多数情况下没有特别考虑成人教育所需的条件。大学必须根据成人教育所需的条件考虑大学的组织和资源。

1920年10月16日，全英工会代表大会在伦敦召开，会上成立了

"工会教育设施调查委员会"，委员会的主席由亚瑟·普（Arthur Pugh）担任。委员会的报告说明了广大民众的教育目标和愿望。例如，报告中体现了工会成员学习的科目主题。工会成员希望学习的科目包括整个社会科学领域和其他学科，如文学、音乐和艺术。工会学生通常首先要求学习工会史、工业史、工业管理问题和经济学。实际学科清单显示了工会学生兴趣的多样性：工会的历史与问题、工业的历史、政治历史、合作历史和问题、社会运动的历史、重建的问题、社会心理学、工业管理、地方政府、社会学、哲学、经济理论、文学、音乐、政治理论、国际问题、艺术、心理学、生物学等。

1922 年，成人教育委员会向议会提交了牛津大学和剑桥大学皇家委员会的报告。报告中涉及大学围墙以外的大学教育，认为牛津大学和剑桥大学的校外工作（Extra-Mural Work）率先采用导师制课程和推广讲座制度，已取得的成功有赖于在大学的领导下个别教师的服务奉献以及大学提供的条件。尽管如此，大学应重新认识校外工作和其他活动的重要性。

成人教育委员会和伦敦及威尔士大学教育皇家委员会认为，大学的校外教育活动通常被大学视为"附带的展示"（Side Show），是附属物，而不是大学正常和必要工作的一部分。大学校外教学的成功与否取决于它能否明确被接受为大学正常工作的既定部分。这种观点的影响广泛。民众主要依靠校外教学进而实现大学教育。只有采取行动，大学推广工作在大学中的地位才会有所提高，才有充足的资金以及越来越多的高素质的教师。牛津大学和剑桥大学校方希望以尽可能满足教育需求的方式开展工作。委员们向议会提出建议，包括每年向牛津大学和剑桥大学拨款 6000 英镑，以使它们能发展校外工作，并协助为报告中其他地方推荐的成人学生提供财政支持。[①]

总体来看，工人教育协会成立后，工人阶级教育成为组织的主要目的。工人教育协会与大学的关系变化也引发了人们对成人教育的目的与

---

① W. H. Draper, *University Extension: A Survey of Fifty Years, 1873 – 1923* (Cambridge University Press Archive, 1923), p. 98.

实施途径的争论。进入 20 世纪 30 年代后，工人教育与大众成人教育之间的观念分歧越发明显。大学在成人教育中的作用也逐渐转向了面对全体民众。由此，工人教育进一步向大众成人教育趋近。

综上所述，大学推广运动历经了从萌芽期、开拓期、兴盛期、高原期到转型期的发展阶段，从由大学领导的大学推广讲座体系向兼由工人教育协会参与的导师制课程的框架转变，进而随着时代变化和教育改革的影响，实现了融入成人教育领域的转型。大学推广运动百余年的发展历程蕴含了从微小的探索实践到声势浩大的高等教育领域深刻变革的愿景，也展现了社会变革、时代变迁、技术革命和学校教育变革之间相互交织的图景。

第三章　英国大学推广运动的
实践运作

　　大学推广教学体系的实践运作涉及讲座课程类型与学科分布、教学环节与教学方法、讲座教师与推广学生、人事与组织管理、运营经费管理等因素，阐明了大学推广运动中关于教什么、怎么教、谁教和教谁以及人事与组织、运营经费等的实践问题。本章从英国大学推广运动的实践运作角度出发，分析大学推广教学体系的实践问题，进而深化对大学推广运动的理论问题的认知，以较为全面地认识大学推广运动的实践运作图景。

第一节　课程类型与学科分布

　　大学推广运动主要以推广讲座的形式开展，其讲座课程类别多样，学科分布多元，能够满足不同学生群体的需求。大学推广的讲座课程类型与学科分布主要解决了"教什么"的实践问题。讲座课程类别包括开拓讲座课程、短期讲座课程和完整讲座课程。学科包括古代和现代历史与文学、自然科学、政治学、政治经济学和艺术等。其中，英国文学是普遍流行的大学推广课程。研究大学推广讲座课程类型与学科分布，有助于了解英国大学推广讲座课程概况。

一　讲座课程类型

（一）大学推广讲座课程的类型

在大学推广运动的历史发展过程中，推广中心的课程类型是不同大学推广分支机构之间区别的特征之一。根据推广中心的实践经验，提供给学生的讲座课程主要可以分为以下三种类型。[①]

开拓讲座课程（Pioneer Lectures）。开拓讲座通常是单一类型的讲座，主要为了激发学生的兴趣，让学生更多地参与到教学课程中去，是吸引大批观众的最佳途径。例如，"希腊文学""国内经济""现代艺术"等开拓讲座课程通过触及学生情感来吸引观众。这种讲座因其特性而受到欢迎，且没有讨论课和考试与之相关联。

短期讲座课程（Short Courses of Lectures）。短期讲座课程通常包含6场系列讲座。学生需提交文章作品，并参加最终的考试，但大学校方在大学推广运动后期取消了对此类课程的认可和承认。

完整讲座课程（Full Course of Lectures）。完整讲座课程包含12场到24场讲座不等，主要取决于地区组织（Local Organization）的类型。包括讨论课、文章写作和最终考试。表现优异的学生由大学校方给予某种形式的认可。

另外，按照讲座课程的时间长短，可以把讲座课程分为6场、10场、12场、24场讲座课程，还可以进一步归纳为长期讲座课程和短期讲座课程。短期讲座课程指6场讲座课程。

（二）长期讲座课程与短期讲座课程的争论

关于推广课程时限长短的争论持续了好几年。其中，由剑桥大学领导的团体坚决反对所有不利于大学推广工作尊严的行为，认为不少于12场的课程应被视为一门正规课程，而理想的课程应该是一系列的课程。牛津大学则认为，短的课程更有吸引力，6场讲座课程是许多中心所能负担得起的。[②]

牛津大学的常规课程以6场讲座课程为主，而剑桥大学和伦敦协会则以12场讲座课程为主。以1922年夏季学期课程开设情况为例，对比牛津大学与剑桥大学的课程，有助于了解大学推广课程的总体面貌。从

---

① A. E. Ottewell, The University Extension Movement（Master's Thesis, University of Alberta, 1915）, p. 21.

② J. E. Russell, "The Extension of University Teaching in England and America: A Study in Practical Pedagogics," Ph. D. diss. , University of Leipsic, 1895, p. 63.

1922 年夏季学期牛津大学和剑桥大学讲座课程情况（见表 3 - 1）可以看出，牛津大学的推广讲座课程以 6 场讲座课程为主，而剑桥大学则以 12 场讲座课程为主。

表 3 - 1　1922 年夏季学期牛津大学和剑桥大学讲座课程情况

牛津大学		剑桥大学	
课程类型	课程数量（门）	课程类型	课程数量（门）
12 场讲座课程	6	12 场讲座课程	51
10 场讲座课程	4	10 场讲座课程	4
6 场讲座课程	104	6 场讲座课程	36
总计	114	总计	91

资料来源：W. H. Draper, *University Extension：A Survey of Fifty Years*, 1873 - 1923 （Cambridge University Press Archive, 1923）, p. 35。

一方面，剑桥大学和伦敦大学拒绝对少于 11 场或 12 场讲座的课程进行"证书"考试。牛津大学直到 1890 年才要求对不少于 6 场讲座的课程进行"证书"考试。支持剑桥大学和伦敦协会推广工作的人认为，牛津大学的 6 场讲座课程政策是危险的，存在使证书贬值的风险。证书的价值一直与修满 12 场讲座课程联系在一起。如果一个城镇可以对学完 6 场讲座课程进行考试和认证，那么它就没有动力继续开设 12 场讲座课程。如果 6 场讲座课程盛行，一些中心可能会省掉为 12 场讲座筹集资金的麻烦，仅开设 6 场讲座课程。[①]

另一方面，牛津大学则认为由于一门 12 场讲座课程的费用是一笔相当大的花费，许多小城镇以及大城市的较贫困地区无法开设 12 场讲座课程。尤其是工人们感到 12 场讲座课程的费用超出了他们所能支配的范围。支持牛津大学课程体系的人指出，大学推广的目标是为成人提供系统的教育。对于那些付不起 12 场讲座课程的城镇，提供 6 场讲座课程也无妨，但学生无法参加"证书"考试。

这是争论中问题的两个方面。通过短期课程体系，牛津大学已经建

① H. J. Mackinder, M. Sadler, *University Extension：Has It a Future*? （Frowde, 1890）, p. 42.

立了大量新推广中心，但牛津大学推广中心的增加并没有以剑桥大学或伦敦协会推广中心的减少为代价，而是这两个体系同时在增长。1890 年，牛津大学对规则做出了修改，仅向完成 12 场讲座课程的学生颁发证书；学生完成 6 场或 6 场以上的短期讲座课程可以参加考试，但通过考试后，学生不再收到认证证书，取而代之的是打印有考评员奖励的声明证书。

（三）大学推广讲座课程的框架

一学年的推广讲座课程跨度从 9 月到次年 4 月，开设两门课程，每门课程为期 3 个月。讲座教师每学期有 12 周课程，最后一周举行考试。讲座教师的首要职责是准备教学大纲，以保证讲座的质量，也帮助学生厘清教学的主题。例如，关于"功和能量"的讲座课程的框架如下。总共 12 场讲座课程。第一讲是导论，涵盖关于自然科学的研究，以及发现科学真理的多种方式等。第二讲是运动定律，包括对牛顿三大定律的通俗阐述。第三讲专门研究功、能和引力。第四讲介绍一些简单的机械原理，如钟摆和不同种类的杠杆。第五讲是热的本质。第六讲是迈尔和焦耳理论。第七讲是光和声音。第八讲是化学能量。第九讲和第十讲是电和磁。第十一讲是能量守恒及能量转化。最后一讲是能量的分散，以及对太阳的描述。[①]

讲座课程每周一次，持续一个小时。讲座开始前或结束后的一个小时被称为"讨论课"。讨论课对所有参加讲座的人开放，但一般参与讨论课的听众不会超过一半。每节课结束时，教学大纲中会有 3—4 个问题，由学生在家回答。在教学大纲小册子里，学生可以获得回答问题的方法以及参考书目。写论文的人数一般不超过上讨论课人数的 1/3，不超过参与讲座人数的 1/6。最后，在每个学期结束时举行考试。考试不由讲座教师主持，而是由大学任命的独立考评员负责。参与考试的人数约占上讨论课人数的 1/4，或参与讲座人数的 1/8。课程为期 3 个月，颁发证书的依据是讲座教师撰写的个人每周文章的评价报告和考评员的期末考试报告。这种考评方法不仅可以测试学生获得的学科能力和通过考试的能力，

---

① Oscar Browning, "The University Extension Movement at Cambridge, " *Science*, Vol. 9, No. 207 (1887): 61–63.

而且还可以测试学生在整个学习过程中所付出的努力。

二　讲座学科分布

（一）大学推广的目标与学科课程

大学推广旨在通过引导民众更好地利用闲暇时间，激发民众自我教育的欲望。大学推广的目标是在超龄上不了学、不能把全部时间用于学习的民众中间传播知识，最终目的是培养更好的公民，促进社会进步。其目标不是培养具有批判精神的学者，而是用更高的生活理想和更崇高的工作理念来激励生活已经固化的民众。具体来说，大学推广运动的领导者们面对着两大目标：一是创造一种对知识滋养的渴望；二是有序而彻底地满足民众对于知识的需求。前者意味着教学方式必须具有吸引力，内容必须受欢迎；后者的标准是在教学法基础上进行良好的教育工作。

大学推广运动提供了非常广泛的课程。大学推广运动采用系统的讲座课程和大学课程的课堂教学方法开展教育，一是通过文学、艺术、科学讲座和讨论课程，进行审美教育；二是通过历史、公民学和经济学等讲座和讨论课程，帮助公民研究自由政府和现代生活的问题，培养公民的责任感、健全的思维习惯和正确的行为。课程学科包括古代和现代历史与文学、自然科学、政治学、政治经济学和艺术等。推广学生可以选择不同的学科，如选择一个学期的"英国建筑"（English Architecture）课程之后，再选"化学原理"（Principles of Chemistry）。自然科学、历史、政治经济学和逻辑学的课程是最受欢迎的推广课程。

其中，英国文学（English Literature）是普遍流行的推广课程。[①] 例如，在1889年由伦敦协会安排的所有推广课程中，近1/4课程都属于英国文学。伦敦协会在1891—1892年提供的课程大部分属于英国文学范围，包括"荷马时代""莎士比亚""1793年至1850年的英国诗歌""罗伯特·勃朗宁的诗歌""勃朗宁夫人的诗歌""克拉夫、马修·阿诺德和罗塞蒂""17世纪的文学""丁尼生的诗歌""希腊悲剧""拜伦时代"（以

---

① A. Lawrie, *The Beginnings of University English：Extramural Study, 1885 - 1910* （Springer, 2014）, p. 56.

上均由柯林斯讲授）；由莫尔顿讲授的"对圣经的文学研究"和"古代英国观众的古典戏剧"；由以色列的格兰茨（Gollancz）讲授的"伊丽莎白时代的戏剧发展"和"古代悲剧"；由霍布森（J. A. Hobson）讲授的"19 世纪的伟大小说家"；由霍斯堡（E. L. S. Horsburgh）讲授的"18 世纪的文学：教皇到戈德史密斯"；由格里芬（W. Hall Griffin）讲授的"丁尼生及他的同时代人"和"诗人的世纪"。①

（二）暑期学校开设的专题推广课程

1891 年，牛津大学推出了暑期学校计划。暑期学校的大部分时间用于研究某一特定历史时期，先后举办了 72 场关于中世纪历史、文学、建筑和经济学的讲座和课程。1892 年暑期课程的主题是文艺复兴和复辟。1893 年暑期，学生则学习了 17 世纪的相关研究课程。1895 年之后，学生又学习了 18 世纪的类似课程。牛津大学通过这种方式，确保了暑期学校推广教学工作的统一性，同时向其领导下的所有地方推广中心展示了一套合乎逻辑的学习体系。

下文将以 1894 年牛津大学举办的暑期课程为例，详细说明这一类别的专题课程。1894 年 7 月 27 日至 8 月 24 日在牛津大学举办的暑期集会课程内容如下。

其一，17 世纪的历史、文学等。主题如下：罗德派运动（The Laudian Movement）；清教徒革命；王政复辟时期；华伦斯坦（Wallenstein）；黎塞留（Richelieu）；马扎林（Mazarin）和科尔贝（Colbert）；经济史；荷兰的影响；赫里克、弥尔顿、班扬、屈莱顿；清教徒前辈移民；乔治·福克斯；笛卡儿、托马斯·霍布斯、斯宾诺莎和洛克；帕斯卡、莫里哀、波舒哀；伽利略、哈维、牛顿；鲁宾斯、范戴克、委拉斯奎兹、伦勃朗；格劳秀斯；17 世纪的建筑和音乐。

其二，"公民的生活和义务"（The Life and Duty of the Citizen）。讲座内容包括市政府、济贫法、工厂和公共卫生立法；公务员；印度、殖民地和附属国；社会组织和产业组织；工会、合作友好协会；公共教育；

---

① A. Lawrie, *The Beginnings of University English：Extramural Study, 1885 - 1910*（Springer, 2014），p. 56.

合同法；英国中央和地方政治机构的发展。

其三，希腊语言与文学。包括两门语言文学讲座课程和两门语言工作课程。

其四，天文学、人类学、地质学、卫生学、化学。每门课程都伴随实践工作。

其五，教育科学与艺术。心理学、教育理论（特别关注课堂教学）、德国教育科学，由雷因（W. Rein）教授授课；学校卫生学、实验准备、幻灯机使用等实践性课程，由4名教师授课。

其六，经济和产业历史。课程由6名讲座教师讲授。

其七，牛津的历史。包括5次讲座和多次访问大学等。

其八，艺术课、音乐课、木工课、雕刻、摄影、速记法、戏剧朗诵、辩论、谈话；参观牛津附近与17世纪历史有关的古迹。

再如，剑桥大学的暑期课程。1894年8月7日至28日在剑桥大学举办的暑期课程只对持有剑桥大学地方讲座证书的学生开放，化学课的学生人数限制在50人，其他所有课程的学生人数限制在30人。课程主要包括：科学方面，化学、物理、天文学和卫生学；历史方面，英国革命与法国革命；文学方面，莎士比亚和伊丽莎白时期的剧作家。整个暑期集会的个人票价是1英镑10先令，或暑期集会每一阶段1英镑。特殊课程费用和实验室使用费是额外收取的。剑桥大学的暑期课程有两种收费模式，即任何一门课程收费2基尼，或两门课程收费3基尼。[1]

（三）专门为矿工开设的推广课程

矿工是推广学生中具有代表性的一个群体。1879年，在泰恩塞德的某些城镇开设的政治经济学课程在当地引起了广泛的反响。结果鼓舞了工人们，以至于在次年夏天共有1300多名矿工参加讲座。这一运动迅速传播开来，矿工们要求开设英国文学和历史、地质学、采矿业、化学和自然地理学等课程。[2] 矿工们全身心地投入其中。罗伯茨对矿工的成就赞

---

① J. E. Russell, "The Extension of University Teaching in England and America: A Study in Practical Pedagogics," Ph. D. diss., University of Leipsic, 1895, p. 218.

② J. E. Russell, "The Extension of University Teaching in England and America: A Study in Practical Pedagogics," Ph. D. diss., University of Leipsic, 1895, p. 170.

不绝口。随着诺森伯兰郡的推广工作取得成功，许多推广中心陆续开始运营，促进了大学推广运动的发展。

第二节　教学环节与教学方法

大学推广的教学环节要素包括讲座、讨论课、文章写作、考试等，应用于推广教学系统的全过程。课程通常是 12 场讲座，由同一位老师授课，每周一次，有时也会采用每两周或半周一次的形式。1 小时的讨论课是自愿参与的，采取对话式的方法。学生们向老师提问，并得到老师的解答，以克服困难和获得更多的知识。文章写作的目的是激发学生的思考和调查，其价值在于测试学生的真实知识水平。最后的考试环节与文章写作的相关表现在决定是否授予证书方面起重要作用。大学推广的教学方法是教学法要素的合理结合，主要解决"怎么教"的实践问题。大学推广课程的教学方法包括演讲法、展示法和讨论法。印刷的教学大纲清楚地列出了课程的要点、阅读指南和写作主题。讲座教师结合课程的特征和讲座场地的客观条件，通过多种教学方法吸引学生的注意力，以激发学生的学习兴趣。牛津大学推广的方法、组织和成效具有典型性与代表性。

一　讲座课程的教学环节

（一）讲座

讲座是推广课程的第一环节。每周一次时长 1 小时的讲座，特点是听众群体多样，学习目的不尽相同。总体来看，讲座旨在满足"两个不同群体"的要求，即一部分人只是对所讨论的课程主题充满好奇，把讲座课程当作消遣，而另一部分则是认真的学生，希望完成课程每个环节要求的学习任务。讲座教师努力寻求吸引这两个群体的方式，既要保持娱乐性，从而吸引更多的付费观众，又要恪守承诺提供学术信息。大学向地方推广中心收取每门课程 30—45 英镑的运营费用。其他费用还包括教师的差旅费用、教学大纲印刷费用、考试费用、广告费用和房间租赁费等。引入热门课程是地方推广中心维持偿付能力的好方法。

讲座时长大约 1 小时，通常每周举行一次。6 场讲座的短期课程经常是两周一次。讲座授课方法因科目和教师的喜好而异。教师对教具和教室环境的需求也不同。艺术类课程的讲座教师要求有放书、照片或素描的大桌子，画板，挂图表的工具以及氢氧灯等。地理学课程的讲座教师需要黑板和彩色粉笔、灯笼和屏幕、实验桌。科学课程的讲座教师需要装备齐全的实验室以及相关实验品。植物学、地质学等学科的讲座教师则鼓励实地考察。[①]

讲座教师的主要作用是引导并激发学生学习的热情。在文学、历史和经济学学习中，书籍是最好的选择。对于部分不知如何阅读的学生来说，教师的指导至关重要。如果附近有公共图书馆，讲座教师会和图书管理员一同前往，以便指导学生阅读。如果流动图书馆是唯一的资源，那么教师就更有责任指导学生读什么书，以及如何让阅读更有效。

（二）讨论课

讨论课是推广课程的第二环节，通常在讲座后举行。有时在讲座前也会举行一次讨论课。讲座前的讨论课以前一周的授课内容为主题，讲座后的讨论课以当天的授课内容为主题。

课堂讨论是完全自愿的，采用对话式的方法。讨论课进一步深入阐明讲座主题的一些难点要点，讲解更复杂的问题。学生就任何困难或模糊的观点向讲座教师提问。讲座教师提供补充细节或插图来说明难点。这种面对面的个人对话有助于教师更好地使其工作适应学生个人需要。

来自伦敦协会的数据证实，在某些情况下，参加讨论课程的人数必须有所限制。1892 年夏天，柯林斯在北哈克尼开设的"罗伯特·勃朗宁在意大利"的课程讨论环节平均只有 12 名学生，讨论课持续 1.5 小时。而 1891 年秋季，柯林斯在普莱斯托中心开设的"莎士比亚代表戏剧"的课程讨论环节平均有 46 名学生，讨论课仅持续 40 分钟。[②] 参与讨论课的

---

① A. Lawrie, *The Beginnings of University English: Extramural Study, 1885 – 1910* （Springer, 2014）, p. 56.

② A. Lawrie, *The Beginnings of University English: Extramural Study, 1885 – 1910* （Springer, 2014）, p. 56.

学生越多，反而很难有足够长的时间进行真正富有成效的讨论。

（三）文章写作

讲座课程开展过程中，教师鼓励所有推广学生每周提交文章。只有完成一定数量的文章写作并达到令人满意的标准，学生在课程结束时才具备参加考试的资格。完成每周文章写作的学生人数差异很大，平均数大约为参加课程学生总人数的1/4。例如，霍布森1892年在刘易舍姆开设的"19世纪伟大小说家"讲座，100名观众中有50名留在讨论课上，平均每周提交12篇文章。[①]

每周的文章写作工作通常非常严格，要求紧扣课程内容，引发学生主动学习。下文将以莫尔顿的"莎士比亚的英国历史剧"课程为例，展示与学生写作相关的问题类型。如在第三周，学生应该熟悉戏剧所关注的问题，对"这个戏剧有什么政治目的？你觉得是有意的吗？"这一问题进行阐述。紧接着下一周的问题是关于亨利四世第一部分（Henry Ⅳ，Part One）的角色分析——"比较霹雳火（Hotspur）和格兰道儿（Glendower）的性格。"另外，还要求学生反思的问题是"舞台艺术的实用性"。在第六周，亨利四世第二部分课程的写作主题是关于学生对戏剧背景的了解，即分析亨利王子年轻时候的照片的历史根据以及戏剧中亨利四世出现问题的真正原因。[②]文章写作通常围绕课程的主题展开，可以说是课程内容的拓展，激发了学生自我探索的积极性。同时，每一讲课程都有与之相关联的写作主题也帮助学生课余对课程内容进行巩固和深化认识，为学生提供了宝贵的逻辑思维训练。

由于多种原因，学生提交写作作品的数量偏少。许多学生尝试过，却因缺乏训练而失败；部分学生对主题的处理非常肤浅。但也有一些学生的文章写作水平相当或者超越了大学全日制学生的水平。例如，普特尼和温布顿推广中心的政治经济学考评员在结束对牛津大学政治经济学申请学士学位的考试以及对奖学金候选人的考试后，认为推广学生的平

---

① A. Lawrie, *The Beginnings of University English*: *Extramural Study*, *1885 – 1910* （Springer, 2014），p. 56.

② A. Lawrie, *The Beginnings of University English*: *Extramural Study*, *1885 – 1910* （Springer, 2014），p. 56.

均水平远高于通过大学入学考试的本科生，而且有些文章质量明显优于本科生奖学金的候选人。

与讲座课程有关的书面作业，由学生送交讲座教师更正、评论，并在下节课交回学生。文章必须在"不迟于下节课前第三天"邮寄给讲座教师，以便教师及时阅读和批改。学生的困难在书面作业中表现得最为明显。文章中有特别好的观点或其他人很可能会犯的错误会被记录下来以便在课堂讨论。文章作者的名字不会被透露，以免一些敏感的学生感到尴尬。学生文章中的错误有助于教师澄清问题，为进一步教学做好准备。文章写作也有助于激发学生的思考和调查，测试学生的真实知识水平。与考试的不同之处在于，文章写作鼓励学生从书本或与朋友的讨论中获得帮助。文章写作在决定授予证书人员名单时起重要参考作用。在课程结束时，每次讲座后参与了 2/3 的讨论课，并且完成了 2/3 的文章写作的学生才具有参加考试的资格。

（四）考试

按规定参与足够数量的讨论课并提交足够数量的文章写作的学生可以选择在课程结束时参加考试。这是由大学指定的考评员审定的，用通用标准对文章进行审查。证书根据考试成绩和学生的文章写作结果发放。双重测试（文章写作和期末考试）的要求实质上降低了获得证书的难度。与文章写作一样，只有少数学生参加课程考试。霍布森 1892 年在刘易舍姆开设的"19 世纪伟大的小说家"课程中，只有 9 名候选人参加了考试。柯林斯 1892 年在帕丁顿开设的"丁尼生诗歌"吸引了 35 人参与课程，其中只有 7 人参加了考试。[①] 推广课程在吸引学生参加考试方面的成效不明显。

考试通常是书面形式，大约持续 3 小时，由专门指定的大学考评员组织。试卷加封条后转交给推广中心的负责人，以保证考试的真实性与可靠性。成功的候选人会获得"普通"和"荣誉"两个等级的证书。考评员和讲座教师的推荐与否，决定了学生优秀等次。在英国，参与 10 场

---

① A. Lawrie, *The Beginnings of University English: Extramural Study, 1885 - 1910* (Springer, 2014), p. 56.

以下或 12 场以下的讲座课程不予颁发证书。不过，牛津大学曾为参与 6 场讲座课程的学生颁发证书。而后，随着对推广课程的不断规范，牛津大学仅为不少于 6 场讲座的课程提供考试和考试结果证书。

尽管学生对于完成文章写作和参加考试的热情有所消退，但是柯林斯、罗伯茨和莫尔顿等热衷于推动大学推广运动的支持者仍坚持认为要提升大学校外教育的标准。考试制度在大学推广工作中发挥的作用虽小，但已被证明对促进学生继续学习和提升教育质量具有间接的价值。大学当局根据大学考评员给出的考试成绩和大学标准换算成绩颁发证书，为学生连续学习确立了切实的目标。自 1889—1890 年采用临时证书以来，伦敦的推广中心和学生人数迅速增加。尽管能够获得最高等级证书的学生数量相对较少，但许多学生在考试和证书的目标指引下，从前来消遣的业余爱好者转变成认真学习的推广学生。这在某种程度上保障了大学推广工作的持续，是大学推广运动成功的重要条件。

二 讲座课程的教学方法

从大学推广讲座课程的构成要素可以得知，大学推广课程的教学方法包括演讲法、展示法和讨论法。讲座教师结合课程的特征和讲座场地的客观条件，通过多种教学方法吸引学生的注意力，以激发学生的学习兴趣。牛津大学推广的方法、组织和成效具有典型性与代表性。

大学推广教学由大学认可的讲座教师讲授讲座课程，由地方委员会支付费用、选择授课主题、提供教室，并确保推广学生的数量。这些课程通常由 6 场讲座、12 场讲座或 24 场讲座组成，每周或每两周举办一次。课程学科包括古代和现代历史与文学、自然科学、政治学、政治经济学和艺术。讲座持续 1 小时，在讲座结束后，通常会伴随持续约半小时至 1 小时的讨论课。参加讨论课的学生一般都希望继续深入学习这一学科课程，或希望与讲座教师建立更密切的联系。参加讲座的成员数量从来自乡村小镇的 30—40 人，到来自大型工业中心的 1000 人不等。讲座结束时，布置课后问题，由那些有能力并愿意提交书面作业的学生在家写作。

学生邮寄文章给讲座教师，讲座教师阅读和批改后，在下一周的课前返还给学生。牛津大学推广委员会向各推广中心提供书籍及书目清单，以便学生对授课内容进行深入分析。课程结束时，考试由牛津大学推广委员会任命的一名考评员主持，而不是由讲座教师主持。考试向所有 15 岁以上的学生开放。但是，牛津大学推广委员会规定每门讲座课程的学习课时不少于总课时的 2/3，并解答了讲座教师提出的 2/3 的写作问题的学生才具备参与考试的资格。根据考评员的报告，通过考试的考生将获得两个等级的考试证书，或公布名单。只有参加 10 场或 12 场的讲座课程，才会颁发结业证书。经过完整的学习期后会给予学习期证书。选择短期课程的学生允许参加考试，但对于成绩优异的学生以考评员的奖励声明代替证书。随着大学推广运动的推进，暑期集会成为重要的组织形式。暑期集会（为期一个月）从 1896 年开始每隔一年在牛津大学和剑桥大学交替举行，让推广学生有机会在大学的围墙内聆听杰出的讲座教师讲课，感受大学的良好氛围，同时也丰富了大学推广教学的组织形式。

此外，印刷的教学大纲是教师对教学方法最好的思考。教学大纲仅短短几页，以清晰、简洁、系统的形式排列。斯图尔特最初的计划是把它作为讲座的一个摘要，但后来教学大纲的概念有所扩展。典型的教学大纲会列出每堂课的概要，其通常会从各种权威著作或参考文献中选取简短内容作为参考资料，并提供完整的学科参考书，以及一系列课堂讨论和文章写作的主题。

第三节　讲座教师与推广学生

讲座教师和推广学生是大学推广教学系统的两大参与主体，解决了大学推广教学实践中关于"谁教和教谁"的问题，是推广教学中不可或缺的组成因素。大学推广讲座的特殊性决定了讲座教师应具备的能力和资质。推广学生则由多种群体构成，包括工人、职员、女性等。讲座教师与推广学生的特征构成了大学推广运动中独特的师生观。

一　讲座教师

（一）讲座教师的类型

讲座教师与中小学教师的岗位性质不同，主要表现在以下方面：首先，中小学教师的教学时间长达一个学期或一年以上，他的雇主能忍受他在一段时间内效率低下，相信后续的服务能补偿他之前的低效，但是讲座教师的能力和授课方式直接决定了讲座课程的成功与否。讲座教师一般主讲6场或者12场讲座，这要求讲座教师具备过硬的教学能力。其次，中小学教师是学校教师队伍中的一员，其工作是整个学校教学组织的一部分，资深同事的经验能弥补其经验的不足，因此，学校的效率不是简单地取决于他。而讲座教师则是相对独立的，就教学而言，这一门课程的成功与否取决于他教学水平的高低。最后，中小学教师与义务上学的学生打交道，学生并没有花钱让他教导，学生对教师的经验不足持有宽容态度。相反，讲座教师面对的是缴纳了费用的学生。如果学生对他的课程感到厌烦，那么直接后果是学生不再选择这一课程。[①]

推广课程的特殊性要求讲座教师具备较为全面的能力，可见对讲座教师的要求较中小学教师更为严格。在大学推广运动的早期阶段，讲座教师一般是兼职的。而随着运动的发展，讲座教师成为一个新的职业。培养全职从事推广工作的教师成为必然要求。

讲座教师有两种类型：一种是地位显赫的人，一般是大学著名学者、政府政要或社会名流，但这一类型占少数；另一种是获得学术荣誉学位的年轻人，他们把推广工作视为临时职业。同时，也有一些大学教师将讲座教师工作视为人生的重要篇章并取得了成功。例如，在整个职业生涯都与大学推广有关的讲座教师中，最受欢迎的是剑桥大学的莫尔顿和牛津大学的哈德森·肖。

（二）讲座教师的任职条件

大学推广工作的成败在很大程度上取决于讲座教师。因此，讲座教师的素质至关重要。[②] 成为一名成功的大学推广讲座教师需要特殊的资格，主要有以下几方面的任职条件。[③]

---

① H. J. Mackinder, M. Sadler, *University Extension: Has It a Future?* (Frowde, 1890), pp. 93 – 94.

② R. D. Roberts, *Eighteen Years of University Extension* (Cambridge University Press, 1891), p. 129.

③ W. H. Draper, *University Extension: A Survey of Fifty Years, 1873 – 1923* (Cambridge University Press Archive, 1923), p. 197.

1. 身体素质方面，拥有强壮的体魄，能够承受巡回讲座的辛劳

在身体状况方面，任何一个参加推广工作的讲座教师都必须足够强壮，才能承受长期频繁的巡回旅行的疲劳，并能忍受日常食物和住所的变化所带来的考验。例如，马里奥特在五六年时间里，行程达 5 万多英里，讲授大约 1500 场讲座。[①] 对于一些讲座教师来说，如果邻近的城镇之间合并开设讲座的话，巡回旅行的数量可能会减少到最小限度。讲座教师被称为"当地传教士"（Local Preachers），在短期内开设特别的"巡回讲座"。从一个中心到另一个中心的长途旅行，是讲座教师义不容辞的责任。正是由于对体力的要求，人们怀疑女性是否能够承担这样的体力活。尽管她们中有些人能胜任讲座教师工作，人们还是质疑她们是否能把讲座教师作为她们的主要职业。此外，讲座教师需要在工作中表现出来的强烈兴趣，以及反复向大量学生演讲的任务本身就会带来压力和负担。所以，讲座教师首先要拥有强壮的体魄，能够承受讲座工作的艰辛。

2. 知识构成方面，既要具备学科知识，又要兴趣广泛

在知识构成方面，讲座教师仅仅具备对学科的了解是不够的。讲座教师面对大量学生，为了不让学生感到厌烦，首先，讲座教师要通过清晰的讲台演讲和精确的语言讲授课程，具备学者的特征。其次，大学推广工作所必需的是一个知识渊博、兴趣广泛的教师。讲座教师必须持有大学荣誉学位证书，以证明有能力执教要教授的学科课程。讲座教师要说服学生对这些学科感兴趣并觉得这些学科对他们来说很重要。为了实现最好的教学效果，讲座教师必须从拓展视角看待学科问题，站在学生的立场上思考教学问题。他必须能够使学生感受到课程在知识领域所占据的重要位置。他还必须分析主要由成年人组成的学生所掌握的各种信息，这样学生可以在自身的知识基础上找到新的研究方向。讲座教师面对的不是儿童，而是成年男女，为吸引学生的注意力，要在学科教学中融入学生的生活实践经验。此外，教师要寻求一种合适且印象深刻的方式与学生沟通学科内容。

---

① J. E. Russell, "The Extension of University Teaching in England and America: A Study in Practical Pedagogics," Ph. D. diss., University of Leipsic, 1895, pp. 48 – 62.

3. 情感方面，具备共情能力，尊重学生

能否成为一名成功的讲座教师，取决于能否让学生相信其在知识上与教师有理智共情（Intellectual Sympathy）。在知识上轻视学生，对教师是不利的。教师所面对的学生从事不同职业，有的学生的经验来自讲座教师知之甚少或一无所知的领域。从某种意义上说，教师是一个学科的专家，而他所面对的学生本身就是其他学科领域的专家。因此，教师与学生之间应该是相互尊重的关系。学生中会有许多人由于家庭责任或商业生活的其他原因而被迫放弃学习机会，但这并不意味着他们在生活中没有经历过任何心智训练。这些都是教育给学生的生活带来的力量。最重要的是，教师必须有道德上的真诚（Moral Earnestness），必须对所教授的知识深怀敬意。因此，教师必须对职业的责任抱有崇高的理想。

4. 能力方面，具备公众演讲、人际交往等能力

一是具备成为一个优秀的演讲家的能力。讲座教师接触的是不同阶层和不同群体的学生，往往下午给女士们讲课，晚上给工人讲课。学生不是被迫来听他的讲座的。这就要求讲座的氛围和内容不能千篇一律，因此，教师要灵活地处理学科内容，以便适合不同的学生群体。讲座教师的艰巨任务是把演讲的清晰性与学者所特有的语言的精准性相结合。因此，教师应该是演讲家，能够流利地在公共场合讲话，并具备能力把学科理论富有吸引力地向学生展示。二是具备教学智慧。讲座教师的作用不只是传授知识，而是激励学生独立思考和学习。他必须具有敏锐的想象力和适应能力，以便理解学生的需要，并提供具体的说明。同时，他必须有同情心和耐心，明确知晓伤害一个敏感学生的情感都违背教学目的。他还必须是一个机智的人，具有掌控课堂的艺术，从而引导学生自由提问，把困难告诉教师。三是讲座教师致力于服务推广组织。最成功的讲座教师，如剑桥大学的莫尔顿，高度重视推广组织关于学生协会、推广中心联盟等的主要运营业务。对教师来说，关注业务方面的工作十分重要，因为教师的业务巩固了雇用他们的体制。

总而言之，理想的推广讲座教师是一位绅士，同时也是一位学者和教师。他不仅具备良好的执行能力，而且对大学推广的工作和价值有着无限的信心。

（三）讲座教师的选拔程序

没有一定的文化素质，不可能成为一名优秀的讲座教师。但不是每个学者都是讲座教师，也不是每个教师都可以成为一名成功的大学推广讲座教师。选拔合格的讲座教师是大学的重要责任。一般来说，讲座教师的选拔条件基于苛刻的标准，首先取决于拥有的学位，其次申请候选人应当曾有过公开演讲的经验，并且通过讲座试讲和试用期考核。下文将以牛津大学为例展现讲座教师选拔与培训的总体框架。

申请阶段。年轻人想要成为一名讲座教师，他可向牛津大学推广委员会提出申请。前提是他必须通过学位考试。除大学学位的要求外，牛津大学还对讲座教师候选人的造诣和公开演讲能力提出特别要求。为了使委员会代表们对他的条件感到满意，他的大学导师（College Tutor）需要提供一封推荐信。推荐信必须表明，他已在公开场合演讲并取得成功。如果他的申请被接受，他会前往办公室阅读校方文件，被告知关于大学推广体系的相关事宜。

考核阶段。在牛津大学录取新讲座教师之前，准讲座教师必须接受相关的考核。候选人需要准备一份计划开设的课程的教学大纲，提交给一位有经验的讲座教师审查和评论。通过后，候选人被要求在代表委员会（Board of Delegates）或牛津教区小学教师培训学院（Oxford Diocesan Training College for Elementary Teachers）展示课程教学。参与人员包括接受教学培训的候选人、地方推广中心教学秘书和大学委员会成员。试讲一节课，教学考核面试结束时，评审员提出疑问并进行评价。培训学院工作人员的评价大体上代表了他们的考核结论。试讲课程结束后，讲座教师候选人的申请将再次被考虑。如果试讲课程不顺利，候选人通常会自己撤回申请，或者申请在他进行进一步的练习之前暂缓做出决定。如果试讲课程成功，候选人已获批准，他将根据建议再次修订教学大纲。

录用阶段。如果他成功地通过了考核，大学委员会就会将一笔钱投给被录取的实习讲座教师（the Accepted Probationer），让他能够参观典型的地方推广讲座中心，观摩资深讲座教师的教学，并在资深讲座教师的指导下研究实践操作中的工作。当这些环节完成后，候选人被添加到讲座教师的名单中。他修改后的教学大纲被打印出来供各推广中心分发传播。之后，他就会定期被派往推广中心担任讲座教师。[①] 这样的选拔过程极大地提高了讲座教师的整体质量。剑桥大学也采取了类似的考查措施，确保了英国推广讲座的质量。

此外，讲座教师的培训工作同样重要。牛津大学还采取了一些措施为大学推广培训讲座教师。考虑如何帮助讲座教师适应推广工作是很重要的。能否寻求以学徒制的方式来提升教师的业务能力？教师能否得到名副其实的训练？可以人为地"创造"出一批优秀的讲座教师吗？还是说讲座教师的素质完全是一个气质和天赋的问题，任何训练都无法解决？这些问题摆在了大学中央机构的面前。不可否认，有些教师有足够的天赋，不需要正式的训练，他们早期的经验就是为推广工作而做的准备。但是，对于大多数准讲座教师来说，应该通过训练以适应教师岗位。

例如，讲座教师公开演讲能力的培训。讲座教师最迫切需要的是把自己的思想用清晰有力的语言表达出来，把自己的观点用符合逻辑的方式表达出来，并且是以一种令人愉快的方式。在牛津大学，参加大学联盟协会（University Union Societies）每周辩论是一个有效的途径。由此，参与者能够毫不犹豫地表达自己的感情，更准确地使用英语，而且还能模拟他们在职业生涯中可能会遇到的各种困难。与大学联盟协会相比，在小型辩论协会中的演讲较为轻松，但容易形成一种散漫、谈话式的说话风格。另外，在牛津大学，大学推广教师培训的主要难点还包括大学没有对教师进行系统的英国文学培训。文学课程是大学推广课程中最受欢迎、开设最多的课程。培训一个能胜任文学课程的教师，要比培训胜任历史、哲学、政治经济学或任何自然科学分支课程的教师困难得多。

（四）留住讲座教师的困境

鉴于巡回讲座和靠微薄酬劳辛勤工作的艰辛，可以想象大学和地方推广中心在留住讲座教师方面所面临的困难。大学推广运动历史上引人注目的是讲座教师的忠诚。他们中的一些人放弃了待遇优厚的终身职位，转向传教士般的大学推广教学生涯。留住讲座教师面临的困境，一是大

---

① H. J. Mackinder, M. Sadler, *University Extension: Has It a Future?* (Frowde, 1890), p. 99.

学推广工作的艰辛，二是教师的待遇问题。

一方面，留住教师的主要困难是推广工作的艰苦性质。一名全职从事讲座工作的讲座教师，每周有五个晚上和三四个下午要安排讲课。每一场讲座和每一堂讨论课都需要 2 个小时全神贯注地努力和专心。另外，还有学生的文章需要批改，每周批改的数量大概是 200 篇。秋季持续 12 周，春季持续 12 周。除了实际工作外，还有火车长途旅行和一周大部分时间不在家的压力。讲座教师一学年普遍行走约 10000 英里。[①] 工作损耗如此之大，以致全身心投身于这一事业的教师总是被诱惑着选择更轻松的职位。因此，关于留住教师的问题指向减少工作量和旅行次数，提高酬劳，确保讲座教授队伍的稳定性。

另一方面，留住教师问题在很大程度上是待遇问题。希望酬劳随着教师经验的提升而有所提高是讲座教师所期待的。大学应划拨专项资金，留住经验丰富的讲座教师。例如，剑桥大学联合会无法留住高级讲座教师主要是因为讲座教师的酬劳完全是城镇根据其工作量支付的，并没有任何额外资金，且联合会无法为高级讲座教师提供职位上升路径。承受最大压力的教师最高的推广工作酬劳在 500—600 英镑。[②] 因此，在优越的其他大学职位的吸引下，联合会不断地流失讲座教师。

此外，将讲座教师长期留在工作人员队伍与讲座教师的职位性质有关。讲座教师的职位是不稳定的，与所教授学科的需求有关。如果所讲授学科没有需求，教师留下来则会出现工作空档的情况。因此很难留住经验丰富的讲座教师。莫尔顿指出，要留住优秀讲座教师，剑桥大学联合会必须承认他们大学教师的身份，或者学校督察的身份。没有固定的讲座教师工作人员的运作模式，大学推广就无法实现在全国推广其计划。为使大学推广教学工作向高等教育的完整性方向发展，每一所大学留出一个为期一年的大学教师席位，到期后每年重新选拔。如果大学的毕业生中有一名成为讲座教师，可能会选他为成员。同时，只要他从事这项工作，就有可能年年连任。如果他在任何时候放弃大学推广讲座课程，

---

① H. J. Mackinder, M. Sadler, *University Extension：Has It a Future?* (Frowde, 1890), p. 16.

② H. J. Mackinder, M. Sadler, *University Extension：Has It a Future?* (Frowde, 1890), p. 16.

他的职位则在当年年底被取消。① 这样的计划提供了一个简单、切实可行的解决方案，以确保讲座教师的职位和收入的稳定。

二 推广学生

(一) 推广学生的类别

推广学生包括不同阶层类别的学生。由于地区差异和课程安排的不同，参与推广课程的学生主体有所区别。例如，对诺丁汉参加政治经济学相关课程考试的58名参与者（31名男性，27名女性）的职业状况分析结果显示：31名男性中，学生4名，工匠5名，仓库管理员4名，办事员和店主9名，制造商6名，小学校长1名，未知人士2名；27名女性中，有7名是制造商的女儿，2名是仆人，12名是商人，还有6名是女帽贩卖商。再以英格兰南部为例，如莫尔顿的"英国观众的希腊悲剧"讲座课程，平均下午有210名听众，晚上有120名听众，总计330人。其中约2/3的学生生活条件较好，支付了10先令6便士的课程费用。93名学生支付较低的学费入学，其中私立、初中和高中的教师31名；私人教师23名；小学教师13名；小学生11名；商业雇员10名；工匠4名；家庭佣工1名。② 以上两门课程的参与学生的职业情况显示了推广学生群体的多样性。

大学推广运动的实践运作证实了1872年请愿者向剑桥大学提出的要特别关注三个阶层的群体是恰当的：一是白天有闲暇的女士；二是中产阶级的年轻人、办事员和其他从事商业活动的人；三是工匠。这三类群体是推广学生的主要组成部分。在德比、诺丁汉和莱斯特等大学推广计划的发起城市开设的第一批讲座课程参考上述三类群体的需要，在每个城镇开设三门课程。专为女性设计的讲座在白天进行，另外两门课程在晚上进行。

---

① R. D. Roberts, *Eighteen Years of University Extension* (Cambridge University Press, 1891), p. 129.

② R. D. Roberts, *Eighteen Years of University Extension* (Cambridge University Press, 1891), p. 129.

1. 女性

大学推广倡导把大学推广中心办成广大劳动者的大学。然而，很多人批评把大学推广运动认为是属于中产阶级，尤其是属于女性的。大学推广在女子教育方面采取了行动，推广系统对中上阶层的女性尤其有利。许多讲座课程在下午举行，其中 90% 的观众是有闲暇的女士和年长的女性学生。① 针对女性的课程从一开始就很受欢迎，收取较高费用的日常课程（通常 12 场讲座课程为 1 基尼，即 21 先令）从一开始就有很多人参加，这些课程在出勤率和财务方面总是成功的。

2. 商人与工人

绝大多数在晚上授课的课程，学生主要由商人及其家人或工人组成。人们争论的焦点是面向商人的推广中心太多，而面向工人的推广中心太少。于是，1889 年冬天，哈德森·肖为牛津大学开设的课程的学生几乎都是工人，其中有 450 人来自赫登桥（Hebden Bridge），600 人来自奥尔德姆（Oldham），500 人来自托德莫顿，260 人来自曼彻斯特的安科斯（Ancoats），500 人来自索厄比桥（Sowerby Bridge）。② 其中两个推广中心情况特殊，奥尔德姆和托德莫顿的推广中心完全由工人通过合作社来运营，其财政困难都是通过议会法案规定的合作社专项教育资金解决。每个协会都有数以万计的会员，享受专项资金的优秀学生毕竟只是一小部分，但专项资金的使用仍然有助于帮助工人支付讲座费用。

3. 小学教师

还有一个非常重要的推广学生类别——小学教师。小学教师在很大程度上受益于大学推广制度。由于小学教师所受到的教育影响会通过他们传递给下一代青少年，他们的参与通常被认为是最重要的。因此，允许小学教师享受更低课程票价成为一种惯例。例如，1887 年，在曼彻斯特由麦金德讲授的一门课程上，平均出席的 400 人中，不少于 105 人是小学教师。③

---

① H. J. Mackinder, M. Sadler, *University Extension：Has It a Future?* (Frowde, 1890), p. 36.

② H. J. Mackinder, M. Sadler, *University Extension：Has It a Future?* (Frowde, 1890), p. 38.

③ G. Henderson, Report Upon the University Extension Movement in England (Order of the Philadelphia Society for the Extension of University Teaching, 1890), p. 13.

从讲座的实践来看，参加讲座的学生完全属于一个阶层或类别的情况是罕见的。比如在一个讲座中心举行的一场考试中，获得优秀证书的人中有一名女教师、一名律师、一名水管工和一名铁路通信员。其实，大学推广工作最引人注目和令人满意的特点之一正是它把不同阶层的学生聚集在一起的组织方式。

（二）推广学生的特征

1. 推广学生群体的人口结构特征

推广学生群体的人口结构特征体现在性别分布、年龄分布、职业分布等方面。在地方推广中心白天举行的讲座课程的参与者中，女性比男性多。推广学生的职业来源广泛，涉及商人、职员、工匠和小学教师等。在推广学生中，不同阶层的学生群体对推广讲座表示支持。其中，原计划为青年男子开设的晚间课程是参加人数最多的课程，但参加课程的人员并非原先所预期的阶层。推广学生的身份复杂多样，不仅有女性，还有来自社会各阶层，年龄在学龄以上的人，而18岁至25岁的青年男子通常只占少数。这一点也印证了在大学推广工作中很少有推广学生大部分都是青年人的情况。

另外，请愿者最初设计时未考虑到的人群的出现同样是显著的特点。已过中年的商人和专业人士成为学生群体的重要组成部分。令人惊讶的是老年人的学习热情。老年人参加在该地区设立的大学推广讲座，也从讲座中获益。例如，一个有名的商人带着他的两个女儿去听讲座。课程结束时，他们一起参加考试。事实表明，大学推广教学所具有的自身特点使它适合于满足忙碌人群的需要。所教的科目和教学方法与人们的日常生活产生了切实的联系。

为什么中产阶级的青年人并未像预期的那样完全被大学推广课程吸引？究其原因，主要是青年人白天和黑夜都在忙于工作，把闲暇时间用于认真学习是比较少见的。在学生中，年轻男性所占的比例比年长男性要小。同时，青年人的缺席部分归因于缺乏充分的大学认可。显然，授予大学头衔或大学学位的不明确影响这类学生的选择。

大学推广运动中，在诺森伯兰郡、约克郡和英格兰南部的工匠积极参与大学推广讲座课程。但在其他一些城镇，工人们并非如运动发起人所期盼的那样积极。例如，在谢菲尔德，剪刀工和磨工工会（Scissors-Grinders' Union）被要求为所有从事这一行业的18—21岁的年轻人购买政治经济学讲座的课程门票。在莱斯特，地方推广委员会由于观众稀少而失去信心，决定放弃讲座。但是很多工匠学生努力游说所在行会（Guilds），获得了许多行业社团的支持，并成功呼吁委员会继续推广课程工作，在很大程度上增加了参与课程人数。在诺丁汉，工会成为担保人，并以捐赠支持讲座，而在许多城镇，工业"合作社"为这场运动提供了财政援助。① 虽然个别工人和社团欢迎推广运动并提供支持，但工人们未能如愿成为参与讲座的主流。

因此，英格兰中部城镇的推广工作经验表明，不必为特定群体阶层学生安排特殊的课程。原本特定为年轻人和工匠安排的讲座都不是完全或主要由这类人员参加。但是，参加课程的人员仍然充满热情，为大学推广运动注入了活力。

2. 工匠参与推广讲座面临的困境

在推广运动实践中，一些因素阻碍了该运动在工匠中传播。这些因素超出了大学联合会或讲座教师的能力解决范围。在大学推广运动开展后经过近十年的发展，至19世纪80年代，大学推广运动才在诺森伯兰矿区的工匠中得到显著的推广和传播。该运动在工匠中传播面临的困境主要有以下几个方面。

一是基础教育的缺失。广大劳工缺乏良好的基础教育。对一些学生来说，写作和拼写是一项困难的工作，每周的文章写作更是费力，因此只有受过较好教育的民众才能顺利衔接大学推广讲座课程。二是身体原因。工人白天工作，经常是精疲力竭。晚上还要继续参与课程，显得力不从心。三是时间问题。其中一个重要障碍是经常加班，使得工人们很难定期参加讲座。在所有大型工业中心，大工厂的雇员都经常加班。四是工作轮班。例如，诺丁汉的蕾丝工厂实行的是两班倒的制度，每个人每隔一周都要在晚上工作，因此蕾丝工厂工人不能上固定的课程。在矿

---

① R. D. Roberts, *Eighteen Years of University Extension* (Cambridge University Press, 1891), p. 17.

区轮班工作被认为是一种严重的不便，但是矿工们的热情使他们能够克服这种困难，尽管他们会蒙受一些经济损失。例如，在诺森伯兰郡，有一个年轻的已婚矿工，讲座当天晚上，他提早下班，因此损失了 1 英镑 6 先令工资。同样的情况也发生在其他矿区。如康沃尔的坎伯恩举办了与牛津大学推广计划有关的讲座，但上夜班使人们无法参加，除非在间隔周。尽管如此，最终仍有 2 人获得证书，他们在通宵工作后参加次日晚上的讲座。还有 1 人由于课程在周五晚上进行，不得不在讲座前后一直加班加点工作。可见，工人在大学推广课程面前要克服诸多不利因素，唯有如此，才能最终享有高等教育的机会。

第四节　人事与组织管理

大学推广运动的组织管理涉及人事和组织两个方面，即大学推广运动的相关工作人员和相关组织机构。从整体看，大学推广运动的主要工作人员包括讲座教师、管理人员和地方秘书。在大学推广的组织管理中，最主要涉及的是大学与地方推广中心的组织关系。大学当局与地方推广中心委员会之间的关系是大学推广运动中的一对重要的组织关系。

英国大学推广运动过程中形成了自身独立的一套组织管理体系，自上而下由大学当局及其组建的大学中央委员会负责推动大学推广教学，而地方委员会和地方推广中心具体负责所在区域的大学推广教学工作。大学中央委员会和地方推广中心各司其职，相互协作，以保障大学推广工作的有序进行。在大学中央委员会中，具有代表性的是剑桥大学联合会和牛津大学推广委员会。

英国大学推广运动发展的三大要素涉及大学、地方组织者（Local Organizers）和国家。大学为推广系统提供最好的讲座教师，并以其组织方面的经验指导大学推广教学，关心鼓励推广学生，以明智和公平的考试来检验学生的成果。地方组织者则与各大学协同行动，对地方社区进行深入了解，使大学推广系统适应不同地方的需求。国家则通过承认大学推广教学制度，赋予其应有的尊严，通过财政援助措施，在不干涉其组织管理自由的情况下提高大学推广工作的运作效率。① "人事"和"组织"这两个词代表了大学推广运动中的两个基本要素。大学推广运动的管理涉及人事和组织两个方面，即大学推广运动的相关工作人员和相关组织机构。综合分析大学推广的组织管理体系，进一步分析大学推广运动的组织与管理体系，以了解英国大学推广运动的保障框架。

一 大学推广运动涉及的工作人员

对于大学推广运动的相关工作人员，就其工作组织者和领导人而言，包括大学理事会或中央委员会，以大学副校长为负责人；设置大学联合会或大学推广委员会管理大学推广工作；大学机构的中央秘书，由他们指派讲座教师；地方推广中心委员会的地方秘书；地方委员会的成员；导师制课程的导师；等等。从整体看，大学推广运动的主要工作人员包括讲座教师、管理人员和地方秘书。

（一）讲座教师

如前文所述，讲座教师是大学推广教学课程能否成功的关键因素。讲座教师的任职条件、选拔程序等方面都有相当严格的要求。具有代表性的是"大学推广之父"詹姆斯·斯图尔特。1867 年，他为曼彻斯特、利物浦、谢菲尔德和利兹的女士们开设讲座。最受欢迎的讲座教师是剑桥大学的莫尔顿和牛津大学的哈德森·肖。

（二）管理人员

包括大学主管当局、副校长和大学理事会的常务成员等。讲座教师向他们呼吁考虑大学推广教学的需求和供应问题，以协助将大学教学扩展到大学围墙之外。例如，剑桥大学中央当局任命专门的联合会，由讲座教师斯图尔特担任主席。随着联合会的成立，其主席成为推动运动发展的主要人员。剑桥大学联合会和牛津大学推广委员会及其各自的主席成为发起和掌握整个大学推广事业的掌舵人，是真正意义上的大学所有推广工作的总负责人。因此，联合会或大学推广委员会的主席，以及促

---

① H. J. Mackinder, M. Sadler, *University Extension*, *Past*, *Present*, *and Future* （Cassell, 1891），p. 99.

进大学教学推广的董事会成员，是整个运动中最重要的管理人员，其个人素质和能力、判断力会对运动产生不可忽视的影响。总负责主席凭借其知识、能力和经验，成为讲座教师以及整个讲座教师队伍的代表，指导导师制课程的导师和讲座教师开展工作。

（三）地方秘书

各个地方推广中心委员会的地方秘书是各地方推广中心得以持续运营的决定性因素。拥有一位理想的地方秘书是大学推广运动之幸。可以说，一个工作高效的秘书是地方推广中心的核心和灵魂。任何一个推广中心都可能被效率低下的地方秘书毁掉，而一个优秀的地方秘书几乎可以在困境中吸引与培养学生和支持者。地方秘书要对知识的价值和知识的追求有深刻的认识。同时，地方秘书还要富有传教士般对同胞的爱，激发讲座教师将知识传播到民众中。此外，地方秘书还要具备丰富的常识、耐心和执着，以平易近人的方式熟悉学生。地方秘书要安排好所有的讲座课程，接待讲座教师并帮助讲座教师熟悉当地的情况，记录每次会议并发布公告，同时负责管理图书馆。简而言之，地方秘书是大学中央组织和地方推广中心学生之间的沟通桥梁。

当然，还有其他一些工作人员不容忽视，主要包括：具有一定资历和地位等级的讲座教师，各办事处、暑期集会工作人员，出版社中印刷教学大纲和其他出版物的荣誉助理，编辑或撰写大学推广公告（University Extension Bulletin）的工作人员，等等。[①] 在运动的发展过程中，这些工作人员很少有机会聚集讨论协同行动的计划和目的。但定期重复召开的暑期集会以及偶尔举行的会议，如牛津大学的1887年会议、伦敦大学的1894年大会和剑桥大学1898年的"推广工作25年总结庆祝大会"等，把各类工作人员聚集在一起，协调各方行动形成合力。

二 大学推广的组织结构与管理

英国大学推广运动形成了自身独立的一套组织管理体系。大学推广

---

① W. H. Draper, *University Extension: A Survey of Fifty Years, 1873 - 1923* (Cambridge University Press Archive, 1923), p. 75.

的组织管理体系，自上而下由大学当局及其组建的大学中央委员会、地方委员会和地方推广中心组成。大学中央委员会和地方推广中心分工合作，确保大学推广工作的有序开展。在大学中央委员会中，最具典型性的是剑桥大学联合会和牛津大学推广委员会。

（一）大学推广组织的特征要素

大学推广组织结构包括以下特征要素。[①]

一是由大学理事会或其他委员会代表的"大学"。大学是占据整个教育领域最高层次的教育机构，最具能力管理知识的教学。大学推广不仅仅意味着扩大"大学"作为一个教育机构的范围。作为教育机构的大学，既要关注创造知识，又要关注传播知识。

二是拥有总部办公室和工作人员的大学联合会或委员会（The Syndicate or Delegacy）或其他执行机构。联合会或委员会具有执行委员会的性质，负责特定的大学推广教学工作。

三是讲座教师和导师制课程的导师。讲座教师和导师作为大学与民众之间的直接联系点，是组织重要的构成要素。针对讲座教师、导师制课程的导师的工作要点，通过包括建立讲座教师管理级别，或是设置专门职位（Fellowships），留住经验丰富的讲座教师。同时，培养年轻教师从事推广工作。

四是大学毕业文凭证书考试制度——"通过"或"优秀"。考试制度和授予证书或文凭成为大学推广组织构成的一部分，引发了许多争论和不同意见。推广学生分为两个类别：第一，参加讲座但不想获得证书或文凭的学生；第二，寻求获得证书或文凭的学生，以在职业生涯中有所作为。不同的是，学生需要首先获得证书才有资格被授予需满足大学短期居住条件的学位。伦敦大学建立了"人文学科文凭课程学习计划"（Scheme of Studies for Diplomas in the Humanities），全部课程通常跨度四年。除了定期参加讲座和课程外，学生还需要进行独立阅读，向讲座教师提交正式的文章作品，并通过会期考试。在这四年结束时，对所学整

[①]　W. H. Draper, *University Extension: A Survey of Fifty Years, 1873 – 1923* (Cambridge University Press Archive, 1923), p. 76.

体课程进行最终考试。为了获得文凭资格，学生必须达到最终考试的标准，即不低于会期考试中的荣誉证书要求。达标的学生在学位授予日（Presentation Day）由大学校长授予学位。

五是大学出版社。大学出版社协助印刷讲座教学大纲和其他必要出版物，是对推广运动的强有力支持，尤其是与教学大纲、考试、暑期集会以及联合会的运作有关的所有工作。

六是地方委员会和秘书制度、地区协会和联合会（District Associations and Federations）。地方委员会和秘书负责组建地方推广中心的所有工作，包括课程的安排、创建和维持学生协会，并与大学秘书长保持必要的业务来往。

七是联合委员会（Joint Committees）。联合委员会由导师制课程组织、大学和工人教育协会代表组成。导师制课程组织由导师、地方秘书和地区秘书组成。

八是导师制课程的中央联合咨询委员会。1923年，曼彻斯特大学副校长亨利·迈尔斯（Henry Miers）担任中央联合咨询委员会主席，委员会成员包括来自每一所英格兰和威尔士大学的两三名代表、由大学和工人教育协会代表组成的联合委员会的一名成员、工人教育协会的两名代表和一名教育委员会的咨询成员，以及由委员会指派的其他成员。

九是地方推广中心的学生协会。学生协会在召开会议讨论课程主题方面做了宝贵的工作，有时甚至在整个暑期举行会议。

十是地方秘书联盟（Local Secretaries' Unions）。地方秘书联盟通常在暑期集会上从地方委员会的角度讨论推广运动的工作，并交流不同地方推广中心的经验。

十一是每所大学的讲座教师联盟（Lecturers' Unions）。讲座教师联盟不时举行会议，从讲座教师视角出发考虑大学推广工作，随后提交报告给联合会或委员会。

十二是专题会议（Conference）。组织机构不时举行由大学代表与其他利益相关者参加的专题会议讨论大学推广工作。专题会议回顾过去所做的努力，提出未来的新方法和新方式。会议形成的报告是了解推广运动进展的重要文献之一。

此外，大学推广工作的组织特征要素清单并未单独提及安排暑期集会的重要工作。暑期集会是由剑桥大学联合会或牛津大学推广委员会组织完成的，为推广学生提供了到大学环境中与大学教师面对面交流的机会。

（二）大学推广的地区组织与媒介

以剑桥大学的地方组织为例。在剑桥大学的大学推广规章制度中，有几个地区组织和媒介发挥着重要作用。①

一是地方委员会。由地方任一社区的公民代表组成，确保参与讲座的观众数量和讲座的入场票收入，以满足地方委员会的相关开支费用。

二是大学推广协会。大学推广协会的组织原则是确保年度捐赠。这一方法的最大优势是确保有稳定的资金来源开展推广工作。

三是学生协会。学生协会的目标是帮助讲座教师达到最佳教学效果。学生协会成员广泛宣传，确保讲座门票全部售出。学生协会举行会议，协助召集常规讲座，努力达成教育俱乐部成员的目的和意图。

四是图书馆。大学提供流动图书馆，里面包含了课程所要求的课本和参考书。书籍都是免费借出，除了支付来回的运费和丢失或损坏书本的相关费用。

五是大学推广图书联盟（University Extension Book Union）。由多个推广中心组成的联盟，其目的是促进各推广中心之间图书的交换，并支持组建当地图书馆。

六是剑桥地方推广中心联盟（The Cambridge Local Centres' Union）。地方推广中心联盟的建立促进了不同地区中心之间的观点交流和协商合作，帮助协调联盟本身或联盟与其他类型机构之间合作的共同行动，以实现大学推广工作的最大利益。

七是大学推广公告。大学推广公告在伦敦大学、牛津大学和剑桥大学推广当局的支持下每年出版三期，为校方消息发布提供了媒介。除了这些机构和媒介之外，还有牛津大学和剑桥大学的暑期集会也是重要组织形式和传播媒介。

---

① A. E. Ottewell, The University Extension Movement（Master's Thesis, University of Alberta, 1915），pp. 22 – 23.

（三） 大学推广的组织管理体系

1. 典型的大学中央管理机构

英国四个最具代表性的大学推广机构分别是牛津大学、剑桥大学、伦敦协会和维多利亚大学。在牛津大学，管理当局是一个由地方考试委员会任命的委员会。牛津大学通过全体教师或大学理事会选举产生大学推广委员会。在剑桥大学，管理机构是地方考试与讲座联合会（Local Examinations and Lectures Syndicate，简称"联合会"），由剑桥大学校务委员会选举产生。伦敦协会则由一个委员会管理，该委员会在教育事务上由一个联合委员会协助和监督。联合委员会由牛津、剑桥和伦敦大学的各三名代表组成。维多利亚大学则是通过学习总务委员会（The General Board of Studies of the Victoria University）成立的地方讲座中心委员会（Committee for Local Lectures）管理大学推广教学事务。这四个机构都把具体的管理工作委托给委员会主席负责。在牛津大学、剑桥大学和伦敦大学，委员会主席负责管理办公室和职员。委员会设置中央办公室，其主要功能是为地方推广中心提供合格的讲座教师和考评员。

以上四个典型的大学中央机构在大学推广工作方面存在竞争。在大都会邮政区（Metropolitan Postal District），伦敦协会拥有垄断地位。在伦敦周边，从整体来看，牛津大学和剑桥大学是竞争对手，双方都不希望取代对方，但都愿意去往任何需要它们服务的城镇。许多城镇的讲座教师有时从牛津大学邀请，有时从剑桥大学邀请。剑桥大学附属的地方推广中心的讲座教师任期为三年至四年。在利物浦、曼彻斯特和利兹等城市及其周边，老牌大学的第三家竞争对手是维多利亚大学。维多利亚大学因其区位优势而受到自然保护，但没有形成垄断。在达勒姆和诺森伯兰，剑桥大学与达勒姆大学联合办学。关于大学中央机构的竞争问题，有各种观点。有人认为，这不利于工作标准的目标实现；也有人认为，竞争激励讲座教师增强团队精神，对运动的发展做出了巨大的贡献。这四个大学当局各有一名负责讲座教师工作的专职人员。一些名字出现在两个不同机构的专职工作人员名单上，而伦敦协会让牛津大学和剑桥大学的专职工作人员都成为其实际会员。因此，伦敦的推广中心可以通过伦敦办事处向英国所有讲座教师提供就业机会。

大学推广中央机构通过大学推广委员会、董事会、独立社团、代表委员会等专门机构进行管理，或是大学成立专门的大学推广部或大学推广学院进行管理，即大学推广成为大学工作的一部分。① 在英国最为常见的管理方法是通过专门的大学推广委员会和独立社团管理。如在牛津大学，大学推广工作由 21 名成员组成的大学推广委员会管理，其中 6 名代表是讲座教师。在剑桥大学，大学推广工作则由 18 名成员组成的联合会管理。其中 2 名成员是讲座教师，同时他们在联合会的"讲座分委员会"（the Lectures Committee of Syndicate）中占有席位，负责审议与地方推广讲座有关的问题，并向联合会报告相关情况。在维多利亚大学，则由 14 人组成的一个学习总务委员会负责，其中 11 人是讲座教师。伦敦协会主要是通过独立社团进行管理。伦敦协会的委员会有 34 名成员，其中 12 名代表大学机构，3 名是地方秘书。与委员会并列的还有一个大学联合委员会，由牛津大学、剑桥大学和伦敦大学各指派的三名代表组成。

2. 大学中央管理机构的职能

中央管理机构的主要职能是促进大学推广工作的发展，向地方推广中心提供合格的讲座教师和教学大纲等在内的材料或设备，设计带有期末考试的课程，并向符合规定学术条件的学生颁发证书。②

大学中央办公室的职责是向地方推广中心提供讲座教师和考评员，以及向缺乏实际工作经验的地方推广中心提供建议。中央办公室最理想的组织者要熟悉国家不同地区的需要和情况，熟悉什么样的教师适合不同的情况，能适时调整机构来满足新的需求。大学推广课程的学年时间是从每年 9 月到次年 4 月，按圣诞节分为两部分，但更多是在冬季开设。因此，中央办公室最为繁忙的时间是晚春和初夏。每年 3 月份，中央办公室分发一份材料到每一个推广中心，包括讲座教师名单、学科清单以及申请表格。地方中心秘书在申请表上按顺序推荐来年秋季和春季讲座教师的第一、第二和第三人选。秘书根据地方推广中心的要求选择讲座

① J. E. Russell, "The Extension of University Teaching in England and America: A Study in Practical Pedagogics," Ph. D. diss., University of Leipsic, 1895, pp. 48 – 62.

② J. E. Russell, "The Extension of University Teaching in England and America: A Study in Practical Pedagogics," Ph. D. diss., University of Leipsic, 1895, pp. 48 – 62.

教师。推荐排名第一的人一般优先考虑选择年资较长的教师。以此类推，推荐排名第二、第三的人选。申请表在 4 月前送回大学。然而，总有地方推广中心想要一个特定的讲座教师而拒绝任何其他讲座教师。经过多次协商，一般在 7 月，冬季的讲座教师名单才得以最终确定。① 新成立的地方推广中心一般聘请经验尚浅的讲座教师或者有空档期的讲座教师。

大学中央机构对大学推广系统最重要的贡献是提供讲座教师。地方组织者提供学生观众，大学中央组织者（Central Organizers）提供讲座教师。大学推广系统最需要的是培养合格教师，而讲座教师来源于大学。大学履行传统的双重职能——学术研究和教师教育。在教师教育方面，大学的任务是找到并培养有天赋、有知识、有意向担任大学推广讲座教师的人选。

大学在公众心目中的崇高地位让越来越多的学生对大学产生热情。大学在暑期集会期间所提供的宝贵经历，深刻影响了学生。另外，大学提供考试形式。在每门课程结束时，大学审计讲座教师的绩效。考评员对参加考试的学生成绩进行评估，形成的报告认可了讲座教授的评语，证明了大学推广系统的教育彻底性。

大学中央办公室通过出版物、小册子、期刊、月报等媒介，对其工作情况和工作方法进行说明和宣传。例如，1890 年 2 月，伦敦协会出版月刊《大学推广杂志》。同年 8 月，牛津大学出版《牛津大学推广公报》（*Oxford University Extension Gazette*）。此外，还有一些地方报纸用于传播大学推广的新闻与相关工作。

3. 大学中央机构与地方推广中心的组织关系

大学推广的组织管理中，最主要涉及的是大学与地方推广中心的组织关系。大学当局与地方推广中心委员会之间的关系是大学推广运动中一对重要的组织关系。以苏格兰地区的格拉斯哥大学为例，格拉斯哥大学董事会的监管与地方推广中心自主权之间的权衡体现如下。

第一，地方委员会对大学董事会负责，监管地方推广中心所有相关开支。开支费用分为两类：一是必须上交大学中央委员会的费用，包括

---

① H. J. Mackinder, M. Sadler, *University Extension: Has It a Future?* (Frowde, 1890), p. 15.

委员会的课程法定费用；讲座教师差旅费用；打印推广课程教学大纲相关费用的一半。二是地方推广中心委员会必须承担的费用，包括演讲厅租金；供暖和照明；当地印刷费用，如门票、手工票据等；地方秘书的支出，如邮资等。①

　　第二，地方委员会负责向大学董事会提供当地管理的所有细节。地方委员会和大学组织者之间维持友好关系至关重要。两者关系温和亲切，有利于推广运动的发展。涉及讲座的主题、时间和地点安排时，掌握当地情况的地方秘书能成功应对。与财务或所需讲座教师类型有关的事务，中央委员会管理人员的广泛经验则显得尤为重要。大学董事会努力满足地区中心的特殊要求，采取特殊措施提高课程教育的效果。1895 年格拉斯哥大学推广委员会的地区中心课程开设数量如表 3－2 所示，各中心的课程数量相差较大。

表 3－2　1895 年格拉斯哥大学推广委员会的地区中心课程开设数量统计

地区中心	课程数量（门）	地区中心	课程数量（门）
阿德罗森（Ardrossan）	1	兰芝（Lenzie）	2
埃尔（Ayr）	6	莫法特（Moffat）	6
博斯韦尔（Bothwell）	3	佩斯里（Paisley）	13
堰桥（Bridge of Weir）	2	珀斯（Perth）	2
坎贝尔敦（Campbeltown）	1	斯特灵（Stirling）	2
登巴顿（Dumbarton）	2	机械工人学院，卡尔顿区（Mechanics' Institute，Calton）	2
敦夫里斯（Dumfries）	3	保罗实德（Pollokshields）	3
格陵诺克（Greenock）	10	玛格丽特女王学院（Queen Margaret College）	5
汉密尔顿（Hamilton）	4	格拉斯哥大学（Glasgow University）	3
海伦斯堡（Helensburgh）	6	共计	76

　　资料来源：R. M. Wenley，*The University Extension Movement in Scotland*（the University Press by Robert MacLehose & Company，1895），p. 54。

　　可见，地区推广中心开设课程的数量与地方委员会和大学组织者之间的关系存在关联性。地方委员会通过与大学管理层之间保持沟通，保

---

① R. M. Wenley，*The University Extension Movement in Scotland*（the University Press by Robert MacLehose & Company，1895），p. 13。

证推广中心相关安排的成功。特别是新成立的推广中心，举行当地组织者的会议时，大学中央委员会的一名成员出席并参与讨论所有细节，满足特定需求，为地方委员会提供经验支持显得尤为重要。

第五节　运营经费管理

大学推广运动的运营经费管理问题影响着运动的发展和延续。运营经费是大学推广中心运作过程中难以回避的问题，制约着大学推广讲座课程的数量和安排。英国大学推广运动的运营经费问题自始至终都影响着运动的发展。大学推广的运营经费主要来源于三大方面：一是讲座费用与个人捐赠（Private Munificence），二是大学和学院的资金援助，三是国家拨款。大学推广运营经费的开支包括大学中央机构和地方推广中心的相关费用，涉及支付给讲座教师的费用、差旅费用，以及打印教学大纲、批阅学生论文、租用幻灯机、场地租赁和教材印制等费用。如何获取更多运营经费，减少内部开支，是摆在地方推广中心面前的一项重要工作。

一　大学推广讲座课程的运营费用

大学推广讲座课程的费用对讲座教师和地方推广中心都至关重要。斯图尔特在开设讲座时并未向克鲁郡的讲座收费。但是，英格兰北部女子高等教育促进协会为讲座支付 200 英镑给斯图尔特。英格兰北部女子高等教育促进协会的课程是斯图尔特在大学以外获得酬劳的唯一课程。[1] 这是斯图尔特关于大学推广讲座课程费用的记录，而这一费用仅涉及支付给讲座教师的费用。

大学推广讲座课程的运营费用主要分为三大类：一是应支付推广中央管理机构的费用，包括支付给讲座教师的费用以及打印教学大纲、考试、证书等费用。二是讲座教师的差旅费、流动图书馆及演示仪器的租

---

① J. Stuart, H. Colman, Caroline, *Reminiscences by James Stuart* (London: Printed for Private Circulation at the Chiswick press, 1911), pp. 153 – 183.

借费。三是地方推广中心的场地费、教室的租金、印刷和广告费用等。[①]

大学推广的全部费用，除了推广中心秘书的工资和办公室的开支外，都由举办讲座的地方推广中心承担。牛津大学一门 12 场讲座课程的运营费用是 42 英镑 12 先令。讲座教师收到的费用较高。推广中心向牛津大学推广委员会支付的费用因所聘讲座教师的等级不同而各不相同。一门 12 场讲座课程的费用是：正式教师担任讲座教师 54 英镑 12 先令，A 级讲座教师 42 英镑 12 先令，B 级讲座教师 25 英镑 15 先令。[②] 同一天在同一中心举行两场讲座的费用有所降低。由 5 个邻近的中心组成的联合小组雇用一名 A 级或一名 B 级讲座教师的费用则进一步降低。所列费用包括讲座外的讨论课、修改不超过 30 份书面作业、流动图书馆（35—50 册）、100 份教学大纲的印刷副本、21 名考生的考试、提供证书或印刷名单，以及特别奖。这些费用不包括由中心负担的讲座教师差旅费，也不包括地方委员会在当地的开支。

剑桥大学联合会规定一门 12 场讲座课程的教师费用标准是：教职讲座教师（Staff Lecturers），50 英镑；正式讲座教师（Regular Lecturers），45 英镑；初级讲座教师（Junior Lecturers），35 英镑。讲座教师在晚上重复白天的课程时，费用则是正常费用的 1.5 倍。6 场讲座课程的短期课程费用约为 25 英镑。差旅费和场地租借费等费用由于推广中心的级别、与中心的距离等差异很大。剑桥大学和牛津大学有关的推广中心的长期课程吸取 60—70 英镑的总运营费用并非不合理。伦敦大学、维多利亚大学和苏格兰大学的大学推广课程运营费用大约便宜 10 英镑。[③]

二　大学推广运营经费的来源

大学推广的大学中央办公室和地方组织者都需要资金。大学组织者

① J. E. Russell, "The Extension of University Teaching in England and America: A Study in Practical Pedagogics," Ph. D. diss., University of Leipsic, 1895, pp. 48 – 62.

② H. Frowde, *Oxford and Working-Class Education: Being the Report of a Joint Committee of University and Working-Class Representatives on the Relation of the University to the Higher Education of Workpeople* (Clarendon Press, 1909), pp. 32 – 40.

③ J. E. Russell, "The Extension of University Teaching in England and America: A Study in Practical Pedagogics," Ph. D. diss., University of Leipsic, 1895, pp. 48 – 62.

收取推广学生一定的课程费用。学生数量多的推广中心，每门课程收取 1
先令；学生数量少的推广中心，则收取稍高的课程费用。在许多小型城
镇，尤其是由工人组成的地区，由于学费问题，无法组织大学推广教学。
对于工人来说，即使是 1 先令的讲座费用也是昂贵的。因此，地方推广
中心的推广者在一定程度上依赖于私人慈善捐赠。

　　大学推广中心运营经费对私人捐赠的依赖是许多课程未能按教育顺
序安排的根本原因。推广中心在安排民众的普通推广课程之外，还要针
对不同群体学生开设专门课程。许多地方委员会没有明确地安排三年的
学习课程，而是避开课程顺序，要么从历史跳到文学，要么从科学跳到
政治经济学，要么先学习一定时间的历史，然后学文学，接着学经济学
等。从某种意义来说，大学推广制度的一个不足就是大部分推广中心无
法把全部精力放在按照教育顺序安排课程上。当然也有许多例外。剑桥
大学附属的推广中心开设了三年到四年的系统学习课程，包括 6 场完整
的艺术或科学课程讲座，以及 2 门从互补组中抽取的完整课程。[①] 牛津大
学和伦敦大学的许多推广中心都为排序问题产生了争论。地方委员会需
要资金的事项还包括地方委员会秘书要求配备文书助理的相关费用，日
常维护一间办公室的费用，以及用于教育目的的建筑或在公共图书馆中
选取部分空间作为教学用途的费用。

　　大学推广总部（Head Quarters）同样需要资金。与地方推广中心相
比，大学推广总部的资金需求较少。但是，聘请讲座教授要有固定的薪
酬。从事其他固定薪水的职业必然会诱使讲座教师放弃薪酬完全没有保
证的这份职业。大学中央机构当局没有充足资金进行大学推广工作，因
此要求各地方委员会对大学推广讲座的全部费用负责。对于传统大学来
说，一门包含 12 场讲座和讨论课的单一课程总费用是 40—45 英镑。伦敦
大学、维多利亚大学和苏格兰大学的相当课程费用少 10 英镑左右。一门
课程的总费用包括地方推广中心大厅租赁费用、材料印刷费用、广告费

---

① 　H. J. Mackinder, M. Sadler, *University Extension：Has It a Future？* (Frowde, 1890), p. 104.

用等，总额达到 60—70 英镑，这些费用由地方委员会提供。[①] 课程的平均成本是 70 英镑，300 名观众每个人若支付 5 先令则可以满足支付全部费用。因此，除了某种形式的补贴之外，财务情况往往与民众参与数量有关。如果参与人数够多，这些收入足以支付所有的费用，财务困难状况就不会出现。

总体而言，各个地方推广中心的运营经费规模不大，但英国数百个城镇的运营经费的总体需求量则是惊人的。地方推广中心运营经费主要来源于讲座费用与个人捐赠，或大学和学院的资金援助，或国家拨款。

（一）讲座费用与个人捐赠

地方委员会的收入主要取决于学生的学费。一方面，地方推广中心必须根据具体情况进行学费定价。有些推广中心向参与 12 场讲座课程的学生收取 21 先令，招收不超过 40 个成员。一些推广中心则收取 7 先令 6 便士、5 先令甚至是 2 先令 6 便士，学生总体人数从 80 人、120 人到 250 人不等，但是收取的费用很难满足推广中心的经费需求。[②] 另一方面，学费收费标准需根据不同地区的具体情况和要求决定。如果费用必须保持低水平，地方委员会的收益则通过组建具有固定价格的常规会员资格的推广协会（Extension Association）来补充。

此外，慈善人士的慷慨解囊帮助了大学推广的地方委员会和中央组织。一些人在剑桥大学设置了永久基金，一些人为牛津大学推广委员会建立的讲座教授额外酬劳的基金提供了数目可观的资金和捐赠金。同时，慈善人士也向流动图书馆赠送书籍。伦敦协会也有一份相当可观的捐赠清单，其中 1889 年有四家伦敦金融公司参与捐赠。例如，吉尔克里斯特信托基金于 1889 年向伦敦协会捐赠 200 英镑，以推动大学推广课程的开设。但是，总体来看，个人的慷慨捐赠仍难以满足大学推广运动的资金需求。

（二）大学和学院的资金援助

大学和学院在推广工作的费用方面做出了贡献。同时大学提供了秘

---

① R. D. Roberts, *Eighteen Years of University Extension* （Cambridge University Press, 1891）, p. 53.

② R. M. Wenley, *The University Extension Movement in Scotland* （the University Press by Robert MacLehose & Company, 1895）, p. 15.

书长、职员和办公室。一些评论家认为大学在大学推广工作方面应该做得更多。然而，也有人指出，作为一种教育机构，应当考虑到面对资金要求时，大学是贫穷的。例如，1887 年，剑桥大学联合会主席就曾指出剑桥大学缺钱。同年，牛津大学副校长发表了类似的声明，认为牛津大学并不是一个富裕的教育机构。大学公布的账目证实了这些说法。大学的很多收入都有固定使用需求。大学推广工作需要更多来自大学或学院的资金援助。在财务和管理方面，各学院在很大程度上与大学是分离的。但是，有些学院为大学推广工作提供经济资助。大学和学院是全国性的机构，都从推广运动中获益，尤其是一些学院认为大学推广工作是毕业生就业的一种选择方式。

（三）国家拨款

推广中心的第三个经费来源是国家拨款。经过长足的发展，不同的国家政府表现出越发关注教育问题的态势。由于大学是传统的知识拥有者，更是吸引了政府的注意。政府掌握权力，通过以财政资金为代表的控制权力影响大学。大学有必要关注政府行动，与政府建立联系。

给予大学教育公正的国家援助是政府重视教育的必然结果。英国议会每年不仅投给小学 300 万英镑，而且每年向高等教育拨款。科学与技艺局（The Science and Art Department）收到近 50 万英镑，小学教师培训学院收到的费用超过 10 万英镑，伦敦大学收到将近 1.5 万英镑，英格兰的地方学院收到超过 1.5 万英镑。[①] 伦敦大学是一个考试机构，小学教师培训学院只对特定职业的学生开放，科学与技艺局只教授那些为工业服务的科目。地方学院得到帮助是为了更好地履行"大学学院"这一称号所赋予的职责，也就是说，它们首先提供高等普通教育。这些学院坐落在人口众多的几个中心，通过举办夜校来履行义务，为民众服务。无论是从学生的社会地位，还是从授课的性质来看，这些夜校课程在性质上与大学推广系统相似。

地方学院是从教育推广的一般性运动中产生的。不少地方学院的教学仍由讲座教师完成，也有一些教授接受过推广方面的培训。但是，地

---

① H. J. Mackinder, M. Sadler, *University Extension: Has It a Future?* (Frowde, 1890), p. 112.

方学院只在大型城镇开设推广教学。例如，因推广讲座课程而建立的诺丁汉大学学院已经超越了推广课程本身的意义。地方学院是大学推广体系所采用的特殊形式，能够把大学教学带到人们无法享有教学的地方。全体纳税人都为地方学院的维护做出了贡献，但仍只有一部分人能够进入地方学院。如果没有财政部的拨款，像谢菲尔德、诺丁汉和布里斯托尔这样的大城镇是否还能继续开办地方学院值得怀疑。可以说，大学推广系统是由较小的城镇和偏远的较大地区合作建成的一所大学学院。就大学推广服务的对象和提供服务的教师来说，有理由要求政府向大学推广工作提供公正的援助。

　　国家援助大学推广工作有利有弊。一方面，国家提供援助对整个社会是有利的。所有的公民都应富有智慧，这是社会每一个成员的根本利益。大多数国家，如法国、德国、瑞士、美国，都主要依靠政府的资金资助高等教育。英国也不例外。另一方面，国家援助大学推广工作存在风险。对大学推广进行国家援助，可能导致其丧失组织弹性，有僵化教学方法的风险，官僚主义也可能导致不作为。国家资助大学推广计划必须防止中央集权和大学机构的千篇一律。国家援助有两种方式，可以是中央式的（Centrally），也可以是地方式的（Locally）。国家援助可以是中央式的，大学推广与接受议会拨款的地方学院的法律地位相同，有权享受与地方学院相同的待遇。地方学院的工作在很大程度上是推广工作，它们有相同的起源，是同一类群体的工作，而且往往是同一类人从事的工作。也可以是地方式的，通过当地提供援助。郡议会可以考虑从交给国家的资金中拨出一部分资金。大学推广的经费可由郡议会酌情决定。这种方案消除了中央集权和官僚主义的风险，克服了分配和审查的实际困难。

　　在面对国家接管和维持高等教育计划时，要确保国家提供援助的同时不会消除对地方委员会努力的激励，也不会妨碍私人慷慨解囊。鉴于此，在各推广中心之间分配资金的方法与地方学院的做法类似。这笔资金委托给由政府指定的中央委员会，再由中央委员会分配给地方推广中心。即全国大学推广援助资金拨款委员会（National Committee for obtaining a Grant in aid of University Extension），由来自牛津推广中心的 9 位代表和来自剑桥推广中心的 7 位代表组成。荣誉秘书是约克郡伊尔克利的斯诺登（Snowden）小姐和埃克塞特的麦坎（H. Macan）先生。委员会主要的工作是协调对推广工作感兴趣的民众、议员和其他在政治上有影响力的人并形成意见。分配给每个推广中心的资金数目主要根据该地区人口的情况、当地的捐赠量、学生人数以及所做工作的特点和卓越程度。

三　大学推广机构的经费开支

英国大学推广运动在很大程度上是自给自足的。入学费用、课程入场券和地方捐赠同步实施，大部分费用用于支付讲座教师的费用。地方委员会当局借助私人捐赠或者大学给予的常规款项实现资金平衡。从单一讲座课程成本来看，开展大学推广工作的费用不是很高。例如，剑桥大学公布的讲座课程成本可以说明相关问题：6 场讲座的课程成本是 20—36 英镑，12 场讲座的课程成本是 34—56 英镑。① 这些费用包含支付给讲座教师的费用、差旅费用以及打印教学大纲、批阅学生论文、租用幻灯机和教材等的费用。

（一）中央主要机构的开支

由于大学推广组织运营经费的特殊性，以及费用统计的方式有所区别，不同组织之间的相关费用统计结果有所差异。同时，鉴于经费的敏感性，获取完整、连续的年度费用统计数据存在一定的难度。由于条件所限，只能通过已有代表机构的年度统计数据管窥英国大学推广运动中的中央主要机构费用开支情况。例如，1893 年 11 月 18 日，伦敦协会的年度报告显示，进账为 5400 英镑 18 先令 10 便士，其中 3661 英镑 2 先令 8 便士来自地方推广中心，其余部分由捐款和公共机构的拨款组成。与讲座教师、考试、证书等有关的费用共计 4268 英镑 8 先令 8 便士；管理等费用为 1008 英镑 2 先令 5 便士；杂项费用为 123 英镑 12 先令。这比 1892 年增加了约 350 英镑的收入，支付给讲座教师的费用也增加了 500 英镑。

---

① A. E. Ottewell, The University Extension Movement（Master's Thesis, University of Alberta, 1915）, p. 24.

1892—1893 年，伦敦协会开设了 16 门短期课程和 120 门长期课程，剑桥大学开设了 78 门短期课程和 155 门长期课程，牛津大学开设了 151 门短期课程和 87 门长期课程。[①] 与牛津大学和剑桥大学的费用相比，伦敦协会的费用数字要小得多，两所大学的开支比伦敦协会多 1/3 至 1/2。

牛津大学推广委员会主席萨德勒和雷丁大学推广学院（University Extension College at Reading）院长麦金德对大学中央总部的费用进行了专门研究。他们指出大学中央总部需要大约 3000 英镑用于建造一幢大楼，其中包括两间演讲厅，一间是为大量听众设计的，另一间是为小班授课学生设计的；一个学生参考书图书馆；一个实验室；一间地方推广中心秘书的办公室和一间门卫室。另外，支出 500 英镑为学生图书馆提供核心设施，并为实验室和演讲室配备教育装备。每年 600 英镑的开支按比例支付所有巡回讲座教师的教学费用，以及地方秘书的办事员和管理员。[②] 证据表明，无论是大学还是独立的协会，都必须具有丰厚的资金基础才能承受高昂的管理费用。

（二）地方推广委员会的开支

地方推广委员会的支出分为两个方面：一是向大学中央委员会缴纳的费用、讲座教师和教学大纲的费用。例如，格拉斯哥大学委员会向地方推广委员会收取三种不同的费用：12 场讲座课程，32 英镑；6 场讲座课程，16 英镑 10 先令；双课程，即在下午及当天晚上重复的课程，在原有基础上再加上一半，例如，对于重复的 12 场讲座课程，费用为 48 英镑，6 场讲座课程则是 24 英镑 15 先令。地方推广委员会应向大学中央委员会缴纳的其他费用，如讲座教师和课程教学大纲的平均费用：12 场讲座课程是 4 英镑 3 先令，6 场讲座课程是 2 英镑 17 先令。二是地方管理费用。根据几个典型推广中心的经验，平均地方管理费用如下：12 场讲座课程是 4 英镑 14 先令 6 便士，6 场讲座课程是 2 英镑 18 先令。因此，一个地方推广中心的总平均支出为：12 场讲座课程 40 英镑 17 先令 6 便

① J. E. Russell, "The Extension of University Teaching in England and America: A Study in Practical Pedagogics," Ph. D. diss. , University of Leipsic, 1895, pp. 48 – 62.

② J. E. Russell, "The Extension of University Teaching in England and America: A Study in Practical Pedagogics," Ph. D. diss. , University of Leipsic, 1895, pp. 48 – 62.

士，6 场讲座课程 22 英镑 5 先令。①

（三）减少费用开支的方法

地方组织和中央组织都需要资金，其来源包括学生的门票费用和私人捐赠。但是，私人捐赠无法持续。可以说，个人捐赠或国家援助，依然是杯水车薪。然而，通过提高门票费用来增加收入，容易把最想受益的那部分群体阻挡在大学推广课程之外。因此，如果私人的慷慨捐赠未能提供必要的资金，那么每年的费用应由学生、市政府和地方推广中心管理机构分摊。组织者转而寻求组织巡回讲座、组建地区协会等更实际的方法减少开支。

1. 巡回讲座

讲座教师的相关费用占据了推广工作运作费用的半壁江山。降低讲座教师的相关费用，推广工作的运作费用开支自然就会减少。有两个因素共同导致了教师费用比例偏高：第一，讲座教师前往一个单一推广中心的差旅费用高；第二，完全依赖大学推广工作获得收入的讲座教师必然要求有可以保证长期雇用需要的更高费用。第一个困难可以通过几个彼此相邻的推广中心连续几天邀请同一个讲座教师讲课的方式解决。这种巡回演讲计划包括若干个城镇，从而把各推广中心共同承担的教师额外费用降到最低。组织者把拥有便利铁路连接的城镇组织成巡回讲座线路，符合推广中心的最大利益，确保课程费用降低。对讲座教师来说，确保其长期雇用是一个比较困难的问题。这一困难可通过大学中央机构提供固定的薪酬收入，并逐步提高教师收入的方式加以解决。

2. 地区协会

英国大学推广工作经验的实践结果倾向于把某一地区或郡县的所有推广中心联合组织起来，由一名秘书负责全部事务。例如，伦敦协会实际上是一个依赖于大学的地区协会典型。斯图尔特就曾预言一种联盟中心制度的产生，不仅会雇用常任秘书长或者校长，也聚集了一群优秀的巡回讲座教师。1891 年，英国有四个类似的地方推广中心联盟，后来又

---

① R. M. Wenley, *The University Extension Movement in Scotland* (the University Press by Robert MacLehose & Company, 1895), p. 14.

增加了其他协会联盟。最为重要的是，地区协会的秘书必须是一名有固定薪水的推广讲座教师，可以把全部时间投入所在地区的组织工作和教学工作中。

由上可见，英国大学推广运动的实践运作过程中，涉及课程、教学、师生、人事与组织管理以及运营经费管理等方面的要素。推广课程涵盖理论知识，同时注重实践应用，以吸引并满足社会民众的学习需求。课程教学安排和形式多样，具有灵活性。师生是英国大学推广运动的主要参与者、见证者和推动者。人事与组织、运营经费是确保英国大学推广运动顺利进行的重要保障和重要因素。因此，通过对这些要素的描述和分析，可以廓清英国大学推广运动的实践运作图景，有助于理解该运动的运行机制。

第四章 英国大学推广运动的
时代价值

英国大学推广的探索始于19世纪40年代，于19世纪五六十年代起受到关注。1867年，斯图尔特为英格兰北部的女性开设推广讲座，由此，大学推广的实践开始大范围实施。剑桥大学率先于1873年正式宣布开设大学推广讲座。随后，1876年伦敦协会成立。牛津大学也于1878年加入了大学推广的行列。经历了19世纪80年代初期的调整，19世纪80年代后期至90年代的大学推广运动发展达到了高潮。19世纪80年代中后期，大学推广运动传播到美国、加拿大、澳大利亚和欧洲大陆等国家和地区。英国大学推广运动的重要组织形式——暑期集会的理念源于美国的肖托夸运动，而后又对美国的大学推广运动产生重要影响。英国大学推广理念传入美国，经过芝加哥大学、威斯康星大学、康奈尔大学等大学的推广实践，最终确立了大学的社会服务职能。英国大学推广运动对国际范围的高等教育领域产生了深远影响，成为一项具有国际影响力的高等教育革新运动。

第一节 大学推广运动的传播与影响

19世纪70年代，英国大学推广运动正式开始，剑桥大学、牛津大学、伦敦协会等组织在大学推广运动发展的过程中发挥着主力军的作用。19世纪80年代中后期，大学推广运动传播到美国、加拿大、澳大利亚和欧洲大陆等国家和地区。英国大学推广运动的主要领导人，如工人教育协会创始人曼斯布里奇、牛津大学默顿学院教师斯科特（Walter Scott）、剑桥大学莫尔顿等，前往澳大利亚、美国等国家宣传大学推广与工人教育，助推该国大学推广运动的发展。

随着英国大学推广运动的发展，美国、澳大利亚、荷兰、比利时等国的相关机构和政府部门组织专家组前往英国考察大学推广运动的进展，并借鉴吸收了英国大学推广的做法，在大学与民众的关系、大学与社会的关系层面也展开了深入探讨，不同程度地开展了大学推广运动。

一 大学推广运动在北美洲的传播与影响

19 世纪 80 年代中后期，大学推广理念传播到北美洲，对美国和加拿大的大学推广运动产生了影响。在英国之外，大学推广理念传播最为广泛的应数美国。美国教育者前往英国学习大学推广运动的相关工作，回到美国后，积极倡导美国大学实施大学推广。民众赞同为使"州立大学与国家共存"（State University Co-extensive with the State）所做的努力，包括发挥大学推广在大学与国家服务之间的重要纽带作用。英国大学推广理念传入美国，经过芝加哥大学、威斯康星大学、康奈尔大学等大学的推广实践，最终确立了大学的社会服务职能。英美的大学推广理念相互融合，相互借鉴。美国大学推广运动的组织管理有别于英国，是在英国大学推广运动模式基础上的革新。美国中西部州立大学，如威斯康星州和明尼苏达州的大学，专门拨款支持大学推广部门。1906 年，威斯康星大学对大学推广进行重组和扩充，促进了美国大学推广运动迅速发展。对大学推广的革新还涉及设立明确的推广部门，通过立法拨款予以支持，有的州还通过立法承认大学推广在大学服务国家中的重要作用。这些革新措施，是美国大学推广运动与英国大学推广运动的差异所在。美国大学推广课程较为多元，以职业教育和技术教育为重点，注重大学与所在地区的互动。此外，美国国家机构和州政府的立法拨款，赋予了大学推广工作强大的生命力。

（一）美国的大学推广运动

1887 年，英国大学推广运动模式被移植到美国。约翰·霍普金斯大学（Johns Hopkins University）教授赫伯特·亚当斯（Herbert Baxter Adams，1850—1901）在把英国大学推广教育理念引入美国的过程中发挥了至关重要的作用。他被视为把英国大学推广教育观念引入美国的第一人。[①]

1. 美国大学推广运动的历史发展

1888 年至 1892 年，美国大学推广运动呈现快速发展态势。1892 年后，这一运动有所衰落。直到 1906 年，威斯康星大学对大学推广采用新的方法，美国大学推广运动才逐渐复兴。[②] 威斯康星大学推广部的实践与探索成为大学推广美国化的范式。

（1）大学推广的萌芽

19 世纪，随着机械发明的进步和工业革命的发展，各阶层民众深刻地认识到：知识就是力量、知识并不是某一阶层民众的专利、良好的公民身份要以良好的公民素质为前提。正如埃兹拉·康奈尔（Ezra Cornell）写下的康奈尔大学的校训："我要创建一所学校，在这里任何人都可以找到任何学科的指导。（I would found an institution where any person can find instruction in any study.）"[③] 大学推广就是把大学教育带给所有能从中受益的人，不论他们能否进入大学学习。

19 世纪初，公共演讲和讲座课程开始在美国流行起来。最有才干的政治家，最有才华的学者、牧师和文学家都把公共演讲平台作为联系民众的最有效手段。早在 1808 年，耶鲁学院（Yale College）的本杰明·西利曼（Benjamin Silliman）教授就开始给纽黑文（New Haven）的民众开设受欢迎的化学课讲座。[④] 他和其他大学教师把这种工作推广到纽黑文的机械工人学院，以及哈特福德、塞勒姆、波士顿的民众。后来，公共演讲和讲座课程遍及整个美国。

美国国家吕克昂（The American National Lyceum）成立于 1831 年，其通过演讲和讨论的方式对民众关心的问题进行研讨，致力于社区的成人教育。1831 年开始，大学推广的特点就出现在美国国家吕克昂的工作

---

① 秦发盈：《赫伯特·亚当斯与大学推广教育观念的引入》，《大学教育科学》2017 年第 2 期。

② W. S. Bittner, *The University Extension Movement*（US Government Printing Office, 1920），p. 14.

③ J. E. Russell, "The Extension of University Teaching in England and America: A Study in Practical Pedagogics," Ph. D. diss., University of Leipsic, 1895, p. 161.

④ Harry Thurston Peck et al., *The International Cyclopedia: A Compendium of Human Knowledge* (Volume 14), (New York: Dodd, Mead & Company, 1895), pp. 820 – 823.

中。1831 年，吕克昂成立了辩论俱乐部（Debating Clubs），并引进了流动图书馆，这对推广工作起到了重要的促进作用。讲座课程和辩论俱乐部是大学推广的构成因素，在城市和农村社区都有开设。流动图书馆最初也是作为吕克昂的辅助设施在美国产生的。波士顿的洛厄尔学院（The Lowell Institute of Boston）和巴尔的摩的皮博迪学院（Peabody Institute of Baltimore）都是吕克昂的产物。

吕克昂制度是传播大学影响的一个重要渠道。新英格兰的吕克昂类似于英国的机械工人学院。1831 年，耶鲁大学的教授在纽黑文为技工开设了自然科学的常规课程。随后，这个计划被哈特福德、洛威尔、萨伦和波士顿等地效法。[①] 旧的公共演讲吕克昂制度主要是由大学教师推动的，在美国北部和西部发挥了巨大的教育价值。丹尼尔·韦伯斯特（Daniel Webster）、爱默生（Emerson）、贺拉斯·曼（Horace Mann）和温德尔·菲利普斯（Wendell Phillips）等人为吕克昂讲座提供了帮助。大学教师还向农民学院（Farmers' Institutes）、教师学院（Teachers' Institutes）和肖托夸类型的暑期学校等有关机构开设讲座。暑期学校是大学推广工作的重要组成部分。亚当斯在美国教育署 1900 年报告中指出，威斯康星大学、哈佛大学、弗吉尼亚大学和其他州立大学的暑期学校可以直接追溯到吕克昂，牛津大学和剑桥大学的暑期学校也受到美国经验的启发。在包含肖托夸大学的纽约州，首次公开组织了有关大学推广计划的讲座。哈佛大学、耶鲁大学、哥伦比亚大学、宾夕法尼亚大学、约翰·霍普金斯大学以及美国南部和西部的州立大学，长期保持开设公开讲座课程的做法。

大学有责任把知识内化到教学中去，并把知识传递给学生，让学生在生活中使用。这种大学功能在农业领域的应用时间最长。1847 年，耶鲁大学成立了一所科学学院，定期为社区居民提供教育服务，尤其重视科学农业知识教育和在农民中传播科学思想。从那时起，农业推广（Agricultural Extension）开始传播，直到每个州都有了自己的农业试验站和一

---

① J. E. Russell, "The Extension of University Teaching in England and America: A Study in Practical Pedagogics," Ph. D. diss. , University of Leipsic, 1895, p. 159.

些有组织的畜牧实践培训计划。1862 年，《莫雷尔法案》（*Morrill Land-Grant Act*）颁布实施后，许多州建立了对所有人免费或者收取低学费的大学（赠地学院），推动了州立大学与所在州的互动。

此外，1874 年，美国肖托夸运动引入比吕克昂计划更系统的学习机制以服务于民众教育。肖托夸可以被看作一所蓬勃发展的独立设置的成人教育机构，将大学知识带给需要的人，为传统上与大学或学院分离的社会群体，如女性、工人和商人等开放了高等教育资源，搭建了接受高等教育的平台。① 肖托夸设有暑期学校和文理学院，开设从小学到大学的课程。函授学习（Correspondence Study）是肖托夸运动的重要组成部分，其函授课程由大学教授开设和实施。函授学习给予学生学分，其学位由纽约州立大学授予。巴尔的摩市的大学教师参与了工人学院的创建，并于 1879 年至 1880 年向会员们开设了讲座。1882 年，专门针对巴尔的摩和俄亥俄铁路公司员工的生物学讲座资料被印刷出来供他们在家学习。

可见，美国的吕克昂体系和肖托夸运动中蕴含着大学推广理念，为美国大学推广运动的萌芽奠定了实践基础。全美各地出现了大学教师开设讲座课程，为社区成人提供学习机会的尝试。

（2）大学推广的兴盛

美国大学对英国大学推广制度的移植直到 1887 年才发生。1887 年夏天，约翰·霍普金斯大学的亚当斯制订了大学推广计划，被肖托夸的管理者采用。同年 9 月，亚当斯公布了一份详细介绍大学推广的目的、工作方法、组织和课程费用的计划，并提议在美国重塑大学作为学生和巡回讲座教师自愿组成的协会的最初想法，通过对社会科学、经济学、历史、文学和自然科学的广泛学习促进民众养成良好的公民意识。大学推广支持者提议与美国高等院校、公共图书馆、机械工人学院、吕克昂、劳工工会（Labor-Unions）、青年基督教协会（Young Men's Christian Associations）和肖托夸地方分会开展合作。大学推广计划发挥了传播作用，使肖托夸暑期集会和地方阅读圈的教育工作具有更强的连续性。

---

① 冯琳：《高校成人教育的制度化探索——美国大学推广运动的兴起与早期发展》，《河北大学成人教育学院学报》2019 年第 4 期。

美国第一次有意识地引入大学推广方法是由约翰·霍普金斯大学历史和政治学系的教师和毕业生于 1887 年秋冬进行的。在 1887 年 9 月举行的美国图书馆协会（American Library Association）会议上，亚当斯介绍了英国大学推广体系。这一话题引起协会成员的浓厚兴趣。布法罗、芝加哥和圣路易斯的公共图书馆赞助了这项推广工作，把大学推广作为城市图书馆的附属工作。由此，大学推广工作在这几个城市正式开始。因此，大学推广的支持者一致认为亚当斯是"帮助把剑桥大学和牛津大学的思想在美国的土地上扎根"的先锋。[①]

1887 年 11 月，耶鲁大学毕业生、著名教育家赛斯·T. 斯图尔特（Seth T. Stewart）与布鲁克林教师协会（Brooklyn Teachers' Association）合作，组织了一场名为"大学和学校推广"（University and School Extension）的运动。该运动由哈佛大学、耶鲁大学、哥伦比亚大学、普林斯顿大学等知名高等学府的优秀教授对专门学科的阅读课程进行综合性指导，并出版了文学、历史和科学各个分支学科的教学大纲。这些教学大纲供教会协会（Church Societies）、工人俱乐部、行会、教师协会、青年基督教协会、肖托夸社交圈（Chautauqua Circles）、埃普沃思联盟（Epworth Leagues）和其他组织的地方讲座课程使用。1889 年，哥伦比亚大学师范学院向纽约市和邻近城镇的教师们开设科学基础课程。这是大学推广教学的开始，并在随后的几年得到了蓬勃发展。

由此，大学推广理念从巴尔的摩扩展到华盛顿（1888—1891 年）、费城（1890 年）、美国图书馆协会（1887—1890 年）、肖托夸（1888—1891 年）。大学推广理念在美国的广泛传播要归功于由约翰·霍普金斯大学的亚当斯对大学推广主题展开的多次公开演讲。[②] 此外，约翰·霍普金斯大学的毕业生比米斯（E. W. Bemis）连同布法罗和圣路易斯的公共图书馆进行了大学推广的成功实验。

19 世纪 80 年代后期至 90 年代，美国大学推广教学在各州得到了稳

---

① H. J. Mackinder, M. Sadler, *University Extension, Past, Present, and Future* (Cassell, 1891), p. 39.

② Harry Thurston Peck et al., *The International Cyclopedia: A Compendium of Human Knowledge* (Volume 14), (New York: Dodd, Mead & Company, 1895), pp. 820 – 823.

步发展。1887 年至 1891 年，美国 28 个州和地区以某些形式开始了大学推广运动。然而，该运动仍处于试验阶段。[1] 在多数情况下，这些大学推广教学是无组织的尝试，没有专门的相关规定。除了市政或私人基金会支持的协会，在 1892 年之前尚未形成"有组织"的大学推广。

1890 年，费城成立了独立于大学资助的大学教学推广协会，其工作发展迅速，富有成效。费城大学教学推广协会（The Philadelphia Society for the Extension of University Teaching）成立于 1890 年 6 月，由宾夕法尼亚大学教务长威廉·佩珀（William Pepper，1843—1898）担任主席，乔治·亨德森（George Henderson）担任秘书。亨德森前往英国，仔细研究英国的大学推广制度，回美国后发表了一篇关于大学推广的研究报告。剑桥大学的莫尔顿是最有经验的英国讲座教师之一，在费城期间有效推动了大学推广工作的开展。1890 年 11 月，费城协会开始了大学推广实践工作，第一期课程就向众多热情的民众开设了至少 42 场公共课程的推广讲座。[2] 半年内，费城协会成立了 23 个推广中心投入工作。[3] 1891 年 4 月，佩珀辞去了领导职务，詹姆斯（E. J. James）教授被选为继任者。"费城大学教学推广协会"更名为"美国大学教学推广协会"（The American Society for the Extension of University Teaching），并致力于在全美范围推动大学推广运动。

纽约州立大学董事会（The Regents of the University of the State of New York）对民众高等教育产生了浓厚的兴趣。纽约州和各学院委员会采取行动，建议将大学推广作为州教育系统的一个组成部分。1889 年 7 月，董事会主席梅尔维尔·杜威（Melvil Dewey）在奥尔巴尼郑重地介绍了大学推广计划。1891 年春，纽约立法机关通过了一项拨款 1 万美元用于组织大学推广的法案。这笔钱不用于支付地方讲座教师的工资，而是用于推动大学推广事业。[4] 相

---

① L. E. Reber, *University Extension in the United States. Bulletin* （No. 19. Whole Number 592, United States Bureau of Education, Department of the Interior, 1914）, p. 6.

② Harry Thurston Peck et al., *The International Cyclopedia: A Compendium of Human Knowledge* （Volume 14）, （New York: Dodd, Mead & Company, 1895）, pp. 820 – 823.

③ A. E. Ottewell, The University Extension Movement （Master's Thesis, University of Alberta, 1915）, p. 36.

④ Harry Thurston Peck et al., *The International Cyclopedia: A Compendium of Human Knowledge* （Volume 14）, （New York: Dodd, Mead & Company, 1895）, pp. 820 – 823.

关工作被归类为"家庭教育"（Home Education），包括学习俱乐部、流动图书馆、公共图书馆和图书馆学校。1891年4月14日，纽约州参议院全体一致通过了《大学推广草案》（*University Extension Bill*）。4月15日，财政立法委员会（Ways And Means Committee）一致同意报告。4月16日，大会一致通过了《大学推广法案》（*University Extension Law*），这是州政府通过的第一个大学推广法案。《大学推广法案》原文如下。①

大学推广法案

（纽约州促进更广泛地向民众推广教育机会的法案）

纽约州的国民代表参议院和议会，制定法律如下：

① 现授权纽约州立大学的董事们与纽约州的地方当局、组织机构和协会合作，通过推荐教育方法、指定适当的人员担任教师、组织考试、颁发证书等方式，向所能及范围内的成年人与青少年提供大学推广教育的机会、设施和资源。在此类教育工作中提供援助。

② 财政厅可以拨款1万美元或可能需要的数额用于大学推广。开支须由财务主任凭审计长的手令及经大学董事会正式核证的凭据支付；但本条所列经费不得用于支付为执行本法规定而指定或委任为讲座教师或指导教师的服务或费用。本法所定的不可列支费用，由受益的地方当局承担。

③ 本法自公布之日起生效。

1890年冬天，剑桥大学著名的推广讲座教授莫尔顿在美国进行巡回演讲。他注意到从费城开始的大学推广运动的出色表现。于是在圣诞节后，他回到费城，参与处理费城协会事务，对协会工作做出了巨大的贡献。

1891年春，哈佛大学、耶鲁大学、哥伦比亚大学、普林斯顿大学等大学的教授在纽约和布鲁克林的推广中心开设讲座，其中哥伦比亚大学

---

① H. J. Mackinder, M. Sadler, *University Extension*, *Past*, *Present*, *and Future*（Cassell, 1891），pp. 41 – 42.

的课程最为成功。这项运动得到了许多著名大学校长和著名教育家的支持。大学推广被威斯康星大学的教职员工和董事会正式采纳，同时也在明尼苏达州、印第安纳州和美国西部其他地区进行尝试。

1891 年 12 月，全美大学推广大会在费城召开，与会代表对大学推广工作充满了热情，支持"全国大学教育按照巡回路线组织起来"（University Education for the Whole Nation Organized on Itinerant Lines）的愿景。美国许多大城市成立了大学推广协会，许多大学成立了推广部门。尤其是在芝加哥大学，一套完善的大学推广制度成为大学的重要组成部分。作为大学推广运动的领导者之一，威廉·哈珀（William Harper）创立了芝加哥大学，在大学治理中组织了肖托夸的家庭学习课程。1891 年，芝加哥大学成立了大学推广协会。1892 年，芝加哥大学将大学推广工作纳入其正式工作内容之后，该协会就解散了。此外，大学推广运动成为在贝德福德（宾夕法尼亚州）、海洋城（马里兰州）、肖托夸、奥尔巴尼和多伦多举办的五次大型集会的讨论主题。

（3）大学推广的革新

1892 年是美国大学推广运动的关键一年。从英国"进口"的大学推广实践面临着尖锐的讨论，大学推广作为教育机构的一项功能经历了一段不确定的受宠期。大学推广运动的探索者意识到，无论这一制度在英国的发展如何，如果它要成为美国教育中公认的一股力量，就必须把美国的方法应用到大学推广工作中。大学推广的"美国化"，首先意味着对其进行重组以达到有益的目的。① 1892 年，仅有芝加哥大学和威斯康星大学开展大学推广教学。1893 年，《大学推广期刊》由美国大学教学推广协会出版发行。1892 年至 1906 年，有 12 所学校组织了大学推广教学。这一时期，除了芝加哥大学的工作外，其他主要是开展农业方面的推广工作。

进入 20 世纪，英国大学推广运动有所式微，转向探索大学推广与工人教育的结合途径。而在美国，大学推广的理念和方法经过革新适应了美国国情。大学推广工作的范围包括讲授课程和函授学习。同时，暑期学校也归入大学推广的体系。大学推广包括所有大学校外服务和某些类

---

① M. B. Snyder, "A New Phase of University Extension," *Science* 465 (1892): 1-2.

型的校内工作。校内工作包括大学里流行的短期课程和集会，也包括工作之余参加课程或讲座。州立和非州立大学对待大学推广工作在态度上有所差异，州立大学认可把大学推广作为一种职责。

1906 年，威斯康星大学对大学推广进行了重组和扩充，由此大学推广迅速发展。1906 年至 1913 年，28 所大学组织开展大学推广。在此期间，21 所大学对推广工作进行了重组，涉及设立明确的推广部门，并通过立法拨款予以支持。1913 年的立法承认，使开展大学推广教学的大学数量有了显著的增加。表 4 - 1、表 4 - 2 显示了美国大学首次组织和重新组织大学推广教学的概况。

表 4 - 1　美国大学首次组织大学推广教学概况

首次组织大学推广教学年份	大学名称	首次组织大学推广教学年份	大学名称
1892	芝加哥大学、威斯康星大学	1907	俄勒冈大学、布朗大学
1895	戈申学院	1908	圣玛丽学院、华盛顿大学（密苏里）、纽约城市学院、纽约大学、利哈伊大学
1901	哥伦比亚大学、北达科他大学	1909	堪萨斯大学、明尼苏达大学、密西西比农业机械学院、内布拉斯加大学、得克萨斯大学、怀俄明州立大学
1902	范德堡大学	1910	夏威夷学院、蒙大拿大学、俄亥俄州大学
1904	科罗拉多农学院、罗得岛学院	1911	渥太华大学、密歇根大学、新墨西哥农业机械学院、艾德菲大学、北卡罗来纳州大学
1905	堪萨斯州农学院、奥利维特学院、俄克拉何马大学	1912	亚利桑那大学、瑞德学院、匹兹堡大学、华盛顿大学
1906	加利福尼亚大学、爱达荷州立学院、宾夕法尼亚州立学院	1913	爱达荷州大学、蒙大拿州立学院、富兰克林学院、菲斯科大学

资料来源：L. E. Reber, *University Extension in the United States. Bulletin* （No. 19. Whole Number 592, United States Bureau of Education, Department of the Interior, 1914）, p. 7。

威斯康星大学推广部主任雷柏（Reber）在其专著《大学推广》中指出，当时的出版物中充斥着"大学推广在美国已经消亡"的言论。反对者把美国的大学推广描述为"二手货"，把大学推广的失败归因为不符合民众的需求，也有反对者认为大学的资源应用来发展大学内部工作。尽管遭遇反对，大学推广在美国仍然存在，成为 50 多所大学和学院工作计划的一部分。

表 4 - 2　美国大学重新组织大学推广教学概况

重新组织大学 推广教学年份	大学名称
1906	威斯康星大学
1909	戈申学院、堪萨斯州农学院
1910	科罗拉多农学院、哈佛大学、哥伦比亚大学
1911	密西西比农业机械学院
1912	印第安纳大学、罗格斯大学、俄勒冈大学、利哈伊大学
1913	加利福尼亚大学、爱达荷州立学院、明尼苏达大学、蒙大拿大学、富兰克林学院、俄克拉何马大学、宾夕法尼亚州立学院、匹兹堡大学、得克萨斯大学、怀俄明州大学

资料来源：L. E. Reber, *University Extension in the United States. Bulletin*（No. 19. Whole Number 592, United States Bureau of Education, Department of the Interior, 1914），p. 7。

1910 年，有 23 所州立大学提供一般意义上的推广工作，包括加利福尼亚、科罗拉多、佛罗里达、佐治亚、印第安纳、爱达荷、堪萨斯、明尼苏达、密苏里、蒙大拿、内布拉斯加、北达科他、内华达、俄克拉何马、俄勒冈、田纳西、得克萨斯、犹他、华盛顿、威斯康星、怀俄明、宾夕法尼亚和罗得岛州立大学。其中 15 所州立大学建立了完整的大学推广部门。[1]

通过大学推广课程提供学分工作的大学有 22 所，包括布朗大学、芝加哥大学、辛辛那提大学、科罗拉多大学、哥伦比亚大学、佛罗里达大学、哈佛大学、印第安纳大学、爱达荷大学、堪萨斯大学、明尼苏达大

---

[1]　A. E. Ottewell, *The University Extension Movement*（Master's Thesis, University of Alberta, 1915），p. 36.

学、密苏里大学、内布拉斯加大学、西北大学（Northwestern University）、俄勒冈大学、匹兹堡大学、得克萨斯大学、托莱多大学、杜兰大学、华盛顿大学（圣路易斯）、威斯康星大学和怀俄明大学。其中 11 个州都采用函授教学，包括芝加哥、佛罗里达、印第安纳、堪萨斯、明尼苏达、内布拉斯加、俄勒冈、得克萨斯、华盛顿、威斯康星、怀俄明州。[①]

（4）大学推广的转型

第一次世界大战严重影响了每个国家。就教育而言，各国开始深刻反思教育在民族团结和统一中的作用。美国各州政府希望通过越来越多的实质性表达和立法，重构教育体制，以消除教育机会的不平等。

1915 年，第一届全美大学推广会议（First National University Extension Conference）举行，28 所美国主要的大学和学院代表建立了美国大学推广协会（National University Extension Association）。[②] 该协会还包括一些普通院校成员，但都不涉及农业推广。农业推广由其他部门开展，发展相对独立。其中，哥伦比亚大学、芝加哥大学、威斯康星大学始终重视并坚持不懈地开展大学推广工作。

战争中断了大学推广的常规活动。战争期间，教育推广的方法被用于战时教育（War-time Education）。大学推广转向联系更为紧密的战时教育。美国赢得战争的宣传，实际上是因为采用了教育推广的方法。大学推广运动使用的所有工具和设备被用来动员社会舆论，并对士兵、水手和战士进行必要的实用技术训练，以有效反击敌对势力。

战争紧急情况凸显了美国民众接受联邦政府各种政策教育的必要性。为战争而建立的一些联邦机构，如战争工业委员会（War Industries Board）、战争贸易委员会（the War Trade Board）、燃料管理局（the Fuel Administration）、食品管理局（the Food Administration）和新闻委员会（the Committee on Public Information），有效推动了大学推广运动。此外，

①　A. E. Ottewell, The University Extension Movement（Master's Thesis, University of Alberta, 1915）, p. 36.

②　1980 年，"美国大学推广协会"更名为"美国大学继续和成人教育协会"（National University Continuing and Adult Education Association, NUCEA），1998 年更名为"大学继续和成人教育协会"（University Continuing and Adult Education Association, UCEA）。

战争和海军部门、紧急舰队公司和其他联邦机构创建了职业的线上特殊培训学校。在各种战时教育工作中，无论是技术型还是学术型的高等学校，都贡献了设备、教学以及大量有经验的教师。

1918 年 12 月，美国联邦教育推广部门（Federal Division of Educational Extension）的建立促进了大学推广的复兴。美国于 1918 年重新恢复大学推广。时任总统威尔逊紧急拨款 5 万美元用于重构大学推广运动。① 美国大学推广协会认为，大学推广部门证明了它们对战时和重建需求的适应能力，由此提请威尔逊总统在紧急情况下向大学推广分部提供援助。威尔逊总统拨款 5 万美元用于内政部教育局辖下的教育推广分部开展大学推广工作。国家拨款恢复大学推广运动，一方面是出于各州的大学推广分部需要一个中央机构来协调，而国家拨款有利于各州重新组织因战争而中断的推广工作。另一方面战争期间，联邦机构、国家协会和其他组织采用的教育推广方法对国家的推广工作造成混乱和浪费，国家拨款有助于建立统一高效和可行的方案。

联邦教育推广部门作为具有重要意义的信息门户，在存在的 6 个月中，组织了推广教学、社区中心推广、公众讨论、图书馆服务等四种主要服务途径，向各州分发了许多联邦文件、战争教育课程和电影。该推广部门的工作人员是经验丰富的教育工作者和研究人员，熟悉华盛顿各部门的资源，也熟悉红十字会和其他教育组织等许多半公营机构的资源。联邦教育推广部门也向州立大学提供援助，分发了专门参考文献和书目、大学推广出版物、有关联邦部门提供的资源以及关于教育推广方面合作的建议。联邦教育推广部门从各政府部门取得了 141 个不同的战时教学课程，这些课程包括技术、职业、文化和科学科目。工程院校在地图制图、力学原理等课程的教学中发现了定向射击等课程的价值。各推广部门的高级课程使用的大量电话电工手册，汽车机械师、汽车驾驶员使用说明书，汽车运输手册，均由政府部门负责编写。美国战争部（War Department）与联邦教育推广部门合作，将战时编制的人员分类心理测验和系

---

① W. S. Bittner, *The University Extension Movement*（US Government Printing Office, 1920），p. 27.

统转给大学推广部门使用。

"一战"后，联邦职业教育署（Federal Board for Vocational Education）与联邦政府对士兵的康复和教育进行补偿。大学推广部门与其合作，为士兵的再教育提供机会，满足士兵教育的需要。美国红十字会、健康协会等其他机构都对健康教育（Health Education）感兴趣，开设健康主题的函授课程，并向美国公民免费开放。

20 世纪初期的美国大学推广运动比早期阶段有更坚实的基础，早期阶段只是表面上采用了英国大学推广的方法。自此，美国大学推广工作有了稳定的基础。但是，美国各州对大学推广的重视程度呈现不同状况。威斯康星州、明尼苏达州、加利福尼亚州、爱达荷州和马萨诸塞州的推广部门是众所周知的。马萨诸塞州大学推广学院有 400 名学生参加了在波士顿举办的汽油汽车课程；威斯康星推广分部在密尔沃基有大约 2000 名工程学学生。成千上万的农村男女和小镇居民通过函授学习英语写作、文学、历史和卫生学等科目。① 以上这些州及纽约州、北卡罗来纳州、密歇根州、印第安纳州、得克萨斯州、俄克拉何马州、俄勒冈州、犹他州和华盛顿州的推广分部取得了长足的发展。② 这些州的推广部门大多由州立大学管理，大学推广服务得到重视和良好发展。

美国的大学推广运动卓有成效。根据施利克（John J. Schlicher）博士收集到的不完整数据估算，截至 1919 年 6 月，通过分支推广中心的课程和函授学习，大学推广的学生达到约 12 万名；通过半通俗的讲座，估计达到 202.6 万名学生；通过电影和立体幻灯片学习的学生达到 555.3 万人；通过使用提纲、书目和小册子学习的学生达到 93.6 万人；通过院校和集会学习的达 30.8 万人；通过公告和通告学习的达 126.5 万人。美国各州直接在完全不涉及农业推广的工作上支出达 151.3 万美元。③

---

①　W. S. Bittner, *The University Extension Movement*（US Government Printing Office, 1920）, p. 29.

②　W. S. Bittner, *The University Extension Movement*（US Government Printing Office, 1920）, p. 15.

③　W. S. Bittner, *The University Extension Movement*（US Government Printing Office, 1920）, p. 15.

2. 美国大学推广运动的组织管理

（1）大学推广的概念

在美国，教育推广是旨在满足民众知识和培训需求的教育教学活动。教育推广旨在"教育公众""提升素质""辨别真相"，向社会推荐"福利"，指导工人遵守安全规则和科学体系，教授增加产量的方法等；在工艺制作和贸易中教导民众普遍接受行会原则。教育推广可通过语音、新闻和图片、旅行、电报、电话以及个人接触等方式，增加人与人之间的交流。推广教育超越了所有学校和年龄障碍，但与学校和学院有关的正规教育形式，以及青少年接受的教育并没有被推广教育所取代。

大学推广运动合乎全民教育的新需求，承担了发展成人教育新方法的任务。公众舆论认识到，把接受高等教育的特权授予所有有能力从中受益的人，是符合民主概念和政府行为的。为了国家的福祉，对民众进行超越初等水平的教育具有必要性。大学推广是经由大学和学院的努力，让未能接受大学教育的民众享有参加大学校园课程的权利。美国大学推广的蓬勃发展被视为大学服务合法范围全新诠释的重要体现。①

大学推广是面向非全日制学生（通常是成年人）的教育活动。这些活动有时也称为校外学习、继续教育、高等成人教育或大学成人教育。在美国的许多大学里，参加推广课程的成人人数超过了在校全日制学生的人数。一些大学建立大学推广部门，将推广作为与教学、科研相平行的机构职能，赋予大学推广以重要地位。

（2）大学推广的课程

1890—1891年，美国的大学推广运动取得了显著的进步。19世纪80年代起，苏格兰、爱尔兰、美国和澳大利亚都开始了大学推广运动。由于美国联邦政府提供的条件以及在宾夕法尼亚大学和纽约大学积累的经验引导，美国大学推广运动的规模与牛津、剑桥和伦敦的组织规模不相上下。

1894年6月，在伦敦大学举行的大学推广国际大会展现了当时英国、美国主要推广组织的工作开展情况。1892—1893年，英国、美国主要组

---

① W. S. Bittner, *The University Extension Movement* (US Government Printing Office, 1920), p. 13.

织的推广课程与学生数据统计情况如表 4 - 3 所示。

表 4 - 3　1892—1893 年英美主要组织的推广课程与学生数据统计

组织机构	短期课程数量（门）	10 场讲座以上课程数量（门）	课程总数（门）	学生数量（人）	文章写作完成人数（人）	通过考试人数（人）
牛津大学	151	87	238	23051	2714	1295
剑桥大学	78	155	233	15824	2565	1730
伦敦协会	16	120	136	13374	1958	1231
维多利亚大学	—	—	59	4900	472	—
费城协会	107	1	108	18822	429	388
芝加哥大学	122	0	122	24822	725	486
纽约大学	0	34	34	3667	223	142

资料来源：J. E. Russell, "The Extension of University Teaching in England and America: A Study in Practical Pedagogics," Ph. D. diss. , University of Leipsic, 1895, p. 221。

　　1894—1895 年，英国有近 400 个地方推广中心开展大学推广工作。剑桥大学联合会的 64 位教师开设了 315 门课程，179 门课程涉及文学、历史、经济和艺术，136 门课程涉及自然、数学和物理科学。牛津大学有 60 位教师，其中 16 位是"教职讲座教师"，开设 432 门课程，282 门艺术课程，150 门科学课程。同时期，费城协会共有教师 78 人，开设课程达 194 门。其中有 6 名全职推广讲座教师。在纽约，11 所学院、23 所专科学校和职业学校的 119 名教师开设了 221 门课程。1893 年，芝加哥有 30 个推广中心在运作，另外 73 个推广中心在伊利诺伊州或毗邻的州运作。[①]

　　美国讲座课程的费用与英国也有所差异。在英国，很难估计每年花在大学推广工作上的资金数额。1891 年相关统计估算显示，464 门课程的总费用为 21850 英镑。如果按同样的比例估算，英格兰地区每年的开支就超过 30000 英镑。因此，推广中心仅仅依靠课程的费用收入很难维持运作。在美国，由于教师差旅费用的增加，课程费用高一些。罗宾逊

---

① J. E. Russell, "The Extension of University Teaching in England and America: A Study in Practical Pedagogics," Ph. D. diss. , University of Leipsic, 1895, p. 220.

（Robinson）博士的 12 个城镇巡回讲座的官方报告显示，每个城镇有 6 场讲座，每场讲座平均 2044 人出席，1482 人参与讨论课，243 人完成文章写作。通过售票筹集了 2124.83 美元，1885.68 美元用于 12 个不同城镇的课程教学。其中，7 个城镇共有盈余 332.05 美元，5 个城镇的费用缺口为 92.90 美元。总盈余净额为 239.15 美元。平均每个城镇筹集资金 193.16 美元；平均每个城镇的总成本（包括演讲费、讲座教师费用、租金、灯光费、暖气费、门卫费和印刷费）为 171.42 美元。每个城镇的课程总净成本为 153.05 美元。[1]

密歇根大学是非吕克昂类型讲座的主要倡导者，每年都由学院的教员们免费提供一定数量的讲座。例如，1912 年至 1913 年，106 名教职员工共向 71500 名听众开设了 309 场讲座。[2] 大学提供单一的或系列的讲座课程，课程费用的管理也有所不同。有的是免费开设讲座，如密歇根大学；有的是靠自给自足开展工作，如纽约的城市大学、得克萨斯大学等。

（3）大学推广的管理

美国大学推广教学通过不同的方式和几个不同的机构来管理。在规模较大的机构中，推广教学工作是通过一个部门或学院管理，或者通过大学内部独立的部门管理；而在规模较小的机构，则是由教育部门或教师委员会负责管理。

通过部门或院系组织开展相关大学推广工作的院校包括：加利福尼亚大学、科罗拉多大学、芝加哥大学、印第安纳大学、爱达荷大学、堪萨斯州农学院、堪萨斯大学、密歇根大学、明尼苏达大学、密苏里大学、蒙大拿大学、内布拉斯加大学、俄克拉何马大学、俄勒冈大学、哥伦比亚大学、纽约大学、北达科他大学、俄亥俄大学、匹兹堡大学、犹他大学、华盛顿大学和威斯康星大学。

大学推广工作管理属于校内一个部门或学院事务的院校包括：得梅因学院、渥太华大学、哈佛大学、华盛顿大学（密苏里）、纽约城市大

① J. E. Russell, "The Extension of University Teaching in England and America: A Study in Practical Pedagogics," Ph. D. diss. , University of Leipsic, 1895, p. 220.

② A. E. Ottewell, The University Extension Movement (Master's Thesis, University of Alberta, 1915), p. 69.

学、辛辛那提大学、迈阿密大学、宾夕法尼亚州立大学、布朗大学、菲斯克大学、范德比尔特大学、埃默里大学、亨利学院和弗吉尼亚大学。

通过教师委员会管理大学推广教学的院校包括：圣玛丽学院、爱达荷州立师范学院、奥利弗学院、罗格斯学院、阿德菲学院、北卡罗来纳大学、瑞德学院、利哈伊大学。还有一些大学机构由校长负责大学推广工作，包括亚利桑那大学和怀俄明大学。

在大学推广的经费来源方面，美国的官方机构直接拨款支持大学推广工作成为与英国大学推广运动最大的区别，也是美国大学推广运动在短期内赶超英国规模的重要保障。1891 年，纽约州的立法拨款是美国第一次以政府拨款支持大学推广工作。随着大学推广工作的发展，其他州也采取类似措施。1912 年至 1913 年，超过 50 万美元的拨款用于大学的推广工作。1913 年至 1914 年拨款经费有很大的增长。以下机构在 1912—1913 年没有获得拨款，但 1913—1914 年的大学推广教学工作获得了州政府财政拨款：加利福尼亚大学，1 万美元；爱达荷州立学院，2.5 万美元；爱达荷大学，2 万美元。以下机构获得了增加拨款：明尼苏达大学，从 1 万美元增加到 4 万美元；匹兹堡大学，从 2500 美元增加到 8000 美元；得克萨斯大学，从 14000 美元增加到 45000 美元；华盛顿大学，从 4000 美元增加到 12500 美元；威斯康星大学，从 12.5 万美元增加到 18.5 万美元。[①]

（4）大学推广的方法

大学推广理念引入美国后，为适应美国的具体情况，大学推广方法发生了变化。英国大学推广教学包括讲座、讨论课、文章写作、考试等要素。但是，这一方法无法适应美国的学生群体，无法满足他们对教育的强大需求。

在美国高等院校的发展过程中，有两种截然不同的推广工作——农业推广教学（Agricultural Extension Teaching）和大学推广。农业推广教学主要由农业类院校负责，而州立大学主要采用常规的大学推广方法。虽

---

① L. E. Reber, *University Extension in the United States. Bulletin*（No. 19. Whole Number 592, United States Bureau of Education, Department of the Interior, 1914），p. 20.

然这两种方法的理念是相同的，但它们的方法有所不同。函授学习是美国大学推广工作的突出特点之一，它最初于 1878 年以"印刷讲座"（Printed Lectures）的名义引入肖托夸，比引入英国大学推广理念早 9 年。① 此外，美国的大学推广方法还增加了教育公报和包裹图书馆（Package Library），以及涉及整个公民和社会改善领域的福利工作。

在 35 所美国大学中，高等院校都提供区域特色课程，其中大部分具有职业性质。大学校外工作最富成效的领域之一，就是协助中小学教师的工作。美国约有 19 所大学向中学和小学提供明确的援助，如安排单独的讲座课程、借用幻灯片和电影。大学校外工作在统一和凝聚教育力量方面的价值不可估量。

美国大学推广运动的组织管理有别于英国，是在英国大学推广运动模式基础上的革新。美国大学推广课程较为多元，以职业教育和技术教育为重点，注重大学与所在地区的互动。此外，美国国家机构和州政府的立法拨款，赋予了大学推广工作强大的生命力。

3. 大学推广理念与威斯康星理念

威斯康星大学是除农业推广教学以外的大学推广工作的最好例证。威斯康星大学在 1891 年采用了基于英国模式（Britain's Model）的推广系统。威斯康星大学在多位校长的带领，尤其是范海斯（Charles R. Van Hise）校长的实践努力下，坚持承诺使用大学资源解决社会问题，率先成立了推广部，为大学推广的制度化建立了基础。尽管"威斯康星理念"在 20 世纪初出现，但威斯康星大学的历史显示出其对大学推广教育原则（Principles of University Extension Education）的坚守与承诺。1906 年，威斯康星大学对大学推广进行了重组，从那时起美国大学推广运动迅速发展。

在威斯康星州，所谓的"乳制品之州"（Dairy State），一般使用"三条腿的挤奶凳"（Three-Legged Milking Stool）来强调大学在教学、科研和公共服务方面的三重使命。卡内基基金会（Carnegie Foundation）定义的大学的公共服务使命，是指将校园的资源扩展到不属于学术共同体（Ac-

---

① A. E. Ottewell, The University Extension Movement（Master's Thesis, University of Alberta, 1915）, p. 36.

ademic Community） 的个人和团体，并利用学术机构的特殊能力来解决社会问题。这可以通过个别教员和工作人员的志愿行动，或校外学分课程（Off-Campus Credit Courses） 和非学分讲习班 （Non-Credit Workshops） 等有组织的活动来实现。继续教育、推广功能 （The Extension Function）、拓展服务 （Outreach Services） 或社区服务 （Community Services） 都是用来定义 "公共服务" 的术语，经常可以替换使用。在威斯康星州，合作推广服务 （Cooperative Extension Service） 描述了教职员工为农村居民提供的服务。一般推广，或继续教育推广 （Continuing Education Extension）被用来特指那些为专业人士和城市居民提供的服务。[①] 大学有义务将其教育和应用研究工作扩展到校园围墙以外，这一概念通常被称为 "威斯康星理念"。查尔斯·麦卡锡 （Charles McCarthy） 在 1912 年写的《威斯康星理念》（*The Wisconsin Idea*） 一书中系统阐述了 "威斯康星理念"。

（1） 威斯康星理念的起源及其与大学推广的关系

19 世纪末 20 世纪初，许多美国教育家从英国借鉴了推广大学 （Extending the University） 的想法。19 世纪 50 年代，当亚瑟·哈维 （Arthur Harvey） 敦促牛津大学任命 "巡回"（Circuit-Riding） 教授时，大学就参与了拓展教育 （Outreach Education）。1857 年，牛津大学建立了一套地方考试制度，通过机械工人学院鼓励开展普通成人教育。1867 年，剑桥大学詹姆斯·斯图尔特接受邀请，在英格兰北部城市开设了一系列讲座课程，由此开创了英国大学的推广讲座体系。

威斯康星大学麦迪逊分校成立后不久也参与了校外职业培训，这缘于美国政府 1862 年《莫雷尔法案》的实施。到 19 世纪末，威斯康星州农业大学的农民学院和其他教育机构蓬勃发展。威斯康星大学文理学院也推出了推广讲座课程。

在威斯康星州，几件大事促成了公共服务概念框架的建立，其中包括一位进步的州长和一位新校长的理念的融合。拉福莱特 （Robert M. LaFollette） 在威斯康星大学就读期间受到校长罗恩·巴斯科姆的公共

---

① J. Corry, J. Gooch, "The Wisconsin Idea: Extending the Boundaries of a University," *Higher Education Quarterly* 46 （1992）: 305 – 320.

服务哲学的影响，其 1879 年毕业，于 1900 年当选威斯康星州州长。1901 年，威斯康星州免费图书馆委员会的查尔斯·麦卡锡开发了立法参考图书馆（Legislative Reference Library），向州立法人员提供与拟议立法有关的所有资料。麦卡锡相信大学教授在这一过程中会有所帮助，他确信大学的定期推广服务是对图书馆工作的重要补充。因此，他对第三个有影响力的人物进行了劝说。这个人就是范海斯。他是拉福莱特的同学，也受到巴斯科姆致力于公共服务的影响，于 1903 年成为威斯康星大学校长。尽管威斯康星大学几位前任校长都对推广活动表现出了兴趣，但范海斯校长与大学推广活动的正式开始有着最密切的联系。这三位有影响力的人物联合起来说服威斯康星州立法机构，提出大学推广服务需要资金保障。他们的努力促成了威斯康星大学麦迪逊分校的推广部和合作推广服务部的建立。①

由于不同的资金来源和使用的校园资源以及服务的对象群体的不同，从一开始，这两个推广机构（推广部和合作推广服务部）就被分别管理。威斯康星大学的独特之处在于其很早就成立了推广部门，为城市社区、专业人士及农村居民提供全面的校园资源。1907 年，威斯康星州的立法机关成为美国第一个明确向州立大学的大学推广部拨款的立法机关。

在 20 世纪 30 年代的大萧条时期，这两个推广机构都有效应对了特殊服务的挑战。推广部在全州的社区提供学分课程。1933 年，州立法机关也拨出 3 万美元作为奖学金，提供给想要进修的失业公民。许多校外中心后来成为威斯康星大学的永久校园，主要提供前两年的大学教育。威斯康星大学的合作推广服务部通过引进新的农作物和作物轮作方法，制定紧急程序来恢复遭受干旱、侵蚀和昆虫破坏的土地，帮助威斯康星州的农村度过了大萧条。

（2）威斯康星大学的大学推广工作

在美国，除了农业推广教学以外，威斯康星大学是大学推广工作的

---

①　J. Corry, J. Gooch, "The Wisconsin Idea: Extending the Boundaries of a University," *Higher Education Quarterly* 46 (1992): 305 – 320.

最好样板。1906 年，威斯康星大学的大学推广部进行了改组，奉行积极的发展政策，在美国州立大学中名列前茅。人们常常对威斯康星州发表这样的声明：州立大学校园的边界就是该州的边界，这已成为一个不争的事实。威斯康星大学是一所以研究、教学、推广（服务）为三大支柱的大学。在每一项活动中，推广部都起着重要作用。

在组织方面，威斯康星大学形成了一个由院长领导的大学协调学院，并设有四个部门：函授学习部、讲座教学部、辩论和公众讨论部、资料和福利部。函授学习部有 31 名全职教师、35 名兼职教师。讲座教学部有秘书、助理秘书各 1 名。辩论和公众讨论部有 10 名工作人员。[1] 大学推广部成为包括四个具体部门的教学组织机构，而大学推广工作也成为大学工作的重要构成部分。

①函授学习部

威斯康星大学的大学推广部在其函授学习部中给 5375 名学生授课。大学按每门课程 20 美元及每门额外课程 15 美元收取费用，开设的课程有 300门，涉及 28 个院系。函授学生的学分课程与非学分课程比例在不同的院校有所不同。在俄克拉何马大学，学分课程与非学分课程的比例为 20∶1；在北达科他州大学，比例为 3∶5；在威斯康星大学，比例为 1∶7；在印第安纳大学，比例为 10∶1。[2] 通过函授学习获得的学分在不同的大学各不相同，从零到授予学士学位所需学分的一半不等。在那些通过函授学习而获得学分的学生中，教师们普遍认为，选择学分课程的学生的认真程度要高于平均水平。函授教学是一种个性化的教学，可以在家中完成，从而给家庭带来新的影响和魅力；也能调动人的积极性，使人有"决断力"。

②讲座教学部

在最传统的大学推广工作——讲座教学工作中，威斯康星大学提供了几乎所有类型的教学实例。其中，有一种课堂授课形式与英国大学的导师制课程大致相似。类似于导师制课程的地方课程，同时由几所美国

① A. E. Ottewell, The University Extension Movement （Master's Thesis, University of Alberta, 1915）, p. 68.

② A. E. Ottewell, The University Extension Movement （Master's Thesis, University of Alberta, 1915）, p. 69.

大学开设。在 1912—1913 学年，有 29 个城市开设了 85 门这样的导师制课程，共有 1493 名学生。[①] 这些课程的特点是具有职业性质。

在美国，最常见的推广讲座是按照吕克昂计划安排的，其间穿插着音乐朗诵和阅读，寓教于乐。一些大学反对提供吕克昂课程，但大多数从事大规模推广工作的大学支持使用这些课程。据记载，1912 年至 1913 年，约有 20 万人参加了威斯康星大学推广部安排的讲座课程和音乐会。课程的数量是 209 门，由 2/5 的音乐会、2/5 的讲座和 1/5 的其他娱乐形式组成。[②] 大约 1/4 的课程贡献者是大学教师。剩下的工作由大学推广机构挑选的高级艺人完成。地区组织的方法使威斯康星州在课程安排上具有独特的优势，适应了当地的需要。

③辩论和公众讨论部

在美国，流行的一种大学推广工作是在辩论和公众讨论部的领导下进行的，目的是鼓励公众问题的研究和讨论。大学举办辩论社团和联合会，会以书籍、报纸和杂志的剪报和书面摘要组成的成套图书馆包裹的形式借给辩论社团准备材料。为辩手准备的简报和摘要被出版并免费提供给国家公民。1912—1913 年，仅威斯康星大学就将 1030 个不同学科的 829 个成套图书馆包裹送往 347 个不同地区。自 1907 年组织这项工作以来，已发出了 1 万多套这样的图书馆包裹。[③] 堪萨斯大学、北达科他大学、得克萨斯大学和华盛顿大学也参与了这项工作。讨论主题方面，女性参政权主题数量领先，其次是与移民相关的话题。

④资料和福利部

最实用的大学推广工作一般以福利工作的名义进行。福利工作被分成五个部门，即市政参考署（Municipal Reference Bureau）、市民及社交中心署（Civic and Social Centre Bureau）、健康教育署（Health Instruction Bu-

---

① A. E. Ottewell, The University Extension Movement (Master's Thesis, University of Alberta, 1915), p. 69.

② A. E. Ottewell, The University Extension Movement (Master's Thesis, University of Alberta, 1915), p. 69.

③ A. E. Ottewell, The University Extension Movement (Master's Thesis, University of Alberta, 1915), p. 71.

reau）、社区音乐署（Bureau of Community Music）、视觉教育署（Bureau of Visual Instruction）。每个办公室均有 1 名负责人。

市政参考署是为国家市政官员和对解决市政问题感兴趣的公民提供信息的机构。市政府收集的所有数据——人行道、下水道、自来水厂、街道照明、防尘、垃圾收集、卫生设施等的信息可供需要的人使用。除了提供资料外，市政参考署还协助各社区解决问题，使社区与市政工作的专家取得联系。例如，小城市计划安装自来水工程系统。市政工程部派遣专家开展调查并报告问题的最佳解决方案。在缺乏推广部门的建议和帮助的情况下，工程师不会开展社区服务工作。

市民及社交中心署的目标是扩大学校设备的使用，推广校舍成为社区的社交中心。利用校舍作为讨论公众问题的会议场所，有助于培养公众良知。州立法机关通过立法，要求托管委员会鼓励把校舍作为社区讨论区。该署在威斯康星州的第一年工作使校舍用于公共服务而不是用于学校课堂增加了约 100%。

健康指导署的目标是传播与公共和个人健康有关的信息，帮助解决健康问题。威斯康星大学在卫生领域所做的公益工作是典型工作之一，通过图表、简报、幻灯片、移动图片传播健康信息，在学校、展览会、图书馆等地巡回展览。健康指导署的新闻服务提供大量有关个人和公共卫生问题的国家新闻，编写和分发关于婴儿死亡率、婴儿保健、可预防疾病和农村卫生的公报。同时，也提供有关卫生原则和做法的函授课程。辛辛那提大学、伊利诺伊大学、北达科他州大学、加州大学等大学也在公共卫生领域积极工作。

另外，威斯康星大学成立社区音乐署，开办音乐函授课程，在全州推广音乐，鼓励个人和社区使用音乐。由于认识到幻灯片和电影在教育上的巨大潜力，威斯康星大学还成立了视觉教育署。此外，还要提到的是社会服务研究所（Social Service Institute），其目标是培训各大城市的社会服务专家，培训的主题包括贫困救济、医院的社会服务、青少年犯罪的管理和预防。

同时，威斯康星大学农学院按照农学院推广计划的要求，在农村地区开展社会福利工作。威斯康星大学的大学推广工作与其社会服务工作紧密结合，开设社区实用的函授课程，为社会服务提供了理论知识，也为解决社会问题提供了大学资源，满足了成人教育的需求。

（3）威斯康星理念与早期大学推广教育的区别

威斯康星大学在多位校长的带领，尤其是范海斯校长的实践努力下，坚持承诺使用大学资源解决社会问题，率先成立了推广部，为大学推广的制度化建立了基础。大学推广部旨在将大学的理论和研究成果应用于周围社区。与当时其他大学实施的大学推广服务不同，威斯康星大学设计的课程不是围绕传统学科的教学，而是围绕成年公民的教育需求；不是基于传统的讲座，而是基于各种创新方法；不是其他计划的附属，而是具有独特使命和独立资金保障。

尽管"威斯康星理念"在 20 世纪初出现，但威斯康星大学的历史却显示出其对大学推广教育原则的承诺。早在 1860 年，威斯康星大学就开始在全州范围内向教师讲授大学系列讲座。1885 年，威斯康星大学批准了 5000 美元的资金，为农民们提供一系列讲座。威斯康星大学在 1891 年采用了基于英国模式的推广系统。[1] 威斯康星理念下的"大学推广"至少在三个方面与早期的大学推广教育概念有所不同。[2]

首先，在旧的大学推广体系下，只有一些低级别的教授（Low-Rank Professors）进行零星的演讲。然而，在新的推广制度安排下，最高级别的教授以流动教师的身份进入村庄、商店和工厂。同时，函授学习、视听设备、信息手册、讲习班和短期研讨会等途径，加强了学生与大学之间的联系。

其次，传统的大学推广计划的重点是与民众的日常生活无关的讲座，但威斯康星大学的理念强调学术界所产生的科学知识的实际应用，并围绕学习者的需求和兴趣组织课程。

最后，新旧"大学推广"概念之间的区别是具体的财政承诺（Financial Commitment）。麦卡锡认为"推广部的显著特征是它拥有教师、行政

---

① Daniel Schugurensky, The Wisconsin Idea Brings the University to the Community, http://schugurensky. faculty. asu. edu/moments/1907wisconsin. html, 2020 - 8 - 14.

② Daniel Schugurensky, The Wisconsin Idea Brings the University to the Community, http://schugurensky. faculty. asu. edu/moments/1907wisconsin. html, 2020 - 8 - 14.

管理人员和拨款"。州立法机关还致力于资助威斯康星理念。1907 年，威斯康星州拨款 20000 美元在工厂进行职业培训，这使威斯康星州成为第一个通过立法机构为州立大学的大学推广部门提供适当资金的州。

由上可见，在整个 20 世纪，威斯康星州的推广计划面临许多挑战，包括战争、大萧条以及人口从农村向城市中心转移等。尽管采取新的举措适应不断变化的文化和经济形势，但威斯康星理念仍然忠实于其创始愿景。1913 年，威斯康星大学对大学推广教育影响最大的事件是"费城朝圣"。由市长、市政委员、学校督学、学院院长、百名教育家、社会工作者、制造业主和商人组成的费城代表团在威斯康星大学的推广部学习观摩，亲身体验大学推广教育的学习方式与效果。威斯康星大学的推广模式为远程教育提供了标准，它继续通过远程教育解决方案赢得声誉。在美国采用了英格兰的校外讲座（Off-Campus Lectures）概念的 70 多年后，英国求助于威斯康星大学推广顾问，以帮助建立英国开放大学。① 正如威斯康星大学推广部负责人唐纳德·R. 麦克尼尔（Donald R. McNeil）所言，威斯康星理念成功的最重要因素是其灵活性。总之，威斯康星思想的成功无疑是高尚的愿景、坚定的承诺、创新的方法以及资金的支持等多种因素的综合成果。

4. 英国大学推广运动对美国的影响

美国教育者前往英国考察学习大学推广运动的相关工作，回到美国后，积极倡导美国大学实施大学推广。例如，约翰·霍普金斯大学的亚当斯是把英国大学推广运动引入美国的第一人。又如，亨德森前往英国研究英国的大学推广制度，回国后发表关于大学推广的研究报告，并在实践中大力倡导实施。英国学者前往美国进行宣传，也在一定程度上助推了美国大学推广运动的发展。剑桥大学的莫尔顿是最有经验的英国讲座教师，他前往费城，协助大学推广教学协会的工作，推动大学推广工作的开展和费城协会的相关工作。

英美大学推广理念相互融合、相互借鉴。19 世纪 70 年代初，美国一

---

① Daniel Schugurensky, The Wisconsin Idea Brings the University to the Community, http://schugurensky. faculty. asu. edu/moments/1907wisconsin. html, 2020 - 8 - 14.

些东部大学和图书馆协会效法英国大学推广运动，为肖托夸运动的发展提供了灵感。在英国，暑期集会的概念来自美国的肖托夸运动。将大学带到民众中间的理念是英国的，将人们聚集到假期大学的想法是美国的。[①] 这是大学推广运动的两个核心特征。英国大学推广运动的跳跃式发展无疑在很大程度上归功于它们的结合。地方推广中心进行筹备工作，为推广学生提供暑期集会；暑期集会反过来将孤立的中心聚集在一起，向学生们传授了团队精神，并展示了大学推广运动的国家特色。很大一部分新兴推广中心的起源归功于暑期集会的传教精神。英美大学推广运动理念的融合，让大学推广工作起源更具国际化。

19 世纪 70 年代，在美国肖托夸运动和英格兰大学推广运动的推动和影响下，美国兴起了大学推广运动，使得大学成人教育以推广部的形式制度化。[②] 1891 年的纽约州《大学推广法案》授权向州立大学的中央机构拨款。随后，美国其他州相继效仿。在英国，大学中央办公室的推广费用大部分由大学承担，而不是依靠国家。美国的大学推广强调推广课堂的互惠性，将大学教师与实际生活相联系。虽然英美两国大学推广运动的一般目标和方法是相同的，但由于国家机构的不同，它们的发展路径不同。例如，通过从州立法机构获得拨款支持大学推广工作的做法，比海洋彼岸的英国大学推广运动更前进了一步。对英国大学推广运动的研究，更让美国信服要进一步推动美国大学推广运动的大众化发展。

（二）加拿大的大学推广运动

加拿大的大学推广开始于 19 世纪 70 年代。1891 年，加拿大大学教学推广协会成立后，积极培育为国家服务的理念，努力为大学推广部门争取公共资源。20 世纪上半叶，大学推广和继续教育的实践做法是加拿大西部大学工作的重要组成部分。

加拿大的大学推广于 19 世纪 70 年代产生，最初在多伦多大学启动并组织女性高等教育运动，而后麦吉尔大学在蒙特利尔效仿并举办了推广

---

① H. J. Mackinder, M. Sadler, *University Extension, Past, Present, and Future* (Cassell, 1891), p. 37.

② 冯琳：《高校成人教育的制度化探索——美国大学推广运动的兴起与早期发展》，《河北大学成人教育学院学报》2019 年第 4 期。

课程。加拿大这两所大学的大学推广尝试所遵循的原则与在英国和美国进行的大学推广运动是一致的。1891 年 5 月，在蒙特利尔举行的加拿大皇家学会（Royal Society of Canada）会议上，拉瓦尔大学（Laval University）和加拿大皇家学会的主席阿贝·拉弗兰梅（Abbe Laflamme）发表了一篇关于"大学推广工作的重要性"的演说，极力主张加拿大的大学推广方案可采用英国和美国的路线。① 这篇文章随后被著名的加拿大历史学家威廉·金斯福德（William Kingsford）翻译出版，并在海外发布。

1891 年 11 月，安大略省教育部部长罗斯（G. W. Ross）在多伦多召开会议，讨论在加拿大启动大学教学推广计划（Extension of University Teaching）问题。安大略省主要大学和教育机构的代表以及麦吉尔大学的三位教授出席了会议。与美国大学推广运动相关的宾夕法尼亚大学的詹姆斯教授参加会议并给出经验与建议。会议期间，还起草并通过一项章程，成立了加拿大大学教学推广协会（Canadian Association for the Extension of University Teaching）。

加拿大大学教学推广协会成立后，多伦多大学在汉密尔顿和多伦多各开设一门课程，但是因教师和工作人员不足而最终停滞，取而代之的是多种多样的系列讲座。1893 年，麦吉尔大学的科克斯（Cox）教授在蒙特利尔开设了 12 场关于"自然中的能量"的讲座课程。1893 年开设的课程还包括电、化学和英国文学。

民众对推广工作的兴趣越发强烈，一方面是由于大学的特许。例如，女王大学为大学推广学生设立了一个专门学位，相当于第一年荣誉学位（First Year Honors）。在攻读文学学士学位时这一学位被大学认可。另一方面是因为大学讲座费用的降低。大学推广的目标不应只是把高等教育带给那些不能上大学的民众，而要把高等教育带给尽可能多的人，而实现这一目标的方法就是把门票的价格定在最低水平。1894 年，3 美元单一票、8 美元家庭票的费用使更多的民众能够参加讲座。

① T. J. Maclaughlin, University Extension in Canada, https：//qspace. library. queensu. ca/bitstream/handle/1974/10358/universityextens00macl. pdf？ sequence = 1. （1894 - 02 - 17），2020 - 05 - 18.

到 1908 年，加拿大的曼尼托巴省、萨斯喀彻温省、阿尔伯塔省和不列颠哥伦比亚省都建立了公立大学。在随后的几十年里，每一所省立大学都设立了大学推广部，负责为未能参加常规校园学习的成年人举办一系列教育课程。这些课程每年为数千名学生提供服务，包括非学分外展和推广活动（Non-Credit Outreach and Extension Activities）、证书课程、远程教育以及学位学分课程。20 世纪六七十年代，这些省份在建立新的公立大学时，也设立了大学推广部或继续教育部。

20 世纪上半叶，大学推广和继续教育是加拿大西部大学工作的重要组成部分。加拿大西部的主要大学都设有大学推广部或继续教育部（见表 4-4）。大学推广部的目标演进可以概括为三个阶段：拓展资源（Extending Resources）、促进进步（Fostering Progress）和满足需求（Meeting Needs）。①1940 年之前，大学推广部致力于拓展大学的资源，以造福其所在省份的公民。20 世纪四五十年代，大学推广部致力于促进社会发展和经济进步。20 世纪 60 年代开始，加拿大西部的大学转向开办继续教育部，而不是大学推广部，以满足个人终身学习的需求。

大学推广部的领导积极培育为国家服务的理念，努力为大学推广部门争取公共资源。阿尔伯塔大学是加拿大较早设立推广部的大学之一，并有专门拨款作为支持。阿尔伯塔大学的大学推广部是为帮助那些无法上正规大学课程的人而设立的，提出大学推广的目标是把大学的知识和其他学校资源转移到由于各种原因未能使用这些资源的人身上。从成立的第一年起，学院的教职工就举办推广讲座，包括专门针对中小学教师的夜间讲座和一些在地方举办的普通讲座。

不列颠哥伦比亚大学的大学推广方案始于 1937 年，主要提供推广讲座、图书馆和视听资料服务，以及举办夜校。大学推广部在农业、渔业、林业、家庭经济、家庭生活、美术、人文学科、公共事务和商业等专门类领域组织活动。同阿尔伯塔大学和萨斯喀彻温大学一样，不列颠哥伦

---

① S. McLean, "Extending Resources, Fostering Progress, or Meeting Needs? University Extension and Continuing Education in Western Canada," *British Journal of Sociology of Education* 29 (2008): 91-103.

比亚大学也开展广播和电视节目、青年培训项目、协助学习小组、组织
会议和短期课程。曼尼托巴大学是加拿大西部最后一所设立推广部的省
级大学。20 世纪 50 年代和 60 年代初，大学推广与成人教育部举办了公
开讲座、电台讲座、夜校及函授课程（包括学分与非学分）、暑期课程、
图书馆、视听服务，以及继续教育课程等。

表 4－4　加拿大部分大学的大学推广部变化概况

大学名称	建立年份	大学推广部的建立与变化
萨斯喀彻温大学	1907	1910：Extension Department 1963：Extension Division 1979：Division of Extension and Community Relations 1990：Extension Division
阿尔伯塔大学	1906	1912：Extension Department 1975：Faculty of Extension
不列颠哥伦比亚大学	1908	1936：Department of University Extension 1970：Centre for Continuing Education 1993：UBC Continuing Studies
曼尼托巴大学	1877	1949：Department of University Extension and Adult Education 1968：Extension Division 1976：Continuing Education Division
维多利亚大学	1963	1963：Evening Division 1970：Division of Continuing Education 1978：Division of University Extension 1994：Division of Continuing Studies
卡尔加里大学	1966	1967：Division of Continuing Education 1978：Faculty of Continuing Education
西蒙弗雷泽大学	1965	1972：Division of Continuing Education 1975：SFU Continuing Studies
里贾纳大学	1974	1975：Department of Extension 1981：University Extension

资料来源：S. McLean, "Extending Resources, Fostering Progress, or Meeting Needs? University Extension and Continuing Education in Western Canada," *British Journal of Sociology of Education* 29 (2008)：91 – 103。

　　20 世纪 60 年代以来，加拿大大学的大学推广部和继续教育部的目标
是满足终身学习者的需要，侧重于提供教育服务。"满足需要"的显著特

点是主张大学推广和继续教育的目的是提供教育机会和高等教育文凭，以满足人们终身学习的需要。

自 20 世纪 60 年代以来，加拿大西部的大学推广部和继续教育部灵活地将非学位和学位学分课程结合起来。尽管每一所大学都有自己独特的课程组合，但它们往往采用授课形式提供多种学位学分课程，包括夜校课程、校外课程和远程教育。此外，证书和非学分课程往往包括商业、职业、语言（包括作为第二语言的英语）、人文学科、美术、科学、技术和电脑。一些大学开设以服务社区发展为重点的课程，或提供为女性、本土人和老年人设计的专门课程。

其中，最为明显的转变是学生性质的变化。参加继续教育课程的学习者的性质与参加早期推广活动的学习者的性质有很大的不同。大学推广课程经常面向农村民众，主要是为接受了初等教育的民众设计的，但大学继续教育的参加者一般都是城市居民，且已接受了一定程度的中学后教育。

二　大学推广运动在欧洲和大洋洲的传播与影响

随着英国大学推广运动的发展，澳大利亚、荷兰、比利时等国家的相关机构和政府部门组织专家组前往英国考察大学推广运动进展，并借鉴吸收了英国大学推广的做法，在大学与民众的关系、大学与社会的关系层面也展开了深入探讨，不同程度地开始了大学推广运动。英国大学推广运动的主要领导人，如工人教育协会的创始人曼斯布里奇、牛津大学默顿学院的教师斯科特、剑桥大学的莫尔顿等，前往澳大利亚等国家宣传大学推广与工人教育，助推该国大学推广运动的发展。19 世纪 80 年代中后期，英国大学推广运动逐渐传播到澳大利亚和欧洲大陆地区。欧洲许多国家的大学推广方案起源于工人要求接受高等教育的运动，尤其是中欧和东欧地区。欧洲每个国家的大学推广运动都显示出其独特的特点。到 19 世纪 90 年代，在国际上形成了一定规模的大学推广运动浪潮。

（一）荷兰

1829 年，荷兰莱顿大学的鲁文斯（Reuvens）教授就对大学的入学限制条件进行抨击，但收效甚微。1876 年，荷兰《高等教育法案》（*Act on*

Higher Education of 1876）的颁布带来了几个重大变化。其中，法案规定大学教育是"为准备独立开展科学实践和履行社会职责而进行的学术教育"①。该法案不仅影响了高等教育的组织，也影响了大学与社会的关系和地位。在大学推广理念被引入荷兰后，民众教育运动中产生了关于大学推广的辩论，集中体现在下层成人学生的活动上。然而，人们对于大学推广的接受引发了社会关注，需要大学本身与下层阶级的参与。甚至，有时大学和民众教育处于对立状态。直到 19 世纪末期，荷兰的大学从"象牙塔"转变成一个为更广泛的社会利益而工作的学校，从教育上层阶级的机构转变为培训大多数有才能的人的机构。

阿姆斯特丹大学是荷兰第一所认真考虑大学推广计划的大学，1892年，其就已经开始推进这项计划。莱顿大学并未如阿姆斯特丹大学那样积极参与。1898 年，在大学推广计划引起荷兰议会的注意之前，荷兰公共福利协会（Maatschappij tot Nut van't Algemeen—Society for the Common Weal, Nut）已经组织了类似课程。荷兰教育专家和自由民主联盟（Liberal Democratic Union）主席德克·博斯（Dirk Bos）致力于尝试引起大学对大学推广运动的兴趣，认为大学必须唤起人们对知识的追求，同时大学推广等活动必须成为大学工作的一部分。1914 年，博斯撰文讨论了英国和奥地利的大学推广由于大学机构的支持而取得的成功，并表达了荷兰的发展令人失望。② 荷兰的大学推广运动未达到预期的规模。虽然大学推广并未在荷兰达到如英国般的发展规模，但是对于大学推广的讨论和尝试引发了荷兰对高等教育改革以及大学与社会、民众关系的深入探讨，对于推进高等教育体制革新仍有其意义。

---

① S. Marriott, B. J. Hake, *Cultural and Intercultural Experiences in European Adult Education. Essays on Popular and Higher Education since 1890. —Debate or Babel? University extension in The Netherlands*（Leeds Studies in Continuing Education/Museum of the History of Education, Rm. 14, Parkinson Court, University of Leeds, Leeds LS2 9JT, United Kingdom., 1994), p. 193.

② S. Marriott, B. J. Hake, *Cultural and Intercultural Experiences in European Adult Education. Essays on Popular and Higher Education since 1890. —Debate or Babel? University Extension in The Netherlands*（Leeds Studies in Continuing Education/Museum of the History of Education, Rm. 14, Parkinson Court, University of Leeds, Leeds LS2 9JT, United Kingdom., 1994), p. 191.

（二）比利时

比利时大学推广运动被英国大学推广运动的领袖们认为是最接近其原始模式的运动。在比利时，大学推广运动的起源与激进政治运动的爆发紧密相连，这些运动与佛兰德民族主义（Flemish Nationalism）的抱负和工人的社会主义运动有关。

比利时的教育是特殊的政治角逐领域。19 世纪 80 年代早期，自由党政府采取了激进的措施，将学校置于国家控制之下，并排除了宗教教学。1884 年，当天主教徒重新掌权时，他们扭转了这一局面。此外，佛兰德民族主义运动中强大的教育元素抓住了"大学推广"作为它的工具。正如瓦克斯韦勒（Waxweile）所指出的那样，在根特大学（University of Ghent），大学推广最初是受到一些激进的教师和学生的启发而出现的。其中最早的一位是保罗·弗雷德里克（Paul Frédericq），他 1884 年就在英国研究大学推广运动。虽然他一回国就开始传播英国大学推广运动，但直到 1892 年才开设第一批大学推广课程。因此，弗兰德斯的大学推广与民族主义运动密切相关，其归功于一群直接倡导英国大学推广运动模式的知识分子。[①]

在莱昂·莱克勒（Léon Leclère）教授的推动下，布鲁塞尔紧随根特之后开始尝试大学推广。莱克勒在英国学习后，对大学推广运动产生了兴趣。他认为大学推广对比利时新的民主精神至关重要，并于 1892 年出版了一本很有影响力的关于英国大学推广运动的小册子。布鲁塞尔的大学推广活动受到了高度关注，两个以免费大学（Free University）为基础的独立组织一度并行运作。社会党（Socialist Party）也一度提出自己的大学推广计划。当大学当局拒绝让法国著名地理学家艾里塞·雷克吕（Élisée Reclus）开设一系列讲座时，运动分裂了。雷克吕是一位著名的人物，他在地理政治方面，特别是地理与殖民主义的关系方面，享有国际声誉。然而，由于他是一名无政府主义者，政府当局害怕他会激起学

---

① B. J. Hake, S. Marriott, *Adult Education Between Cultures. Encounters and Identities in European Adult Education since* 1890 （Leeds Studies in Continuing Education/Museum of the History of Education, Rm. 14, Parkinson Court, University of Leeds, Leeds LS2 9JT, United Kingdom, 1992）, pp. 62 – 64.

生的热情。雷克吕也是一名共济会成员，通过他的共济会朋友们，他获得了一个演讲厅，此后雷克吕还和其他人一起创建了"新大学"（New U-niversity），组织了自己的大学推广计划。

社会主义运动领导人德斯特雷（Destrée）和范德维尔德（Vandervelde）认为，这种大学推广是在教授"纯科学，脱离政治和经济"。因此是为了工人阶级的利益，显示了对"客观知识"的强烈信念。莱克勒后来指出，尽管大学推广计划的起源很激进，但在比利时，越来越多的中产阶级和中小学女教师对此表示欢迎。这种模式在欧洲其他地区也在重复出现。因此，比利时的大学推广是客观知识传统的继承，是民族主义和社会主义运动的表现，也是由大学激进分子设计的对英国大学推广模式的反应。比利时的大学推广后来成为满足中产阶级文化工作需求和教师专业发展需求的重要途径，对女性教师特别有吸引力。

（三）欧洲其他国家

在瑞典，大学推广的起源更多与大学学者的活动有关。例如，哈拉尔·贾内（Harald Hjärne）研究了英国大学推广运动，还写了一篇影响广泛的关于英国大学推广的文章，说服了乌普萨拉、隆德、哥德堡和斯德哥尔摩的大学当局按照英国模式举办暑期学校。举办暑期学校的目的是激发人们潜在的意识力量，拓宽心理视野，提高知识水平。值得注意的是，参与暑期学校的听众几乎全是中小学教师。在瑞典有两个类型的成人教育运动，一是按照丹麦民众高等学校模式在农村开展的成人教育，二是参照斯德哥尔摩安东·奈斯通（Anton Nyström）创立的工人学院模式，在城镇建立工人学院。早在1883年，这些组织就得到了国家的资助。尽管它们最初是为工人准备的，但逐渐被中产阶级所占据。19世纪90年代，瑞典引入英国大学推广的尝试可以看作通过大学的直接参与让旧的授课体系重新焕发活力的方式。[1]

---

[1]　B. J. Hake, S. Marriott, *Adult Education Between Cultures. Encounters and Identities in European Adult Education since* 1890 （Leeds Studies in Continuing Education/Museum of the History of Education, Rm. 14, Parkinson Court, University of Leeds, Leeds LS2 9JT, United Kingdom. , 1992）, p. 65.

在挪威，人们对英国大学推广运动也有类似的兴趣。挪威学者也曾参加过英国的暑期学校，他们对暑期学校在班级和睦相处方面的潜力充满热情。莫雷·沃尔德（Mourley Vold）博士记录了他参加1892年牛津大学暑期集会的感想，认为大学推广的主要价值在于它对工人阶级的提升作用。

在匈牙利，19世纪中期类似的民众教育热潮为普及科学和历史创造了制度条件。到19世纪70年代，一些协会开始接受国家补贴。1893年，布达佩斯建立了"免费吕克昂"（Free Lyceum），为民众提供更系统的大学课程。1897年，时任教育部部长尤利乌斯·弗洛希奇（Julius Wlassics）提出，大学应该直接为整个国家提供推广服务，尤其是工人阶级。大学对此持积极态度。对弗洛希奇来说，大学推广是通过统一的教育系统实现国家文化统一总体计划非常重要的因素之一。[①] 与匈牙利第一位教育和艺术部部长拜伦·伊洛特洛斯（Baron Eotvos）一样，弗洛希奇看到了国民教育在构建国家认同中的重要性。因此，匈牙利的大学推广从一开始就相当政治化，享有高水平的国家支持和指导，将自愿部门机构聚集到大学推广系统中。

可见，荷兰、比利时、瑞典、挪威、匈牙利等欧洲国家的大学推广运动都显示出其独特的特点。虽然大学推广并未在荷兰达到如英国般的发展规模，但是对于大学推广的讨论和零星尝试，引发了对荷兰高等教育改革以及大学与社会、民众关系的深入探讨，对于推进高等教育体制革新仍然有其意义。比利时大学推广运动被英国大学推广运动的领袖们认为是最接近其原始模式的运动。比利时的大学推广是客观知识传统的继承，是民族主义和社会主义运动的表现，也是由大学激进分子设计的对英国大学推广模式的反应。19世纪90年代，瑞典引入英国大学推广的尝试可以看作通过大学的直接参与让旧的授课体系重新焕发活力的方式。匈牙利的大学推广从一开始就相当政治化，享有高水平的国家支持和指导。

---

① B. J. Hake, S. Marriott, *Adult Education Between Cultures. Encounters and Identities in European Adult Education since* 1890（Leeds Studies in Continuing Education/Museum of the History of Education, Rm. 14, Parkinson Court, University of Leeds, Leeds LS2 9JT, United Kingdom., 1992），pp. 62 – 64.

（四）澳大利亚

英国大学推广运动传入澳大利亚，对该地区的高等教育产生了重要影响。澳大利亚的大学推广更多是直接移植英国模式。[①] 澳大利亚的大学比加拿大或美国的大学更接近英国的大学推广传统。将大学推广运动移植到澳大利亚应归功于牛津大学默顿学院的教师沃尔特·斯科特。1885年，斯科特抵达悉尼，后被任命为悉尼大学古典文学系主任。在他的倡议下，澳大利亚悉尼大学于 1886 年引入第一场大学推广讲座，标志着大学推广运动在澳大利亚的开端。到 1901 年，大学推广运动覆盖了整个澳洲大陆。但是，澳大利亚各州的大学推广运动发展规模存在差异。

与英国不同的是，澳大利亚校外大学教育（Extra-Mural University Education）的萌芽来自大学内部，而不是来自外界的呼吁。例如，墨尔本大学希望通过大学推广运动填补社区中的文化鸿沟，满足民众的知识需求，把大学带到整个社区。澳大利亚大学推广运动的进展不平衡，各州大学推广运动的发展在时间上有所差异。澳大利亚各州大学推广运动达到高峰的时间有先后之别，如维多利亚州于 1892 年和 1897—1899 年达到发展高峰、新南威尔士州于 1911 年达到发展高峰、南澳大利亚州于 1909年达到发展高峰。[②]

1913 年，英国工人教育协会创始人阿尔伯特·曼斯布里奇访问澳大利亚各州，使大学推广工作达到高潮。到第一次世界大战爆发时，除西澳大利亚以外的各州都成立了工人教育协会。澳大利亚大学推广运动未能触及社会的所有阶层，参与课程的多数是中上层的成年人，加之推广教育工作标准的下降，导致 1913 年后的大学推广运动停滞不前，引发了成人教育的改革。

1913 年后，受澳大利亚大学的内部需求、对已有大学推广运动的日益不满、对大学应继续致力于成人教育的信念，以及澳大利亚工党政府的教育改革举措和政治变革等因素影响，澳大利亚大学成人教育回到了

---

① A. E. Ottewell, The University Extension Movement (Master's Thesis, University of Alberta, 1915), p. 34.

② E. Williams, "The Beginnings of the Australian University Extension Movement, " *Critical Studies in Education* 14 (1972): 185 –210.

大学推广运动支持者多年前寻求的道路上。尽管成人教育体制发生了变化，大学的基本目标仍然是自 1886 年以来的目标：为社会各阶层服务，为无法参加大学校内学习的成年人提供大学水平的教学，并使大学对社区的需求做出反应。可见，1913 年后，澳大利亚国内的社会和政治变革导致大学重新评估它们面对社会需求的立场。在某种程度上，变革是由推广运动无法满足其不同支持者的期望所决定的。但是，不可否认的是，澳大利亚大学成人教育受到英国大学成人教育的影响，给大学的校外工作注入了新的动力和生命力。

由上可见，英国大学推广运动具有国际影响力。同时，这也可以从大学推广国际会议的相关盛况中体现。例如，1894 年 6 月 22 日至 23 日，在伦敦举行的大学推广国际大会充分体现了大学推广的国际性。此次会议时值剑桥大学推广运动 21 周年，约有 600 名代表出席了会议。世界各地开展大学推广的所有主要中央组织、地方推广中心、英国的大学和地方学院以及国外的教育专家代表均有参加。① 参会代表由英国以外的下列大学推广组织委派：布鲁塞尔协会、美国协会（费城）、芝加哥大学、墨尔本大学、新布伦瑞克大学、纽约大学、明尼苏达大学、马德拉斯大学、悉尼大学和皇后学院（加拿大·金斯敦）。参会的官方政府包括英国、意大利、挪威、瑞典、新斯科舍省、新西兰、纳塔尔、昆士兰和南澳大利亚等。会议由牛津大学校长、剑桥大学校长、伦敦大学校长轮流主持。如此完整地代表教育工作的会议在英国从未出现过，尤其是英国三位大学校长的出席，给大学推广工作带来了荣誉。此前，三位大学校长从未共同参加过同一个大学仪式或会议。伦敦市长在官邸为代表们举行招待会，这些都证明了大学推广运动的重要性及国际影响力。

第二节　大学推广运动的贡献与局限

19 世纪的英国高等教育发生了根本性的变革。19 世纪中叶，以牛津

---

① J. E. Russell, "The Extension of University Teaching in England and America: A Study in Practical Pedagogics," Ph. D. diss. , University of Leipsic, 1895, pp. 48 – 62.

大学和剑桥大学为代表的古典大学愈加无法满足社会的需求，遭受了社会的批评。为维护大学的社会声誉和学术地位，古典大学开始采取一些改革措施，大学推广运动就是其中一项举措。英国大学推广运动是 19 世纪英国社会运动的重要组成部分。然而，缺乏稳定的财政保障、民众对推广课程的兴趣不持久和大学推广系统自身的局限等多种因素在一定程度上影响了大学推广运动的成效。

一　英国大学推广运动的贡献

英国大学推广运动推动了古典大学的改革，满足了民众高等教育的需求，是把大学带到民众中间的生动实践。19 世纪末至 20 世纪初，国际上形成了一定规模的大学推广运动浪潮。英国大学推广运动对国际范围的高等教育领域产生了深远影响，成为一项具有国际影响力的大学推广与高等教育革新运动。大学推广运动蕴含高等教育发展的内生动力，催生了英国近代高等教育改革与转型。英国大学推广运动的贡献主要体现在四个方面：大学推广运动促进英国高等教育的民主化，大学推广运动奠定大学服务社会的基础，大学推广运动开成人高等教育之先河，大学推广运动推动英国高等教育的改革。

（一）大学推广运动促进英国高等教育的民主化

大学推广运动是 19 世纪英国社会民主运动的一部分。大学推广的基本原则具有鲜明的时代精神。大学作为学校系统的要素之一，为个人、社会、国家而存在，是社会最具影响力的文化手段。大学不能成为一个与世隔绝的"学习场所"。大学的最高目标应该是激发普通人对真理的追求。19 世纪上半叶，英国传统大学改革开始强调加强大学与社会的互动，促进大学教育的民主化，使更多的民众有享受高等教育的机会。

大学推广运动拒绝承认文化的垄断，旨在把与个人关系最密切的教育力量系统化和具体化。当时绝大多数民众在校教育时间少于 8 年，只有少数人有机会进入大学接受教育。这意味着对许多民众来说，阅读和写作的知识储备与练习程度还处于初级阶段。大学推广寻求用一种更温和的目标来满足民众对自我提升的需求，用更温暖的情感、更崇高的抱负来激励民众。

大学推广的标准是相对的，没有规定的课程，没有最高学位，没有阶级区别。有学者提出，大学推广运动最重要的贡献和最大的成就是为此前没有接受高等教育的中产阶级女性提供教育机会。[1] 在地方中心举办推广讲座是 19 世纪后期大学活动的一个重要特点。大学推广运动最深远的影响是在剑桥建立了两所女子学院（1869 年建立的格顿学院和 1872 年建立的纽纳姆学院），促进了女子高等教育的发展。

大学推广运动改变了民众对古典大学的态度，从某种程度上来说，大学推广运动拯救了古典大学。大学推广运动以一种独特而完整的方式满足了工业社会的需求，激起了民众接受高等教育的热情，这是其他运动无法企及的。正如弗农·李在《民主和我们的古典大学》中指出的那样："在过去的四十年里，古典大学在民主道路上所取得的三大进步是允许独立或非学院的学生入学、取消宗教考试和大学推广运动。……大学推广运动必须被视为大学工作的一个组成部分。古典大学必须从英国绅士的大学中完全脱离出来，成为英国国民的大学。"[2]

但是，由于财政资金问题自始至终困扰着大学推广运动，其主要参与群体中占多数的是中产阶级以及有闲暇的女性，而原本期盼的工人阶层却因课程费用而影响了参与积极性。20 世纪初，在曼斯布里奇等人的努力下，工人教育协会成立，孕育了大学推广教学的新形态——导师制课程，促进大学推广转向与工人教育的结合，是改进大学推广制度的重要事件。虽然大学推广运动曾遭到质疑，但这一教育革新运动在推进教育民主化、女子高等教育与成人高等教育方面的历史意义重大。

（二）大学推广运动奠定大学服务社会的基础

大学推广被认为是对高等教育的兴趣的大复兴，推动了英国各工业城镇的地方学院和大学的建立。大学推广运动推动了大学学院的创建，直接服务于所在地区经济，满足了当地工商业发展需要。大学推广组织的发展充分证明了大学推广运动的存在和起源的必要性。很多大学学院

---

[1] D. Sutherland, University Extension in Scotland c. 1886 - 1896 (Master's Thesis, University of Glasgow, 2007), p. 12.

[2] H. B. Adams, *University Extension in Great Britain* (US Government Printing Office, 1900), p. 989.

的建立都缘于早期的地方推广中心的工作。利物浦、利兹、谢菲尔德、诺丁汉和卡迪夫的大学学院的创建都可追溯到大学推广运动。雷丁和埃克塞特独特的推广学院（Extension Colleges）的形成完全是基于对大学推广的狂热。大学与相关的推广学院建立了密切的联系，其中谢菲尔德大学学院、诺丁汉大学学院、布里斯托尔大学学院和埃克塞特大学学院在20世纪早期转型成为独立的大学。大学推广有限地实现了本杰明·乔伊特的理想，同时也从物理空间上扩展了大学（Physically Extending the Universities）。

1873年，剑桥大学仅有三个推广中心，吸引学生1200人左右。1891—1892年，剑桥大学的推广中心已增加至296个，学生18779人。1876年，伦敦协会仅有5个推广中心，139名学生。至1895年，伦敦协会开设152门课程，学生共计15665人。1885年，牛津大学推广中心仅有22个，学生不超过4000人。1895年，牛津大学推广中心发展至115个，学生人数超过20000人。[①] 在几年的时间内，从最初的28个中心，43门课程，吸引不到6000名学生，发展到342个中心，449门课程，吸引约47000名学生，这是任何协会和组织都会引以为豪的发展成就。[②]

此外，大学推广运动唤醒了民众的新鲜感和学习热情。自从大学推广讲座开设以来，所在社区的民众谈话话题都转变为围绕讲座主题展开。大学推广把高等教育带到了乡镇，加强了当地的教育设施和条件。把大学系统通过讲座教师带到民众家门口，乡镇不需要兴办高等学校，民众就可以享有与正规高等教育一样水平的教育机会。另外，无论是图书馆、博物馆、艺术画廊还是文学协会，都因大学推广运动得到了进一步的发展。

大学推广运动从英国传播到其他国家，对大学服务社会职能产生影响。特别是在美国，大学推广运动呈现巨大的活力。虽然美国大学教学推广协会开始时只有19个中心和7000名学生，但仅经过三年的发展，该

---

① R. M. Wenley, *The University Extension Movement in Scotland* （the University Press by Robert MacLehose & Company, 1895）, p. 9.

② R. M. Wenley, *The University Extension Movement in Scotland* （the University Press by Robert MacLehose & Company, 1895）, p. 9.

协会就拥有了 95 个中心，133 门课程，20500 名学生。① 特别是威斯康星大学于 19 世纪末引入英国大学推广模式，成立大学推广部，把教学、科研和社会服务作为学校的职能，为大学服务社会职能的集大成者——"威斯康星理念"的产生奠定了实践基础。

（三）大学推广运动开成人高等教育之先河

英国的成人高等教育可以追溯到大学推广运动。"大学推广"是 19 世纪英国增加成人高等教育机会的途径，成为 19 世纪末英国社会的重要特征。在严格的意义上，由大学当局为非大学成员的学生举办校外推广讲座，是从 1867 年斯图尔特开设讲座开始的。1867—1871 年，斯图尔特在利兹、利物浦、曼彻斯特和谢菲尔德等地举办了讲座。1873 年，剑桥大学正式宣布开始举办大学推广讲座。1876 年，伦敦大学推广协会开设推广讲座课程。1878 年，牛津大学也开设推广讲座。大学推广运动发展迅猛，例如，1885 年至 1908 年，在牛津大学推广委员会的组织下，577 个中心举办了 32146 次讲座，超过 424500 名学生参加。② 总结 1873—1923 年的大学推广工作，牛津大学、剑桥大学和伦敦协会安排的所有课程的总参加人数超过 150 万。③ 费舍在《大学在国民生活中的地位》一文中指出，大学推广吸引了比任何其他成人教育运动都更多的学生。

大学推广运动覆盖了全体民众，追求无阶层差别地使民众享受高等教育。通过大学推广教学受益的群体可以从参与课程的学生群体特征中体现。英格兰北部的推广中心蓬勃发展，大学推广工作受到了最热烈的欢迎，大学推广运动达到最佳状态。参与讲座的人很多，矿工长途跋涉前往参与展现了强烈的兴趣，他们甚至为了参加讲座课程而经常被扣减工资。在泰恩河沿岸的许多城镇，多年来大学推广课程持续不断。在讲座课程的学生群体中，一般下午的课程以女性居多，夜间推广课程的学

---

① R. M. Wenley, *The University Extension Movement in Scotland* (the University Press by Robert MacLehose & Company, 1895), p. 10.

② H. Frowde, *Oxford and Working-Class Education: Being the Report of a Joint Committee of University and Working-Class Representatives on the Relation of the University to the Higher Education of Workpeople* (Clarendon Press, 1909), pp. 32 – 40.

③ W. H. Draper, *University Extension: A Survey of Fifty Years, 1873 – 1923* (Cambridge University Press Archive, 1923), p. 90.

生群体则更多元化，包括中小学教师、工匠、普通职员、商人和制造商等。归根结底，对大学推广运动的考验无疑是其能否满足劳动人民的实际需要。大学推广运动的学生众多，学生群体多样，包括社会各阶层，在一定程度上满足了民众对高等教育的需求。

　　进入 20 世纪，英国大学推广运动最显著的特点是它与劳工运动的密切联系。英国大学推广运动积极与工人协会合作。1903 年成立的工人教育协会有效地确保了劳工代表在 60 所大学的理事机构和委员会机构中的合法权利，其目的是阐明劳工受教育的愿望。大学推广讲座激发了劳工对高等教育的需求。大学推广运动最大的遗产之一是该运动对工人教育协会的建立和其后运营策略的影响。工人教育协会的成立以及对成人高等教育的促进具有很大的意义，它开民间组织与大学合作开展成人特别是广大工人民众高等教育的先河。[①] 坎德尔（I. L. Kandel）认为劳工代表和工人教育协会在激发公众舆论方面发挥了最重要的作用。坎德尔指出，英国的教育改革"从根本上说是一场人民运动"。[②] 大学推广运动是英国历史上最早最大的成人教育运动之一，对 20 世纪以来的成人高等教育产生了积极的影响。[③]

（四）大学推广运动推动英国高等教育的改革

　　英国教育史学家奥尔德里奇（Richard Aldrich）对大学推广运动的评价指出："大学推广运动有众多的学生，聚集着社会各个阶级的人士，为妇女提供了上学机会，主张自由教育是面向所有人的，使旧大学意识到其更广泛的社会责任，对建立新大学学院做出了贡献，所以它囊括了现代高等教育中许多重要的发展。"[④]

　　大学推广运动可以说是古典大学在面对社会公众批评的舆论下，对社会需求做出的回应，是由外向内推动的被动式改革。大学推广运动对大学课程设置、高等教育体系、建立新型的高等教育机构等层面都产生

---

① 许明：《英国高等教育发展研究》，辽宁师范大学出版社，1998，第 95 页。
② I. L. Kandel, Education in Great Britain and Ireland（US Government Printing Office, 1919），p. 7.
③ 许明：《英国高等教育发展研究》，辽宁师范大学出版社，1998，第 75 页。
④ 〔英〕奥尔德里奇：《简明英国教育史》，诸惠芳等译，人民教育出版社，1987，第 171 页。

了影响，翻开了英国高等教育发展与改革历程的崭新一页。

在优化课程安排方面，从无序的教学课程安排到按顺序安排系列课程。例如，1888—1889 年，伦敦协会安排了 10 门课程连续两学期以上，4 门课程连续三学期以上；1890—1891 年，16 门课程持续两学期，6 门课程持续三学期；1892—1893 年，34 门课程持续两学期，25 门课程持续三学期。牛津推广中心的平均学期长度从 1888 年的 8.5 周增加到 1893 年的 14 周。[①] 在学科课程结构方面，科学、文学和历史研究课程保持平衡。在运动的早期，学习的科目几乎包含了经济史和经济学。随着推广讲座课程范围日趋广泛，经济史和经济学课程虽然仍占主导地位，但文学、政治科学概论、现代历史、生物学、心理学和哲学等课程都有开设。此外，还增加了自然科学和实用课程。1890—1891 年三个主要英国推广组织机构的学科课程开设情况如表 4－5 所示。

表 4－5　1890—1891 年三个主要英国推广组织机构的学科课程开设情况

机构	历史和政治经济学（门）	文学和艺术（门）	自然科学（门）
牛津大学	95	33	64
剑桥大学	33	32	70
伦敦协会	31	39	57
总计	159	104	191

资料来源：J. E. Russell, "The Extension of University Teaching in England and America: A Study in Practical Pedagogics," Ph. D. diss. , University of Leipsic, 1895, p. 223。

1892—1893 年，伦敦的 59 个推广中心开设了 55 门自然和物理科学课程、39 门文学课程、23 门历史课程、9 门经济学课程、6 门建筑学课程、7 门哲学课程。1894 年，英国雷丁大学推广学院冬季学期的课程包括自然地理、诗歌、英国 18 世纪史、化学（4 门课）、电学、生物学和植物学（3 门课）；前三门课是 12 场讲座课程，其余各门课是 24 场讲座课程。[②] 这些

---

① J. E. Russell, "The Extension of University Teaching in England and America: A Study in Practical Pedagogics," Ph. D. diss. , University of Leipsic, 1895, p. 222.

② J. E. Russell, "The Extension of University Teaching in England and America: A Study in Practical Pedagogics," Ph. D. diss. , University of Leipsic, 1895, p. 107.

课程具有实用性，但仍显示出偏重人文学科的迹象。

同时，大学推广运动也催生了非正规高等教育的开端。英国地方学院的建立与大学推广讲座中心的工作有密切联系。这些新型的高等教育机构在社区服务、技术培训等方面发挥了重要作用。随着英国成人教育的发展，大学兼具成人教育的功能也逐渐确立。第一次世界大战后，由于国家的资助，各大学设立了校外（成人）教育部。从此，大学开放成了英国成人教育最主要的形态之一，并不断发展，1969 年又创设了世界上第一所"开放大学"。[①] 开放大学作为新型高等教育机构，为那些由于各种原因错失高等教育机会的成年人提供了接受高等教育的机会，其课程、教学方法有别于传统的高等教育机构。英国开放大学的教育模式被许多国家效法，成为高等教育领域具有国际影响力的重大革新。

在隐性价值方面，大学推广运动唤起了民众的高等教育热情，改变了民众对古典大学的态度，改变了民众的生活习惯和生活理想，对个体和社会产生了积极影响。大学推广提供的高等教育机会赋予个体生命以智慧的兴趣，有助于民众进行清醒的政治判断。例如，学习民族文学和民族历史激发了民众爱国主义精神，增强了国家认同。简而言之，通过大学推广运动提供的讲座课程，广大民众有机会接触世界上最伟大的思想，这样的教育形式向民众传授了更高的人生理想和公民意识。这些也是大学推广运动在除了课程数量、学生数量等可以量化的数据之外，难以估量的历史价值和时代意义。

二　英国大学推广运动的局限

大学推广运动通过在大学围墙外开设大学推广讲座的途径为民众接受高等教育创造机会的有益尝试是值得历史称赞的。但是，不可否认，由于多种因素的影响，大学推广运动也存在一些局限，引来了批评者的质疑和批评。大学推广运动是古典大学在面对社会批评和社会新需求的背景下做出的回应，是自外而内、自下而上的被动式改革举措，故其存

[①]　孙世路编著《外国成人教育》，教育科学出版社，1982，第 11 页。

在一定的局限，主要体现在三个方面：大学推广学生群体的局限、大学推广教学系统的局限以及大学推广运营经费的局限。我们要从历史和时代背景出发，运用辩证唯物主义和历史唯物主义的方法论客观辩证地评价与分析大学推广运动。

（一）大学推广学生群体的局限

大学推广运动的倡导者们都极力宣扬大学推广面向全体民众，并且尤其关注三个阶层的群体：一是有闲暇的女性群体；二是中产阶级的年轻人、办事员和其他从事商业活动的人；三是工匠。大学推广工作最引人注目的特点之一是把不同阶层的学生聚集在一起。在诺森伯兰郡、约克郡和英格兰南部的工匠积极参与大学推广讲座课程，使该地区的大学推广讲座持续开办。但是，由于运营经费的因素，加上工人自身受教育基础的不足和从事工作的多种限制，导致参加大学推广讲座的学生群体一般以中上阶层民众居多。很多对大学推广的批评主要针对的是把推广运动认为是属于中产阶级，尤其是属于女性的。这样的批评不无道理。在许多讲座课程的学生中，以女性学生居多。大学推广在女性教育方面采取了措施，在时间安排和课程选择方面对中上阶层的女性尤为有利。以女性学生为主体的地方推广中心，其收取较为昂贵的课程费用，一般在课程的出勤率和经费保障方面不会存在困境。

莫尔顿认为大学推广运动是一场传教运动（University Extension is a Missionary Movement），目的并不止步于向那些想要获得高等教育的民众提供教学，运动还寻求激发民众对高等教育的需求。一些早期推广讲座教师被吸引到运动中来，是因为大学推广运动设想可以在某种程度上帮助英国的工人。[①] 但是，工人阶级参与的人数占比少，主要是工人参与大学推广课程要克服诸多不利因素，包括自身的基础教育缺乏、经常加班工作以及对于工人来说相对昂贵的课程费用。由于缺乏社会团体和机构的资助，工人阶级学生难以支付相对昂贵的费用。而地方推广中心为了维持运作，必然寻求面向有能力支付课程费用的学生群体开设相关课程，

---

① J. F. C. Harrison, *Learning and Living 1790 – 1960: A Study in the History of the English Adult Education Movement* (Routledge, 2013), p. 235.

从而导致工人阶级学生的流失。可以说，除了一些在矿区专门举办的课程外，20世纪前的大学推广运动对促进劳动人民接受高等教育的努力总体上未达到预期目标。直到1903年工人教育协会成立后，专门针对工人阶级学生开设导师制课程，与大学合作开展工人教育，保障工人阶级的平等受教育权利，这种情况才有所改善。

（二）大学推广教学系统的局限

一是大学推广教学质量的参差不齐问题。大学推广运动满足了民众对高等教育的需求，追求把大学教学的优势和权利扩大到所有阶层，满足民众的需求。大学提供必要的教学力量和监督手段，为那些无法直接接受高等教育的民众提供高等教育机会。古典大学通过大学推广讲座，既满足了民众的需求，又不会对大学学术地位造成威胁。但是，面对多样化的学生群体，而且不同学生群体的教育基础和知识水平参差不齐，讲座教师如何通过讲座课程让不同的学生个体学到知识是一大难题。在面对课程—讨论课—考试—文凭的不同环节时，学生的态度和热情有所消退，造成最后参与考试的学生仅占学生总体人数的10%左右，而最终能获得相关大学文凭证书的人数则更少。考评员对推广学生的考试结果进行评定时，指出有一些推广学生的学业水平达到或超过了在校全日制大学生的水平。但是，总体来看，大学推广教学的质量不如大学系统。因此，在大学推广制度下所进行的大部分教学，尽管是最好的教学也不能与大学内部教学工作成绩相提并论。[①] 此外，传授一门学科不是仅靠讲座教学传授即可完成，还需要一定的设施设备等物质支持。虽然大学推广运动后期，大学举办暑期集会，也创设了"流动图书馆"，但对于小型城镇来说，其教学仍然无法达到大学内部教学的标准。

二是大学推广教学系统的可持续性问题。大学推广教学经常中断或者暂停，教学不够系统，也成为批评者对大学推广教学的质疑之一。批评者认为，推广学生无法像牛津大学本科生一样获得教师个人的指导和

---

① C. W. Super, "Some Pros and Contras On University Extension," *Education* 12 （1892）: 330 - 335.

监督。一方面，民众在一个工业城市获得知识的手段，如图书馆、书店、文化氛围等要素，比在已建立大学的城镇受到的限制更多。另一方面，财政困难等原因常常迫使各推广中心批准甚至鼓励在各讲座课程之间出现令人遗憾的中断。曾担任牛津大学推广委员会主席的萨德勒认为大学推广体系的缺陷是表面上的。缺陷存在于一门课和下一门课的学科主题之间的频繁间断，推广讲座工作往往依赖于地方委员会不断变动的资源条件，以及在组织效率较低的推广中心缺乏系统的班级工作。1907 年 8 月，在牛津举行的工人教育协会会议上，教育委员会的常务秘书罗伯特·莫兰爵士也提出了同样的批评，认为民众"不仅需要讲座，而且需要真正扎实的工作"[1]。也有人对某些课程的学术严谨性表示担忧，认为推广课程的标准通常很高，但学生无法支付更高的费用参与后续的讨论课。学生参加了课程，但没有足够的时间进行深入的讨论或对书面文章进行反馈，这是相对较少的推广学生参加考试的原因之一。[2] 大学推广教育委员会的先锋工作有效刺激了民众对高等教育的兴趣和讲座教师的热情，但大学推广制度应适时修改和补充，使扎实的推广工作在各推广中心开展。

三是推广讲座教师与大学正式教师的区别问题。大学推广制度受到批评，不仅仅是因为缺乏捐款，对工人阶级学生收取的费用相对昂贵，以及课程太少等，还有另一个更根本的原因，即推广讲座教师与大学正式教师的区别问题。推广讲座教师来源多样，包括大学毕业生、社会名流等，政治人物偶尔参与，以及部分偏远城镇由学生参加讲座课程后返回所在乡镇担任教师传播所学知识。可见，讲座教师的来源无法保障，优秀的讲座教师占比较小。虽然各大学机构后续也开展了讲座教师的选拔培训等工作，但总体而言，讲座教师的水平参差不齐。例如，批评者指出，牛津大学推广委员会所雇用的讲座教师与牛津大学本身的教学工

---

[1]　H. Frowde, *Oxford and Working-Class Education*: *Being the Report of a Joint Committee of University and Working-Class Representatives on the Relation of the University to the Higher Education of Workpeople* (Clarendon Press, 1909), pp. 32 – 40.

[2]　D. Sutherland, University Extension in Scotland c. 1886 – 1896 (Master's Thesis, University of Glasgow, 2007), p. 12.

作缺乏密切的联系。他们认为大学推广讲座与大学校内的工作一样重要，大学应该雇用专门的教师开设大学推广讲座。"教学超越大学的范围"（Teaching Beyond the Limits of the University）一直是牛津大学教学的一种选择。推广讲座教师可以从其他大学教师的批评和合作中获得最大限度的激励，并保持高水平教学。但是，对于讲座教师来说，他们的地位始终未能像大学教师一样受到充分的重视。因此，在改进方面，批评者建议导师制课程的教师必须获得公认的地位，成为大学教学机构的成员，并与在牛津大学任教的教师享有同等的学术地位，同时还要确保他们能够接触到科学研究的最新进展。

（三）大学推广运营经费的局限

大学推广教学缺乏必要的稳定经费保障，大学的地方教学中心被迫承担了推广教育课程的相关费用。因此，在英国这个商品生产社会中，大学推广教育课程也很快成为一种"商品"，仅供有能力支付的人享用，从而导致经济地位成为衡量每一个人入学资格标准的困境。其结果是，大学推广教育课程不仅排斥了劳工阶级，而且也在某种程度上背离了大学推广教学创始者们的初衷。

大学推广系统在提供工人教育方面的尝试未能达到工人的预期，主要的原因之一是讲座费用筹集不足。由于举办讲座的全部费用由参加讲座的民众和私人捐赠承担，以劳工为主的推广中心在筹集必要的资金方面遇到了瓶颈。富人的捐款可以为推广中心筹集部分资金，但是，这样的捐赠不是可靠的收入来源。工人们想定期参加讲座就要支付相关费用。大学推广制度被迫在财政上自给自足，那么大学推广教育工作只能依靠地方推广中心的努力获得大量学生以支付全部讲座费用。讲座教师在选择讲座和科目时，不能仅仅考虑课程的教育价值，还要考虑到课程能否吸引大量的学生。这样就造成推广中心的成功往往是用学生数量而不是教学质量来衡量。如果参加课程的人数下降，不管课程在教育上多么有价值，它必须让位于另一门更有可能吸引大量学生的课程。由此，地方推广中心面临着尴尬的境地，并非忽视了常规学习系统课程的重要性，而是在不可抗拒的经费压力下，只能不断地开设新的学科课程，而不是彻底精通掌握一门已开设的课程。① 这样的做法也导致了大学推广教学系统的混乱。

经费问题是地方推广组织面临的最难以对付的难题。19 世纪 90 年代初，地方政府为技术教育提供了资金，即所谓的"威士忌钱"。技术教育被定义为"将科学和艺术的教学理论应用于工业"，涵盖大量大学推广教育的科学课程。因此，这一范围内的推广课程获得了国家拨款和郡议会专项资金拨款支持。但是，除了 19 世纪 90 年代初，地方推广中心在没有任何来自大学、地方或中央政府的财政支持的情况下只能是完全自给自足。因此，推广中心开设的每门课程要有一定数量的学生参与，才能支付讲座成本。许多推广中心根据民众的喜好开设课程，往往选择提供较便宜的 6 场讲座课程。在较低的学生出勤率下，有些推广中心干脆关闭。工人阶级学生参与推广课程的最大障碍是讲座的成本、有限的文化素养和长时间的工作。工人阶级学生每周只有几先令收入，还要养家糊口，通常付不起 5 先令或 10 先令的课程学费。这些做法对课程的质量和连续性产生了不利的影响。②

招聘和留住有能力的讲座教师也是经费问题导致的一大难题。讲座教师的能力参差不齐，影响了课程的质量和学生的数量。大学推广教学是一项要求很高的工作，经常需要大量的旅行，而且不能提供稳定的收入。但是，大学推广教学仍然吸引了一批对推广讲座有着强烈信念并为此做出了卓越贡献的教师。最成功的推广中心，经常是那些招聘和留住有才华的和受欢迎的讲座教师的推广中心。如在赫布登布里奇（Hebden Bridge），独特的哈德森·肖于 1888—1889 学年的课程中吸引了大约 600 人（约占城镇人口的 1/5）。③ 可见，经费问题导致的一系列问题，都对大学推广教学的成功与否产生了影响。

---

① H. Frowde, *Oxford and Working-Class Education: Being the Report of a Joint Committee of University and Working-Class Representatives on the Relation of the University to the Higher Education of Workpeople* (Clarendon Press, 1909), pp. 32 – 40.

② D. Sutherland, University Extension in Scotland c. 1886 – 1896 (Master's Thesis, University of Glasgow, 2007), p. 11.

③ D. Sutherland, University Extension in Scotland c. 1886 – 1896 (Master's Thesis, University of Glasgow, 2007), p. 12.

　　总而言之，大学推广运动通过在大学围墙外开设大学推广讲座的途径，为民众接受高等教育创造机会与条件的有益尝试是值得历史称赞的。不可否认，由于多种因素的影响，大学推广运动也存在一些无法逾越的局限，引来了批评者的质疑和批评。但是，从历史的角度出发，不能按照大学的绝对标准来判断大学推广教学的结果，如果这样，是对大学推广教学的贬低和偏见。我们要从历史和时代背景出发，运用辩证唯物主义和历史唯物主义的方法论客观辩证地评价与分析大学推广运动。

第五章　英国大学推广运动的特征与革新

大学推广运动是 19 世纪历史背景下英国大学改革的重要里程碑，对英国高等教育乃至国际范围内高等教育的改革与发展具有深远的意义。大学推广运动与中世纪的传统大学运动相比，在学习课程、教学方法、教学组织等方面具有其独特性。20 世纪 60 年代英国开放大学的实践可以追溯至大学推广运动。大学推广运动满足了民众对高等教育的需求，对工人阶层、女性的高等教育机会拓展至关重要。大学推广运动与工人教育的结合成为其进入 20 世纪后的一大特点。大学推广运动对于民众对大学的态度转变、大学学科课程的多样性、民主教育制度的探索也具有不可磨灭的功绩。总体而言，英国大学推广运动符合时代精神，满足了民众对高等教育的需求，是英国教育民主运动的组成部分。

第一节　大学推广运动的显著特征分析

大学推广运动与建立传统大学的大学运动存在区别，但在本质上两者都是一个新的运动，主要推动力来自以往不存在的各种力量和条件。大学推广教学的元素包括讲座、讨论课、教学大纲、文章写作、考试、证书。大学推广讲座课程按时间长短可以分为 6 场、12 场和 24 场讲座课程，其中以 6 场和 12 场更为常见。大学推广教学的显著特征是以巡回讲座制度为基础，以弹性系统的方式把大学教育传播至整个国家。大学推广运动有别于同类的其他运动之处在于其教育按照巡回的方式进行。

大学推广运动与中世纪的传统大学运动相比，在学习课程、教学方法、教学组织等方面具有其独特性。英国大学推广运动发展成为一场国家运动，在英国范围乃至西方国家产生了深远影响。

一　大学推广：中世纪与近代的区别

把大学推广运动与 6 个或 8 个世纪前的大学运动进行比较可以了解两次运动的相似之处与区别。6 个或 8 个世纪前的大学运动推动了欧洲大陆主要大学的建立和英国古老学府的建立。建立传统大学的大学运动在本质上是一个新的运动，主要推动力来自以往不存在的各种力量和条件。教育活动中的三个新因素清晰地将传统大学运动与近代大学运动区别开来：一是在新的或复兴的知识中引入新的学习学科；二是这些学科采用特殊的教学方法；三是有利于国家发展和巩固的组织化趋势日益明显。从广义上说，同样三个因素区分了近代的教育活动，并在大学推广运动中表现出来。[①]

1. 新的学习学科

近代以来，新的学习学科产生，例如应用于工艺和工业的各种自然科学，深刻地影响了民众的生活，真正意义上使社会发生了革命，因而强烈地吸引了民众的兴趣。蒸汽机的发明及其在制造业中的应用、钢铁和煤炭工业的发展、电力的进步、自然科学其他分支的成果等，直接地影响着广大民众的生活。因此，人们日益迫切要求获得科学知识，更广泛地感到学习与社会的福利有关系。为满足这一需求，大学推广体系提供最高水平的知识教学。实践表明，大学推广适合于忙碌的人，尤其是希望广泛了解每个公民应具备的学科知识的民众。这些都证明大学推广制度适合于人才培养，以及把满足民众知识需求作为目标。

2. 特殊的教学方法

大学推广运动以一种新的、有特色的教学方式进行，其工作的特殊性使之成为必要。每周的讲座后继续举行对话式的课堂讨论、详细的教学大纲、讲座教师的每周文章评阅工作、通过期末考试来测试整个课程成

---

① R. D. Roberts, *Eighteen Years of University Extension* (Cambridge University Press, 1891), p. 6.

效，这些要素共同构成大学推广教学的环节和体系。经验表明，大学推广运动有效地吸引了大量民众，同时也有助于确保教育的彻底性和广泛性。

3. 明显的组织化趋势

伴随着 6 个世纪前国家的发展和巩固，各种阶层和国民出现组织化倾向。近代社会变革的最显著特征莫过于越来越多的人认识到女性应享有与男性平等的接受知识训练和文化教育机会的权利。为了获得平等的教育机会，女性群体逐渐组织化。在教育领域，不仅有女性教育协会在运作，女子学院和女子高中（High Schools for Girls）也如雨后春笋般出现。女性是大学推广运动最热心的支持者之一，至少占了学生的一半，推动了大学推广运动的发展。随着工人阶级的物质条件得到改善，由此获得的闲暇时间也有所增加，这又引起了工人对知识教育机会的渴望。英国许多大的工业合作社都用利润建立了图书馆、讲座大厅，并安排了各种各样的课程来满足工人日益增长的教育需要。

因此，大学推广运动和大学运动一样，本质上是一种新的运动，其主要推动力来自以往不曾存在的力量和条件。女性教育协会、合作协会教育委员会（Educational Committees of Cooperative Societies）和其他各种公共机构向大学请愿建立一种适合它们需求的高等教育制度。最终，剑桥大学 1873 年正式派出讲座教师到人口稠密的地方推广中心开设大学推广讲座课程，拉开了大学推广运动的序幕。

二　大学推广的国家运动特征

大学推广运动不是流行讲座的昙花一现，而是一场真正的国家运动。该运动由民众的需要所塑造，具有健康自然生长的所有特征，在历史发展过程中其内涵和外延随着时代的变迁而有所变化。

1. 大学推广运动建立了新型大学体制

大学推广运动延续了大学作为知识传播者的传统，把原本仅限于"少数人"的教育推广到了大学围墙之外的"多数人"。大学在教学和研究中创造知识，并把知识传播到大学之外，从而照亮走在黑暗中的人们。"少数人"认为大学的知识是"多数人"所信任和追求的。6 个世纪前的大学运动的结果是建立适应特定时代需求的整个欧洲的学习中心。传统的大学制度为少数人提供教育，而新建立的大学推广制度为多数人提供教育。19 世纪显然没有垄断建立伟大大学的想法，而推广教学扩展大学教学范围的尝试是符合社会需求的最好教学模式。约翰·莫利（John Morley）认为大学是广袤知识的源头，应源源不断地把知识向全国各地传播。① 大学推广运动满足了社会需要，一方面是国家高等教学的迫切需求，另一方面是大学独特地位的责任和对民众高等教育需求的认同。同时，这一运动也对大学的声誉和影响力产生了积极的影响。大学推广运动的经验表明，大学推广教学促进了国家高等教育体系的完善，建立了新型的综合性大学制度，满足了民主时代的特殊要求。

2. 大学推广运动的国际传播范围

大学推广运动在英国由古典大学牵头运作，满足了中产阶级和工人阶级接受高等教育的切实需要。得益于詹姆斯·斯图尔特在实际事务中的不懈努力，1873 年剑桥大学正式开始实施大学推广计划。当大学推广原则被英国所有的大学和其他西方国家的大学所接受时，运动显示出惊人的活力和适应不断变化的环境的能力。大学推广从英格兰中部三个城镇的微小开端，一直发展到与各种各样的分支机构相联系的数以百计的推广中心，学生达数万之多。剑桥大学在头三年所取得的成功推进了1876 年伦敦协会的成立，在大都市开展类似活动的愿景也得到了彰显。1878 年，牛津大学也做出了类似的讲座安排，但一两年后，牛津大学暂停了讲座，直到 1885 年，牛津大学的推广工作才重新开始，并从那时起一直充满活力地进行。英国东北部的达勒姆大学与剑桥大学的大学推广工作保持联系。维多利亚大学也在曼彻斯特周围的推广中心开设有关大学推广计划的课程。1888 年，四所苏格兰大学联合制订了苏格兰地区大学推广计划。1889 年底，北爱尔兰成立了大学教学推广协会。随着大学推广运动的发展，这一运动传播到英国各地和北美洲、大洋洲、欧洲大陆的许多国家。②

① R. D. Roberts, Eighteen Years of University Extension（Cambridge University Press, 1891），p. 11.

② R. D. Roberts, *Eighteen Years of University Extension*（Cambridge University Press, 1891），p. 2.

三　大学推广的教学形式特征

1. 大学推广教学的组织形式

大学推广教学的元素主要包括讲座、讨论课、教学大纲、文章写作、考试、证书等。[①]

大学推广教学与其他教学截然不同的特征是讲座制度。讲座的观众趋于多样化。有些人认为大学推广仅适用于已受过教育的人，而一些人认为大学推广是工人阶级的教育体系，然而事实并非如此。大学推广学生包括所有年龄段和不同教育程度的民众。确实，在某些中心，由于特定的地点、主题或讲座教师的个性，大学推广学生几乎完全由机械师或工匠组成。但是，大学推广运动仅仅面向技工人员或者工人阶级的想法是错误的。大学推广教学适用于所有阶层的民众。

教学大纲是讲座教师的课程整体工作大纲，也提供学生完成学习工作所需阅读的书籍清单。推广讲座的主要目标是激励人们学习。讲座教师的业务不是提供从书中获得的信息，而是引导激励，提出正确的观点，激励学生探索。

每周练习（Weekly Exercises），也称为每周文章写作。学生参加讲座，回家后在教学大纲的帮助下，阅读并获得有关该学科的信息。学生在课程大纲中找到问题，闲暇时间回答问题，并将文章寄送给讲座教师。学生可以使用书籍以及任何能够掌握的关于"为什么"的信息，也可从所有能得到的资源中寻求帮助。事实上，学生在进行每周文章写作时，通过调查、书籍等途径搜集资料，训练了学生独立开展研究的能力。

一门课程中，1/3 或 1/5 的学生能够完成文章写作。讲座教师在文章空白处做出评论。在批阅文章过程中，教师会记录存在的错误，并以此作为进一步教学的准备。后续的讨论课，讲座教师与寄送文章的学生见面，讨论文章中出现的问题。寄送文章对学生，特别是性格内向的学生来说是一种激励。文章写作是大学推广教学系统的优势。

---

① R. G. Moulton, *Address of Richard G. Moulton …*: *On the University Extension Movement*（American Society for the Extension of University Teaching, 1890）, p. 10.

大学推广的最后一个环节——授予证书。根据文章写作和最后的考试结果综合做出评价。考试证书取决于讲座教师整个学期给出的文章写作的平均分数，以及最终的考试结果。因此，从严格意义来讲，大学推广学生的证书比其他任何证书都更接近大学学位证书原本的意义。

2. 大学推广教学的工作标准

大学推广教学的工作标准主要从大学推广课程的设置和大学推广教学的成效等层面考量。大学推广教学中的学生可分为两类群体代表，包括"听众"（Hearers）和"身体力行者"（Doers）。[①] 前者是那些有兴趣并有充分闲暇能规律性地参加讲座的人，但因商业经营或其他安排未能进行广泛的个人探究学习。后者在工作中有更多的闲暇或个人关注，能够认真尝试解决教学中提出的问题。为了两个群体的利益，讲座教师习惯应用大学教学类型开设讲座。大学推广教学和大学内部教学的主要区别不在于质量，而在于覆盖的地区数量。

大学推广讲座课程的设置，按时间长短可分为 6 场、12 场和 24 场讲座课程，以 6 场和 12 场更为常见。12 场讲座课程一般每周开设一次，在限定的学科选择范围内开展三个月的教学工作。学生参加讲座课程，并认真尝试书面文章写作，能达到全日制本科生的平均水平。12 场讲座课程结束时，其书面写作达到相关要求的学生可以参加考试。6 场讲座课程也常有开设，但是 6 场讲座课程被认为无法达到大学推广教育标准。校务委员会一般不对其进行考试，除非连续两次参与同一主题的 6 场讲座课程。考试由独立考评员负责执行，最后以大学董事会的名义颁发由学生本人和讲座教师共同签署的联合证书。

从教育质量层面来看，大学推广教学工作标准与大学的标准一致。例如，从最终考试的结果来判断，大学推广教学中获得荣誉学位的学生和获得大学荣誉学位的学生一样优秀。事实上，大学里最杰出的老师同时也是大学推广运动的讲座教师。讲座教师都充分了解课程，面对多样化的大学推广学生，都对课程主题深思熟虑。讲座教师进入一个地区开

---

①　R. M. Wenley, *The University Extension Movement in Scotland*（the University Press by Robert MacLehose & Company, 1895）, p. 10.

设讲座课程，对某一主题课程主讲三个月，极大地影响了该地区的人际交往谈话主题和图书馆的图书需求特征，这一点足以说明大学推广运动的教育成效。

3. 大学推广教学的巡回方法

大学推广教学的显著特征是以巡回讲座制度为基础，以弹性系统的方式把大学教育传播至整个国家。大学推广运动有别于同类的其他运动的地方在于教育按照巡回的方式进行。弹性系统是一种阶梯或教育机制，其中最低的阶段是为期三个月的单一课程，最高的阶段是完整的大学课程。大学机构按照民众的意愿组织大学推广教学，把巡回讲座教师送到每一个社区，通过巡回体制实现推广教学的目标。巡回讲座制度中的大学机构负责提供指导，而地方推广中心的职责就是"打开水龙头"，让代表大学知识的水流流向邻近地区。因此，大学推广运动的运作成效在很大程度上取决于地方组织和大学中央机构。

综上所述，英国大学推广运动在其发展过程中受多种因素的制约，虽然存在局限与不足，但是也形成了其明显的特征，主要包括以下几个方面。一是教学学科的多样性。学科既包括人文学科和自然科学课程，也包括实用课程和技术课程。二是教学方法的独特性。囊括"讲座、讨论、文章写作、考试和证书"的大学教学环节和程序。三是组织机构的多元化。涉及工人教育协会、工会组织、教学推广协会和地方推广中心等机构，在大学推广教学过程中各司其职。四是保障机制的合作性。包括大学中央机构与地方推广中心的组织合作、私人捐赠和国家拨款的权衡以及社会名流、重要社会活动家或政坛人物与讲座教师的通力合作，推动大学推广讲座的运行。五是大学推广运动的国际性。大学推广运动引起了西方国家的纷纷效法。许多国家派遣学者和社会团体到英国学习和借鉴大学推广理念，并引入各自国家，在实践中大力倡导开展大学推广运动。同时，英国的大学推广运动相关领导者也前往美国、澳大利亚等国家宣传大学推广运动，在国际上形成了一定规模的大学推广运动浪潮。

第二节　大学推广运动与高等教育发展

大学推广运动是英国近代大学发展与变革中一场教育民主运动。19
世纪 40 年代，英国大学推广的零星尝试就开始了。1873 年，剑桥大学宣
布开设大学推广讲座，大学推广运动正式拉开序幕。随后，牛津大学、
伦敦大学也加入大学推广运动行列。19 世纪 80 年代后期，大学推广逐渐
向美国、加拿大、澳大利亚、欧洲大陆等国家和地区传播，形成了国际
性的高等教育改革运动。大学推广运动符合时代精神，满足了民众对高
等教育的需求，对工人阶层、女性的高等教育机会扩充影响深远，是英
国教育民主运动的组成部分。"把大学带给民众"是大学推广运动的指导
思想。大学推广教学的显著特征是以巡回讲座制度为基础，以弹性系统
的方式把高等教育传播至整个国家。可以说，大学推广运动是大学服务
社会职能的先声，是成人高等教育实践的基础，是女子高等教育的助推
器，是高等教育改革的催化剂。

一　大学推广运动是大学服务社会职能的先声

在欧洲，17—18 世纪是高等学校服务社会职能的探索期。至 19 世纪
中后期，高等学校服务社会就更为常见了，但是，这一时期的大学服务
社会职能尚未得到正式的认可。一般认为，19 世纪末是美国高等学校社
会服务职能的产生时期。[①] 1862 年，《莫雷尔法案》的颁布使高校服务社
会有了法律基础和保障。威斯康星大学历任校长，特别是范海斯，把服
务与教学、科研并列为大学的职能。威斯康星大学的社会服务实践为最
终大学服务社会职能的确立和产生奠定了基础。大学服务社会职能正式
确立，能够最为集中体现这一职能的就是我们所称道的"威斯康星理
念"。"威斯康星理念"丰富了美国高等教育的内涵，是美国高等教育为
世界高等教育所做出的一大贡献，预示着世界高等教育发展史上一个新

---

① 朱国仁：《从"象牙塔"到社会"服务站"——高等学校社会服务职能演变的历史考
察》，《清华大学教育研究》1999 年第 1 期。

时代的莅临。①

大学服务社会职能在美国确立并非偶然，有其有利的环境。其中，英国大学推广运动对"威斯康星理念"的影响不容忽视。19 世纪 80 年代，美国就引入了英国大学推广运动的理念与做法，在美国高校中广为实践。尤其是美国大学推广教学协会、威斯康星大学、芝加哥大学、康奈尔大学等机构和大学在大学推广理念的实践中率先垂范，为把英国模式引入美国和美国化做出了重要贡献。威斯康星大学从建校开始就把为州服务作为学校的目标，通过举办讲座课程、农业推广、技术服务等方式，为社区居民服务，体现了"州立大学校园的边界就是该州的边界"。19 世纪 90 年代，威斯康星大学直接采用了英国大学推广模式。1906 年，其又对大学推广进行了重组与改革，由此，大学推广在美国进入复兴阶段。大学推广部在服务社会中发挥了重要作用。威斯康星大学的历史发展进程，体现了其对大学推广原则和理念的坚守，用大学的资源和知识服务所在州和社区的发展。可以说，英国大学推广运动是大学服务社会职能的先声。

二 大学推广运动是成人高等教育实践的基础

"把大学带给民众"理念是大学推广运动的指导思想。大学推广教学的显著特征是以巡回讲座制度为基础，以弹性系统的方式把大学教育传播至整个国家，满足了由于各种原因无法接受高等教育的民众的需求。大学推广教学体系涉及讲座课程类型与学科分布、教学环节与教学方法、讲座教师与推广学生、人事与组织管理、运营经费管理等因素。为满足不同群体的需求，推广讲座中心进行不懈的探索，为致力于认真学习知识的学生开设了系列课程，按"讲座、讨论课、文章写作、考试和证书"的大学教育程序安排教学。而对于把参加大学推广讲座当作一种消遣或者赶时髦的社交活动的学生来说，讲座课程也在课程设置等方面考虑融合娱乐性。大学推广运动在课程设置、教学安排和教学方法等方面的探

---

① 王保星：《威斯康星观念的诞生及对美国高等教育的影响》，《河北师范大学学报》（教育科学版）2000 年第 1 期。

索，为后续的继续教育、大学成人教育、开放大学奠定了实践基础。特别是 1969 年英国开放大学的创建，在课程设置与教学形式方面与大学推广运动是一脉相承的，为成年人提供了接受高等教育的机会，使英国高等教育向大众化阶段迈出了重要一步。牛津大学，尤其是贝列尔学院，在成人教育史上占有突出的地位。大学推广运动不仅满足了民众的教育需求，而且唤醒了民众接受高等教育的热情，为成人教育的发展扫除了思想障碍，营造了良好的社会氛围。

大学推广运动的学生群体多元，有来自不同行业的工人，有商人、手工艺人，有中小学教师，也包括有闲暇的中产阶级女性。尤其是女性，在推动大学推广讲座的开设、大学推广运动的发展方面功不可没。由于大学推广运动的经费来源缺乏保障，主要来自私人捐赠、所在区域的基金会或者是课程门票收入，地方推广中心的运营经费需要在门票收入和自给自足两方面进行权衡。门票费用高了，自然就会把中下层阶级的学生，尤其是工人阶级学生拒之门外。大学推广的学生主要限于中上层人士，工人阶级学生相对较少。工人阶级学生主要是依靠地方工人组织、工会、特设奖学金等的资助才有机会参与讲座课程。这样的结果违背了大学推广运动为全体民众提供高等教育机会的初衷。这一状况直到工人教育协会成立后才有所缓解。大学与工人教育协会合作开展工人教育，创新性地开展导师制课程，通过以人文社会科学为主要内容的成人教育促进工人阶级的身心发展和社会融合，缓和了社会矛盾，塑造了教育公平，保障了工人受教育的权利。成人高等教育的产生与发展有其历史根源。也正是由于广大劳动阶层的受教育问题未能得到较好的解决，而社会上又有大量的产业工人接受在职训练等各种类型的培训的需要，因此，成人高等教育的发展成为历史的必然。[①] 基于此，大学推广运动是成人高等教育实践的基础，为成人高等教育的发展铺设了广阔的道路。

三　大学推广运动是女子高等教育的助推器

由于英国工业革命的影响、女权运动的推动以及基础教育的普及，

---

① 许明：《英国高等教育发展研究》，辽宁师范大学出版社，1998，第 93 页。

女子享有与男子同等的教育权利的呼声越发高涨，尤其是女子享受与男子同等的高等教育机会的想法越发强烈。19世纪初，英国已经出现一些私人团体为女性提供高等教育层次的教育。19世纪中后期，英国女子教育事业逐步发展，建立了接受女性学生的学院，允许授予女性学生学位等做法。但是，女性学生享有进入大学接受高等教育的权利经历了漫长的历程。英国于19世纪40年代开始建立女子学院，后续又建立了专门的女子高等教育的学院，或在大学中开始招收女性学生并授予学位。1857年英国地方大学考试设立，大学机构第一次不歧视女性。自此，英国女性开始具备享有所有教育特权的实际自由。剑桥大学最先开设了两所女子学院，即格顿学院和纽纳姆学院，女子高等教育课程和教学方法的创新做法都在这两所学院中首次实践。纽纳姆学院的前身就是针对女性开放的讲座机构。

　　大学推广运动的一个重要影响是帮助发展了女子高等教育。大学推广运动促进了英国女子教育，尤其是女子高等教育的发展。特别是英格兰北部女子高等教育促进协会在大学推广运动中为女性开设专门讲座的做法在一定程度上提升了女性的受教育水平，也揭开了大学推广运动的序幕。1867年，斯图尔特教授受邀为英格兰北部女子高等教育促进协会开设讲座，专门为女性学生开设了关于教学艺术和天文学等自然科学的系列讲座。这也是斯图尔特首次巡回讲座的开始。斯图尔特的课程于1867年陆续在利兹、利物浦、曼彻斯特和谢菲尔德开设，参与课程的人很多，但仅限于女性。因此，一开始是女性迈出了大学推广教育的第一步。从那时起，女性成为大学推广的主要受众之一。1876年，伦敦大学推广教学协会成立，致力于为民众提供接受大学教学的机会，女王学院也是协会的组成机构。有闲暇的女士积极参与，并继续保持热情，成为大学推广运动最富有激情的支持者。女性在大学推广运动的学生中占比高，出现专门为女性学生设置的大学推广课程。格拉斯哥女性高等教育协会成立于1877年4月，为女性学员提供了大学标准的讲座课程。格拉斯哥女性高等教育协会于1883年合并转为玛格丽特女王学院（Queen Margaret College），专门从事女性高等教育。大学推广运动独辟蹊径，为女性接受高等教育创造了机会，是女子高等教育的助推器。

四　大学推广运动是高等教育改革的催化剂

19 世纪后半叶，英国高等教育经历了深刻的变革，在高等教育理念、功能和结构等方面进行了革新，有力地促进了教育民主化，使英国高等教育的整体面貌发生了变化。大学推广讲座中心的发展促成了一批地方学院的建立，它们开设实用课程，为技术人员提供培训，为当地的工商业发展提供了直接的教育动力，是大学服务社会的先行者，同时也对英国高等教育机构类型的多元化产生了影响。高等教育不再直接与"大学"画等号，而是出现了"地方学院"这样的新型高等教育机构。地方学院在办学方向、课程设置、学科结构、教学方法等方面都有别于古典大学，这也可以说是高等教育改革的新成果。19 世纪末 20 世纪初，许多地方学院向城市大学转型，进一步丰富了英国高等教育机构的类型，促进了英国高等教育往实用学科方向的发展，塑造了一批具有地区特色的专业类型院校。

同时，在国家与大学的关系方面，大学推广运动也产生了一定的影响。对于国家拨款资助大学推广教育的开展，存在支持和反对的不同声音，经历国家对大学推广的政策停摆，最终实现国家拨款支持，这说明国家开始重视和干预高等教育，也预示着大学与政府之间关系的变化。大学与政府的关系是大学治理体系中难以回避的问题，是高等教育改革的双引擎。在高等教育治理体系中，既要强调国家治理政策的统一性，又要兼顾高校办学的地方性和特色。例如，美国的州立大学在借鉴英国大学推广理念的基础上进行了创新，创造了适合美国州立大学与州政府关系的高等教育运行框架，是美国高等教育发展历程中具有里程碑意义的事件。总体来看，大学推广运动是 19 世纪后半叶英国传统大学改革中最具社会影响力的革新运动，在许多方面蕴含高等教育改革的趋向，是高等教育改革的催化剂，对英国和国际高等教育产生了深远影响。

附录　英国大学推广运动大事记

1845 年　"大学推广"术语出现,在大学改革讨论中被提及。牛津大学教师向牛津大学理事会提交要求招收贫民阶层入大学的请求。

1850 年　牛津大学埃克塞特学院的威廉·休厄尔给牛津大学副校长的《关于大学推广的建议》的信件中再次提及"大学推广"。休厄尔的《关于大学推广的建议》是英国第一本关于大学推广的出版物。

1867 年　曼彻斯特、利物浦、谢菲尔德和利兹四地建立的英格兰北部女子高等教育促进协会邀请斯图尔特为女性教师开设"教学的艺术"课程。斯图尔特教授开始大学推广讲座首次实践,成为大学推广运动史上具有决定性意义的一步。

1871 年　斯图尔特给剑桥大学的《关于大学推广的请愿信》中提出了切实可行的大学推广计划。

1872 年　英格兰北部女子高等教育促进协会等协会以及伯明翰、克鲁、利兹和诺丁汉等大城市的进步公民向剑桥大学校务委员会提出开设推广讲座的请愿。

1873 年　剑桥大学联合会成立,詹姆斯·斯图尔特担任第一任主席。剑桥大学三一学院教师,斯坦顿、哈丁和伯克斯于诺丁汉、德比和莱斯特开设三门推广讲座课程。

1876 年　伦敦协会成立。布里斯托尔大学学院成立。

1878 年　牛津大学任命亚瑟·阿克兰担任该校推广委员会第一任主席。

1884 年　　剑桥大学第一次组织暑期学校。学生协会在采矿村巴克沃思成立。

1885 年　　牛津大学推广委员会重建，采用了短期课程（6 场讲座）系统，创立了流动图书馆。迈克尔·萨德勒被任命为牛津大学推广委员会主席。美国威斯康星大学开始大学推广在农业方面的研究。

1886 年　　剑桥大学授权大学在规定条件下接纳地方中心作为附属机构。隶属于剑桥大学的第一批中心包括赫尔、斯卡伯勒、纽卡斯尔、桑德兰、德比、埃克塞特、普利茅斯。悉尼大学引入第一场推广讲座，标志着大学推广运动在澳大利亚的开端。

1887 年　　牛津大学推广委员会成立"大学推广奖学金"（University Extension Fellowships）的基金（捐赠为主）。肖被牛津大学推广委员会提名为第一位捐赠讲座教师。美国引入英国大学推广方法。

1888 年　　900 人参加了在牛津大学举行的第一次大型暑期集会。东南部郡县大学教学推广协会（South-Eastern Counties' Association for the Extension of University Teaching）成立，类似的包括诺森伯兰郡、达勒姆郡和北约克郡。剑桥大学新增 9 个地方推广中心。

1889 年　　吉尔克里斯特信托基金为伦敦和兰开夏郡的推广课程提供援助基金。

1890 年　　英国地方税法法案通过。剑桥大学组织学生暑期课程。美国大学教学推广协会成立。

1891 年　　罗伯茨被任命为伦敦协会主席。加拿大大学教学推广协会成立。

1892 年　　雷丁大学推广学院成立。芝加哥大学的大学推广部成立。阿姆斯特丹大学是荷兰第一所认真考虑大学推广计划的大学。

1893 年　　埃克塞特大学推广和技术学院在剑桥大学推广工作的基础

上成立。剑桥大学举行第一次大型暑期集会。

1894 年　英国大学推广运动 21 周年。大学推广国际大会在伦敦举行，来自英国和外国大学及相关机构的代表人士超过 600 人参加。莫尔顿离开英国，到美国接受任职。剑桥大学委员会第一次任命一名女性讲座教师。

1895 年　曾任伦敦协会主席的罗伯茨，担任剑桥大学联合会主席。

1896 年　科尔切斯特学院在剑桥大学推广工作的基础上成立。马里奥特接替萨德勒担任牛津大学推广委员会主席。剑桥大学暑期集会由 467 名学生参加，其中 69 名为外国人。

1898 年　剑桥大学联合会成立 25 周年。

1899 年　剑桥大学开始的推广课程数量增加到 119 门。在地方秘书的共同努力下，图书联盟成立。拉斯金学院（Ruskin College）成立，在成人高等教育方面做出了较大贡献。

1900 年　大学推广国际大会在巴黎召开。美国大学推广协会成立 10 周年。

1901 年　伦敦大学成为一所教学大学，退出了长达 20 年与剑桥大学推广工作的联系。大学推广运动在澳大利亚普及。

1902 年　教育法生效，赋予郡议会更多权力，以资助有关历史、文学和艺术的讲座。罗伯茨成为伦敦大学新的大学推广委员会的注册主任（registrar）。

1903 年　大学推广运动 30 周年。"劳动者高等教育促进协会"成立，1906 年改称"工人教育协会"，是英国最具影响力的民间成人教育组织之一。

1907 年　剑桥大学为教师开办暑期学校。《大学推广杂志》停刊，由牛津大学、剑桥大学和伦敦大学联合出版的《大学推广公报》取而代之。

1909 年　与工人教育协会有关的导师制课程首次在剑桥大学的三个中心开设，即莱斯特、朴次茅斯、威灵堡。

1911 年　伦敦大学推广委员会注册主任、剑桥大学委员会秘书（1895—1902）罗伯茨去世，对整个运动来说是一个巨大的

损失。他的《大学推广十八年》和《大学推广二十五年》
（*Twenty-five Years of University Extension*，1898） 是具有重大
影响的研究大学推广的著作。

1912 年　约翰·利亚 （John Lea） 接替罗伯茨担任伦敦大学推广委
员会注册主任。

1913 年　英国"大学推广之父"——詹姆斯·斯图尔特于 10 月 13
日去世。

英国工人教育协会创始人阿尔伯特·曼斯布里奇访问澳大
利亚。

1914—1918 年　第一次世界大战对英国大学推广运动产生了一定的
影响，课程数量、学生人数、文章写作数量等都有所下
降。暑期集会正常举行。

1917 年　5 月 18～19 日大学推广运动的支持者在剑桥大学举行了一
次重要的会议，考虑向教育大臣提交一项计划，建议把推
广工作中的讲座和导师制课程作为国家教育体制的一部分。

1919 年　劳伦斯博士和威廉·坎宁安博士去世。大学推广运动失去
了两位能干和坚定的支持者。劳伦斯博士在国际关系研究
方面、坎宁安博士在利物浦的社会经济学讲座方面贡献
突出。

重建部成人教育委员会出版《1919 年最终报告》，是英国
成人教育的重要文件，对 20 世纪的成人教育产生了深远
影响。

1920 年　从战争的影响中恢复大学推广运动的明确标志是地方推广
中心从 37 个增加到 65 个，课程从 42 门增加到 77 门。导师
制课程也显示出新的发展迹象。

詹姆斯·斯图尔特的夫人劳拉·伊丽莎白·科尔曼去世，
为剑桥大学地方讲座联合会的工作遗留了一笔 5000 英镑
捐赠。

1895 年以来一直担任牛津大学推广委员会主席的马里奥特
辞去职务，由哈钦森 （F. E. Hutchinson） 继任。最早的剑

桥大学讲座教师之一莫尔顿，从芝加哥名誉教授职位退休，在英格兰定居。

1921 年　"英国成人教育学会"成立，是英国"全国成人继续教育协会"前身。大学推广工作全面复苏更加明显，讲座课程的数量从 77 门增加到 92 门，是自 1911 年以来最高值。

1923 年　大学推广运动 50 周年庆典在剑桥大学校外教学会议上举行。剑桥大学校长巴尔福于 7 月 6 日主持第一次会议，英国和其他国家的许多大学代表人士受邀参加。诺丁汉大学学院任命了世界上第一位成人教育教授。

1924 年　大学成人教育与工人教育协会彼此独立开设成人教育课程。英国教育部颁布了《成人教育章程》，明确规定国家要对成人教育提供财政援助，确认大学校外课程部和工人教育协会地区分部为"负责单位"，可以就其所办的人文成人教育课程向教育部申领资助。

1926 年　"大学校外课程部协商委员会"（Universities Extra-Mural Consultative Committee）成立。1947 年，更名为"大学成人教育理事会"（Universities Council for Adult Education，UCAE）。1981 年改称"大学成人继续教育理事会"（Universities Council for Adult and Continuing Education，UCACE）。1992 年更名为"大学继续教育协会"（Universities Association for Continuing Education，UACE）。2006 年更名为"大学终身学习协会"（Universities Association for Lifelong Learning，UALL）。

1944 年　议会通过《教育法》，规定地方教育局有义务为超过了完成义务教育年龄的人提供各种成人教育的机会和条件。

1969 年　英国开放大学成立。1971 年开始首批招生。

参考文献

一　中文参考文献

（一）著作

1. 〔荷兰〕弗兰斯·F. 范富格特主编《国际高等教育政策比较研究》，王承绪等译，浙江教育出版社，2001。

2. 〔美〕德里克·博克：《走出象牙塔：现代大学的社会责任》，徐小洲、陈军译，浙江教育出版社，2001。

3. 〔美〕菲利普·G. 阿特巴赫：《比较高等教育：知识、大学与发展》，人民教育出版社教育室译，人民教育出版社，2001。

4. 〔美〕亚伯拉罕·弗莱克斯纳：《现代大学论——美英德大学研究》，徐辉、陈晓菲译，浙江教育出版社，2001。

5. 〔美〕亚瑟·科恩：《美国高等教育通史》，李子江译，北京大学出版社，2010。

6. 〔美〕约翰·S. 布鲁巴克：《教育问题史》，单中惠、王强译，山东教育出版社，2012。

7. 〔美〕约翰·塞林：《美国高等教育史》（第2版），孙益等译，北京大学出版社，2014。

8. 〔瑞士〕瓦尔特·吕埃格主编《欧洲大学史（第二卷）——近代早期的欧洲大学（1500—1800）》，贺国庆等译，河北大学出版社，2008。

9. 〔瑞士〕瓦尔特·吕埃格主编《欧洲大学史（第三卷）——19世纪和20世纪早期的大学》，贺国庆等译，河北大学出版社，2013。

10. 〔西班牙〕奥尔特加·加塞特：《大学的使命》，徐小洲、陈军译，浙江教育出版社，2001。

11. 〔英〕埃德蒙·金：《别国的学校和我们的学校：今日比较教育》，王承绪译，人民教育出版社，2001。

12. 〔英〕奥尔德里奇：《简明英国教育史》，诸惠芳等译，人民教育出版社，1987。

13. 〔英〕托马斯·亨利·赫胥黎：《科学与教育》，单中惠、平波译，人民教育出版社，1990。

14. 冯增俊、陈时见、项贤明主编《当代比较教育学》，人民教育出版社，2008。

15. 关世雄：《成人教育的理论与实践》，北京出版社，1986。

16. 贺国庆：《西方大学改革史略》，河北教育出版社，2011。

17. 贺国庆、王保星、朱文富等：《外国高等教育史》（第2版），人民教育出版社，2006。

18. 黄福涛：《外国高等教育史》（第2版），上海教育出版社，2008。

19. 黄富顺：《比较成人教育》，五南图书出版股份有限公司（台北），1988。

20. 黄建如：《比较高等教育：国际高等教育体系变革比较研究》，社会科学文献出版社，2008。

21. 联合国教科文组织国际教育发展委员会编著《学会生存——教育世界的今天和明天》，教育科学出版社，1996。

22. 刘海峰、史静寰主编《高等教育史》，高等教育出版社，2010。

23. 孟普庆：《近代英国成人劳动教育运动史》，南京印书馆，1930。

24. 潘懋元、刘海峰：《中国近代教育史资料汇编——高等教育》，上海教育出版社，1993。

25. 钱乘旦、许洁明：《英国通史》，上海社会科学院出版社，2007。

26. 孙世路编著《外国成人教育》，教育科学出版社，1982。

27. 滕大春主编《外国教育通史》（第2版）（第5卷），山东教育出版社，2005。

28. 滕大春主编《外国教育通史》（第4卷），山东教育出版社，1992。

29. 王保星：《西方教育十二讲》，重庆出版社，2008。

30. 王承绪：《英国教育》，吉林教育出版社，2000。

31. 王天一等编《外国教育史》，北京师范大学出版社，1984。

32. 吴结：《英国大学与政府关系研究》，世界图书出版广东有限公司，2011。

33. 吴式颖，阎国华主编《中外教育比较史纲·近代卷》，山东教育出版社，1997。

34. 吴式颖主编《外国教育史教程》，人民教育出版社，1999。

35. 吴文侃、杨汉清主编《比较教育学》（第2版），人民教育出版社，1999。

36. 徐辉、郑继伟：《英国教育史》，吉林人民出版社，1993。

37. 许明：《英国高等教育发展研究》，辽宁师范大学出版社，1998。

38. 易红郡：《英国教育思想史》，华东师范大学出版社，2017。

39. 袁锐锷：《新编外国教育史纲》，广东高等教育出版社，2005。

40. 张斌贤：《外国教育史》（第2版），教育科学出版社，2015。

41. 张斌贤主编《西方教育思想史》（修订版），人民教育出版社，2011。

42. 张慧明：《中外高等教育史研究》，湖南大学出版社，1998。

43. 张季娟、袁锐锷编著《外国教育史纲》，广东高等教育出版社，1998。

44. 张泰金：《英国的高等教育——历史·现状》，上海外语教育出版社，1995。

45. 张维：《国际成人教育比较研究》，工商出版社，1996。

46. 张新生：《英国成人教育史》，山东教育出版社，1993。

（二）学位论文

1. 李慧迎：《战后英国大学开放教育资源研究——基于质量文化的视角》，博士学位论文，湖南师范大学，2019。

2. 李丽：《英国工人阶级文化与教育思想研究——以霍加特、威廉斯和汤普森为考察中心》，博士学位论文，浙江大学，2018。

3. 李瑛：《民国时期大学农业推广研究》，博士学位论文，华东师范大学，2011。

4. 刘兆宇：《19世纪英格兰高等教育转型研究》，博士学位论文，河北大学，2007。

5. 杨艳蕾：《大学服务社会——"威斯康星理念"研究》，博士学位论文，南京师范大学，2011。

6. 姚琳：《19 世纪中后期英国女子教育研究》，博士学位论文，西南大学，2013。

7. 赵日刚：《加强大学社会服务功能过程中政府职能研究》，博士学位论文，东北大学，2008。

8. 周晴晴：《英国大学导师辅导班运动研究》，硕士学位论文，曲阜师范大学，2020。

9. 朱鹏举：《美国康奈尔计划发展研究——大学服务职能的视角》，博士学位论文，河北大学，2014。

（三）期刊论文

1. 保罗·热尔博、杨克瑞、张斌贤：《欧洲近代大学与政府的关系》，《河北师范大学学报》（教育科学版）2012 年第 5 期。

2. 卞奎：《简评〈英国成人教育史〉》，《中国成人教育》1994 年第 5 期。

3. 别敦荣：《西方国家职工教育的发展与启示》，《教育研究》2000 年第 2 期。

4. 陈露茜、张斌贤、石佳丽：《近年来我国外国教育史研究进展》，《高等教育研究》2017 年第 8 期。

5. 陈乃林、胡建华：《论高等学校的社会服务职能》，《江苏高教》1989 年第 3 期。

6. 陈伟、葛金国、周元宽：《服务社会：现代大学的核心职能——兼论大学三大社会职能的内在关系》，《高等理科教育》2017 年第 4 期。

7. 崔高鹏：《大学服务的英国模式在美国——美国大学服务运动发展的早期阶段研究》，《现代大学教育》2018 年第 5 期。

8. 崔高鹏：《路易斯·睿伯与美国大学推广新范式的形成：1906—1920 年》，《教育学报》2019 年第 6 期。

9. 崔高鹏：《浅析美国赠地学院创建模式及其影响》，《中国人民大学教育学刊》2014 年第 1 期。

10. 邓云清：《伦敦大学与英国高等教育的近代化》，《黑龙江高教研究》2008 年第 3 期。

11. 丁兴富：《世界远程教育的历史起源和早期发展——世界远程教育发

展历史追溯和展望（1）》，《天津电大学报》2000 年第 4 期。

12. 段欢欢、王伟宜：《英国高等教育入学机会的性别差异变化研究》，
《中国成人教育》2019 年第 15 期。

13. 方兆玉：《英国大学教育趋势报告从"象牙塔"走向市场和大众》，
《上海教育》2015 年第 2 期。

14. 冯琳：《高校成人教育的制度化探索——美国大学推广运动的兴起与
早期发展》，《河北大学成人教育学院学报》2019 年第 4 期。

15. 郭燕燕：《英国成人教育的历史发展及特征》，《湖北大学成人教育学
院学报》2011 年第 4 期。

16. 贺静迪：《英国女子高等教育发展轨迹及其启示》，《高等教育评论》
2015 年第 2 期。

17. 贺鹭：《十九世纪英国女子教育的保守与革新》，《西昌学院学报》
（社会科学版）2010 年第 1 期。

18. 洪明：《外国教育史学科建设的回顾与反思——基于外国教育史学科
著作类出版物的分析》，《福建师范大学学报》（哲学社会科学版）
2005 年第 3 期。

19. 胡安娜：《走出"象牙塔"的英国大学》，《广东广播电视大学学报》
2005 年第 3 期。

20. 蒋晓虹：《英国成人教育特色与启示》，《成人教育》2009 年第 1 期。

21. 焦高园：《大学推广运动：英国高等教育改革的助推器》，《河南财政
税务高等专科学校学报》2018 年第 3 期。

22. 金维才：《近代英国城市学院和美国赠地学院发展障碍与对策的比
较》，《安徽师大学报》（哲学社会科学版）1997 年第 4 期。

23. 克里斯多弗·查理、张斌贤、杨克瑞：《近代大学模式：法国、德国
与英国》，《大学教育科学》2012 年第 3 期。

24. 兰娟、叶清清：《英国开放大学：成人教育开放运作的奇迹》，《中国
成人教育》2007 年第 7 期。

25. 乐传永：《英国成人教育改革与发展的主要特色及启示》，《陕西师范
大学继续教育学报》2006 年第 1 期。

26. 李凤玮、周川：《大学为社会服务：范海斯的知与行》，《现代大学教

育》2018 年第 3 期。

27. 李金芝、程革：《英国成人高等教育的特色及对我国的启示》，《河北大学成人教育学院学报》2007 年第 4 期。

28. 李丽：《20 世纪上半叶英国成人教育的演变：从工人阶级教育到大众成人教育》，《华东师范大学学报》（教育科学版）2018 年第 1 期。

29. 李秋娟：《英国成人高等教育发展的历史和特点》，《成人教育》2007 年第 1 期。

30. 李荣祥：《美国高校社会服务职能演进历程及其推动力探究》，《临沂大学学报》2011 年第 4 期。

31. 李瑞琳，Hamish Coates：《我国大学社会服务职能发展：国际经验、现实问题与政策建议》，《高校教育管理》2020 年第 4 期。

32. 李中国：《成人高等教育发展：英日经验与借鉴》，《中国远程教育》2006 年第 2 期。

33. 连莲、许明：《大学与区域经济社会互动发展——以英国英格兰东北部为例》，《东南学术》2009 年第 2 期。

34. 连莲、许明：《近年来英国高等教育促进区域经济和社会发展的政策与实践》，《比较教育研究》2009 年第 11 期。

35. 刘宝存：《何谓大学——西方大学概念透视》，《比较教育研究》2003 年第 4 期。

36. 刘宝存：《牛津大学办学理念探析》，《比较教育研究》2004 年第 2 期。

37. 刘宝存：《纽曼大学理念述评》，《复旦教育论坛》2003 年第 6 期。

38. 刘宝存：《威斯康星理念与大学的社会服务职能》，《理工高教研究》2003 年第 5 期。

39. 刘海涛：《运行机制与边界：我国近代大学社会服务的理念、实践与反思》，《现代教育管理》2015 年第 6 期。

40. 刘理：《由服务社会向引领社会转变——学习型社会大学服务职能的新趋向》，《教育与现代化》2006 年第 3 期。

41. 鹿凤：《浅析 19 世纪英国大学推广运动的产生与发展》，《文教资料》2012 年第 21 期。

42. 马广永、王欣、古曼筝、汤静：《乡村教育运动与大学推广运动的比较研究》，《湖北函授大学学报》2015 年第 12 期。

43. 潘建华、张春兰：《英国公共图书馆在成人教育中的作用》，《成人教育》2010 年第 5 期。

44. 秦发盈：《赫伯特·亚当斯与大学推广教育观念的引入》，《大学教育科学》2017 年第 2 期。

45. 秦发盈、车向清：《英国工人教育协会成人教育述评》，《河北大学成人教育学院学报》2011 年第 3 期。

46. 邱艳萍：《英国大学推广运动兴起的原因及意义》，《知识经济》2010 年第 9 期。

47. 任祥华、蔡成芹：《美国肖托夸运动及其启示》，《河北大学成人教育学院学报》2011 年第 3 期。

48. 任勇：《浅谈美国高校的社会服务及其对我们的启示》，《辽宁高等教育研究》1989 年第 3 期。

49. 孙杰明：《19 世纪后半期英国女子高等教育的产生及原因分析》，《中华女子学院学报》2011 年第 4 期。

50. 孙林霞：《成人教育的典范：英国开放大学》，《成人高教学刊》2009 年第 4 期。

51. 唐超：《英国城市学院早期与地方的互动及其启示》，《吉首大学学报》（社会科学版）2018 年第 6 期。

52. 陶成、崔军：《英国成人教育的历史发展》，《继续教育》2005 年第 5 期。

53. 王保星：《从"终身教育"到"终身学习"：国际成人教育观念的根本性变革》，《比较教育研究》2003 年第 9 期。

54. 王保星：《美国高等学校社会服务职能的回顾与前瞻》，《北京师范大学学报》（人文社会科学版）2001 年第 2 期。

55. 王保星：《威斯康星观念的诞生及对美国高等教育的影响》，《河北师范大学学报》（教育科学版）2000 年第 1 期。

56. 王孝武、朱镜人：《英国城市学院早期发展的因素分析》，《高等教育研究》2016 年第 3 期。

57. 王志强：《传承与超越：威斯康星理念的百年流变》，《清华大学教育研究》2017 年第 4 期。

58. 王作权：《大学组织的社会服务职能新探》，《复旦教育论坛》2007 年第 1 期。

59. 韦润芳：《英国开放大学再认识：溯源篇》，《中国远程教育》2010 年第 1 期。

60. 魏署光：《美国大学社会服务职能的历史变迁及其机制》，《高等工程教育研究》2018 年第 6 期。

61. 毋靖雨：《从"纽曼大学理想"到"威斯康辛思想"——高校职能演变对我国地方院校职能定位的启示》，《重庆教育学院学报》2011 年第 2 期。

62. 肖朗、袁传明：《伦敦大学建立与近代英国高等教育改革——以第一特许状为考察中心》，《现代大学教育》2013 年第 6 期。

63. 徐继宁、罗家英、李传银：《论地方院校学术与职业的平衡——英国 19 世纪城市学院发展及启示》，《现代大学教育》2010 年第 1 期。

64. 徐继宁、罗家英、李传银：《十九世纪英国城市学院的发展》，《教育评论》2009 年第 5 期。

65. 闫爱敏：《大学职能的历史嬗变》，《河北理工学院学报》（社会科学版）2005 年第 3 期。

66. 杨艳蕾：《超越大学的围墙："威斯康星理念"研究》，《现代教育管理》2018 年第 11 期。

67. 杨艳蕾：《当代"威斯康星理念"的新发展及其启示——以威斯康星大学为例》，《外国教育研究》2012 年第 5 期。

68. 易红郡、姜远谋：《19 世纪英国古典大学自由教育传统的坚守与变革》，《高等教育研究》2019 年第 3 期。

69. 易红郡、李慧迎：《19 世纪英国大学推广运动中的开放教育资源探究》，《大学教育科学》2018 年第 5 期。

70. 易红郡、李慧迎：《从开放大学到未来学习平台——二战后英国开放教育的创新及启示》，《天津师范大学学报》（社会科学版）2018 年第 6 期。

71. 易红郡：《英国近现代大学精神的创新》，《清华大学教育研究》2015 年第 5 期。

72. 易红郡：《英国开放大学的办学特色浅探》，《黑龙江高教研究》2002 年第 2 期。

73. 余亚峰：《论二十世纪上半叶英国妇女成人教育的发展概况》，《湖北大学成人教育学院学报》2012 年第 1 期。

74. 张瑾：《试析英国 19 世纪的高等教育改革》，《云南财经大学学报》（社会科学版）2012 年第 2 期。

75. 张瑾：《英国 19 世纪的高等教育改革》，《辽宁教育》2012 年第 11 期。

76. 张兰兰：《从象牙塔到服务站——基于大学社会服务性历史演变的思考》，《当代教育科学》2010 年第 23 期。

77. 张真：《英国开放大学的特点及其对我国成人教育的启示》，《教育管理研究》1999 年第 1 期。

78. 赵丹：《20 世纪上半叶英国乡村成人教育的发展及其启示》，《河北大学成人教育学院学报》2012 年第 2 期。

79. 周洪娟：《英国成人教育的历史与现状解析》，《继续教育研究》2005 年第 5 期。

80. 朱国仁：《从"象牙塔"到社会"服务站"——高等学校社会服务职能演变的历史考察》，《清华大学教育研究》1999 年第 1 期。

81. 朱海洋、洪明：《我国成人教育研究现况之管窥——基于 2006—2008 年〈成人教育〉杂志刊发文章的分析》，《成人教育》2010 年第 5 期。

82. 朱鹏举、李文英：《康奈尔计划对美国高等教育的影响》，《河北学刊》2013 年第 4 期。

83. 朱鹏举、王释云：《美国大学与社区合作伙伴关系的构建及其启示》，《河北大学学报》（哲学社会科学版）2018 年第 6 期。

84. 朱鹏举：《大学社会服务职能确立的基础——美国康奈尔计划的出台》，《河北大学成人教育学院学报》2018 年第 2 期。

85. 朱文富：《康奈尔计划：大学服务职能发展的里程碑——兼评〈美国康奈尔计划发展研究〉》，《河北大学成人教育学院学报》2019 年第 1 期。

86. W. 约翰·墨根、于鸿博:《英国大学成人教育的历史与现状》,《中国成人教育》1993 年第 2 期。

二　英文参考文献

(一) 英文著作

1. H. B. Adams, *Summer Schools in England, Scotland, France, and Switzerland-Report of the Commissioner of Education*, US Government Printing Office, 1899.

2. H. B. Adams, *University Extension in Great Britain*, US Government Printing Office, 1900.

3. H. B. Adams, *Educational Extension in the United States*, US Government Printing Office, 1901.

4. American Society for the Extension of University Teaching, *University Extension: A Series of Articles on Various Phases of the Movement*, American Society for the Extension of University Teaching, 1891.

5. R. Bell, M. Tight, *Open Universities: A British Tradition?*, Taylor and Francis, 1900 Frost Road, Suite 101, Bristol, PA 19007 – 9925, 1993.

6. W. S. Bittner, *The University Extension Movement*, US Government Printing Office, 1920.

7. J. A. Blyth, *English University Adult Education, 1908 – 1958: The Unique Tradition*, Manchester University Press, 1983.

8. W. H. Chaloner, *The Movement for the Extension of Owens College, Manchester, 1863 – 1873*, Manchester University Press, 1973.

9. W. H. Draper, *University Extension: A Survey of Fifty Years, 1873 – 1923*, Cambridge University Press Archive, 1923.

10. Edwin Welch, *The peripatetic University: Cambridge Local Lectures 1873 – 1973*, Cambridge University Press, 1973.

11. G. R. Evans, *The University of Oxford: A New History*, Bloomsbury Publishing, 2010.

12. A. P. Fernbach, *University Extension and Workers' Education*, Association,

Indiana University, 1945.

13. A. Flexner, *Universities*: *American*, *English*, *German*, Transaction Publishers, 1994.

14. H. Frowde, *Oxford and Working-Class Education*: *Being the Report of a Joint Committee of University and Working-Class Representatives on the Relation of the University to the Higher Education of Workpeople*, Clarendon Press, 1909.

15. B. J. Hake, S. Marriott, *Adult Education Between Cultures. Encounters and Identities in European Adult Education since 1890. Leeds Studies in Continuing Education. Cross-Cultural Studies in the Education of Adults*, *Number 2*, Leeds Studies in Continuing Education/Museum of the History of Education, Rm. 14, Parkinson Court, University of Leeds, Leeds LS2 9JT, United Kingdom. , 1992.

16. J. F. C. Harrison, *Learning and Living 1790 – 1960*: *A Study in the History of the English Adult Education Movement*, Routledge, 2013.

17. G. Henderson, *Report Upon the University Extension Movement in England*, Order of the Philadelphia Society for the Extension of University Teaching, 1890.

18. M. Hodgen, *Worker's Education in England and the United States*, Kegan Paul, London, 1925.

19. E. J. James, *Handbook of University Extension*, American Society for the Extension of University Teaching, 1893.

20. P. Jarvis, *Adult Education and Lifelong Learning*: *Theory and Practice*, Routledge, 2004.

21. N. A. Jepson, *The Beginnings of English University Adult Education*: *Policy and Problems*: *A Critical Study of the Early Cambridge and Oxford University Extension Lecture Movements Between 1873 and 1907*, *with Special Reference to Yorkshire*, London: Joseph, 1973.

22. Ken Jones, *Education in Britain*: *1944 to the Present. John Wiley & Sons*, 2016.

23. T. Kelly, *Outside the Walls*: *Sixty Years of University Extension at Manchester*, *1886 – 1946*, Manchester University Press, 1950.

24. A. Lawrie, *The Beginnings of University English*: *Extramural Study*, *1885 – 1910*, Springer, 2014.

25. H. J. Mackinder, M. Sadler, *University Extension*, *Past*, *Present*, *and Future*, Cassell, 1891.

26. H. J. Mackinder, M. Sadler, *University Extension*: *Has It a Future?*, Frowde, 1890.

27. R. G. Moulton, *Address of Richard G. Moulton*: *On the University Extension Movement*, American Society for the Extension of University Teaching, 1890.

28. R. G. Moulton, *The University Extension Movement*, Bemrose&Sons. , 1885.

29. W. R. V. Picht, *Toynbee Hall and the English Settlement Movement*, G. Bell and Sons Limited, 1914.

30. W. D. Ramussen, *Taking the University to the People*: *Seventy-five Years of Cooperative Extension*, Purdue University Press, 2002.

31. R. D. Roberts, *Eighteen Years of University Extension*, Cambridge University Press, 1891.

32. Peers F. Robert, *Adult Education*: *A Comparative Study*, Routledge, 2013.

33. Michael Sanderson, *The Universities in the Nineteenth Century*, Routledge, 2016.

34. Noah Sichula, *University Extension Education*: *Historical Perspectives*, *Trends and the Future*, UNZA Press, 2016.

35. J. Stuart, H. Colman, Caroline, *Reminiscences by James Stuart*, London: Printed for Private Circulation at the Chiswick Press, 1911.

36. VanOverbeke, A. Marc, "Educating the Democratic Citizen: Frederick Jackson Turner, History Education, and the University Extension Movement," *Handbook of Social Justice in Education*, Routledge, 2009.

37. K. Vernon, *Universities and the State in England*, *1850 – 1939*, Routledge, 2004.

38. Wardle David, *English Popular Education 1780 – 1975*, Cambridge University Press, 1976.

39. R. M. Wenley, *The University Extension Movement in Scotland*, Printed at the University Press by Robert MacLehose&Company, 1895.

40. R. A. Woods, *English Social Movements*, C. Scribner's Sons, 1895.

41. Workers' Educational Association, University of Oxford, *Oxford and Working-class Education*: *Being the Report of a Joint Committee of University and Working-class Representatives on the Relation of the University to the Higher Education of Workpeople*, Clarendon Press, 1909.

42. G. M. Woytanowitz, *University Extension*: *The Early Years in the United States*, 1885 – 1915, National University Extension Association, 1974.

（二） 英文学位论文

1. L. E. Blount, *Owens College and the University Extension Movement in Manchester 1886 – 1914*, Ph. D. diss. , University of Manchester, 2000.

2. H. Gordon, *The Early Development of the University Extension Movement Under the Influence of James Stuart*, Ph. D. diss. , University of Sheffield, Education, 1941.

3. N. A. Jepson, *A Critical Analysis of the Origin and Development of the Oxford and Cambridge University Extension Movement Between 1873 and 1902*, *with Special Reference to the West Riding of Yorkshire*, Ph. D. diss. , University of Leeds, 1955.

4. M. J. MacDonald, *The University Extension Movement and Its Place in Catholic Universities*, Ph. D. diss. , Catholic University of America, 1931.

5. M. H. C. May-Wan, *The University Extension Movement*: *Implications and Developments at the University of London*, Ph. D. diss. , University of London Institute of Education, 1982.

6. A. R. Morphet, *University Involvement in Adult Worker Education*, Master's Thesis, University of Cape Town, 1984.

7. A. E. Ottewell, The University Extension Movement, Master's Thesis, University of Alberta, 1915.

8. J. E. Russell, *The Extension of University Teaching in England and America*: *A Study in Practical Pedagogics*, Ph. D. diss. , University of Leipsic, 1895.

9. D. Sutherland, *University Extension in Scotland c. 1886 – 1896*, Master's Thesis, University of Glasgow, 2007.

10. Lloyd William Wade, *A Conceptual Approach to Extension Education*, Master's Thesis, Iowa State University, 1973.

（三）英文期刊论文

1. Lorentz H. Adolfson, "University Extension and Industrial Relations in Wisconsin," *The Journal of Educational Sociology* 20. 8 （1947）: 489 – 493.

2. Richard G. Moulton, "University Extension and the University of the Future," *Science* 425 （1891）: 174 – 178.

3. Elizabeth Bird, "Curricular Innovations in Women's Adult Education 1865 – 1900," *PUB DATE 85 NOTE 177p. PUB TYPE Collected Works-Conference Proceedings* （021） *—Reports-Research/Technical* （143） *EDRS PRICE NF*01/ *PC*08 *Plus Postage.* 1985.

4. Walton S. Bittner, "The University Extension Movement. Bulletin, 1919, No. 84 ," *Bureau of Education*, *Department of the Interior* （1920）.

5. Bourgeois, Etienne, and Georges Lienard, "Developing Adult Education in Universities: A Political View," *Higher Education Management* 4. 1 （1992）: 80 – 90.

6. Oscar Browning, "The University Extension Movement at Cambridge," *Science* 207s （1887）: 61 – 63.

7. E. K. Coles, "Universities and Adult Education," *International Review of Education* 18. 1 （1972）: 172 – 182.

8. Janet Coles, "With Fire and Faith: RG Moulton's University Extension Mission to the United States," *Cultural and Intercultural Experiences in European Adult Education* （1994）: 52 – 69.

9. Janet Coles, "University Extension in the United States: The English Connection," *NOTE* 299*p.* ; *For a Related Document in the Cross-Cultural Studies Series, see CE* 072 717. *Available from Leeds Studies in Continuing Educa-*

tionn/Museum of the History of Education, *University of Leeds* (1992): 113.

10. John Collins, "University Extension in a Rapidly Changing Community," *Studies in Adult Education* 12. 2 (1980): 127 – 133.

11. Anthony Cooke, "James Stuart and the Origins of English University Extension," *Martha Friedenthal-haase* (*Hg.*): *Personality and Biography in the History of Adult Education* 2 (1998): 815 – 830.

12. Joe Corry, and James Gooch, "The Wisconsin Idea: Extending the Boundaries of a University," *Higher Education Quarterly* 46. 4 (1992): 305 – 320.

13. Samares Kumar Das, and Hema Tripathi, "Extension Education: Myth or Reality," *International Journal of Bio-Resource and Stress Management* 5. 3 (2014): 467.

14. Harold B. Dunkel, and A. Fay. Maureen, "Harper's Disappointment: University Extension," *Adult Education* 29. 1 (1978): 3 – 16.

15. Lowell R. Eklund, "University Extension Before 1915," *NUEA Spectator* 40. 24 (1976): 6 – 8.

16. Ida M. Gardner, "Some Reasons for Belief in the Future of University Extension," *School and College* 1. 6 (1892): 348 – 355.

17. Lawrence Goldman, "Education as Politics: University Adult Education in England Since 1870," *Oxford Review of Education* 25. 1 – 2 (1999): 89 – 101.

18. Lawrence Goldman, "Intellectuals and the English Working Class 1870 – 1945: The Case of Adult Education," *History of Education* 29. 4 (2000): 281 – 300.

19. R. A. Gregory, "The Place of University Extension in Our Educational System," *The Practical Teacher* 15. 2 (1894): 77 – 78.

20. John Hostler, "Extra-Mural Studies: University Extension in England," *The Journal of Continuing Higher Education* 29. 2 (1981): 11 – 15.

21. Alon Kadish, "University Extension and the Working Classes: The Case of the Northumberland Miners," *Historical Research* 60. 142 (1987): 188 – 207.

22. Carol E. Kasworm, "Adult Higher Education from an International Perspec-

tive," *Higher Education* 25. 4 (1993): 411 – 423.

23. Anthony Kearney, "John Churton Collins and the University Extension Movement," *Notes and Queries* 26. 4 (1979): 328 – 331.

24. T. Kelly, "A History of Adult Education in Great Britain," *British Journal of Educational Studies*11. 2 (1963): 193 – 194.

25. Klaus Künzel, "The Missionary Dons—The Prelude to University Extension in England," *Studies in Adult Education* 7. 1 (1975): 34 – 52.

26. Lena M. Levander, "Exploring the Curricula of Extension Education at Some European Universities," *The Journal of Agricultural Education and Extension* 7. 1 (2000): 43 – 52.

27. S. Marriott, "A Social Role for the Universities? French Reactions to the English University Extension Movement of the 1890s," *Trad. fr. Un Rôle Social Pour les Universités* (1987): 41 – 67.

28. Stuart Marriott, "From University Extension to Extramural Studies: Conflict and Adjustment in English Adult Education 1911 – 1939," *Journal of Educational Administration and History* 30. 1 (1998): 17 – 34.

29. Stuart Marriott, "The University Extension Movement and the Education of Teachers 1873 – 1906," *History of Education* 10. 3 (1981): 163 – 177.

30. Stuart Marriott, "The Whisky Money and the University Extension Movement: 'Golden Opportunity' or 'Artificial Stimulus'?," *Journal of Educational Administration and History* 15. 2 (1983): 7 – 15.

31. Stuart Marriott, "TheJournalism of the University Extension Movement in Its Political Context, 1889 – 1926," *History of Education* 20. 4 (1991): 341 – 357.

32. Stuart Marriott, "University Extension in the North of England and the 'leeds historians'," *Northern History* 28. 1 (1992): 197 – 212.

33. Scott Mclean, "'A Work Second to None': Positioning Extension at the University of Alberta, 1912 – 75," *Studies in the Education of Adults* 39. 1 (2007): 77 – 91.

34. Scott McLean, "University Extension and Social Change: Positioning a U-

niversity of the People in Saskatchewan," *Adult Education Quarterly* 58. 1 (2007): 3 – 21.

35. J. Mortier, "The English Universities' Search for a New Public, 1870 – 1900 (England's University Extension Movement)," *Cahiers Victoriens & Edouardiens* 47 (1998): 215 – 223.

36. John R. Morton, "University Extension in the United States," *Adult Education* 4. 6 (1954): 207 – 214.

37. Richard G. Moulton, "University Extension and the University of the Future," *Science* 425 (1891): 174 – 178.

38. Michael B. Musa, "Extension Education and the Role of University Extension Departments," *International Review of Education* 40. 2 (1994): 177 – 179.

39. Kathleen R. Penfield, "Public Service vs. Academic Values: University Extension in Conflict," *Adult Education* 25. 2 (1975): 107 – 124.

40. Alan Rogers, "University Extra – Mural Studies and Extension Outreach: Incompatibilities," *Journal of Adult and Continuing Education* 20. 1 (2014): 3 – 38.

41. John C. Scott, "The Chautauqua Movement: Revolution in Popular Higher Education," *The Journal of Higher Education* 70. 4 (1999): 389 – 412.

42. John C. Scott, "The Mission of the University: Medieval to Postmodern Transformations," *The Journal of Higher Education* 77. 1 (2006): 1 – 39.

43. Donald R. Self, Jr. Ralph S. Foster, and Jr. William I. Sauser, "Future Trends in University Extension," *Journal of Nonprofit & Public Sector Marketing* 2. 2 – 3 (1995): 253 – 264.

44. J. G. S. Shearer, "The Universities and Adult Education in Scotland," *Studies in Adult Education* 1. 2 (1969): 140 – 156.

45. M. B. Snyder, "A New Phase of University Extension," *Science* 465 (1892): 1 – 2.

46. Laura E. Stuart, "The Facts about University Extension," *The Nineteenth Century and After: A Monthly Review* 36. 211 (1894): 383 – 388.

47. Charles Van Hise, "The University Extension Function in the Modern University," *Adult and Continuing Education: Liberal Adult Education (part 2)* 2 (2003): 80.

48. Edwin Welch, "Oxford and University Extension," *Studies in Adult Education* 10.1 (1978): 39 – 49.

49. Charles Whibley, "The Farce of University Extension," *The Nineteenth Century and After: A Monthly Review* 36.210 (1894): 203 – 210.

50. Eric Williams, "The Beginnings of the Australian University Extension Movement," *Critical Studies in Education* 14.1 (1972): 185 – 210.

图书在版编目（CIP）数据

英国大学推广运动研究：1845-1945 / 黄孔雀著.
北京：社会科学文献出版社，2024.6. --（华侨大学
哲学社会科学文库）. -- ISBN 978-7-5228-3854-0

Ⅰ. G649.561.9

中国国家版本馆 CIP 数据核字第 2024H66J74 号

华侨大学哲学社会科学文库·教育学系列
英国大学推广运动研究（1845—1945）

著　　者／黄孔雀

出 版 人／冀祥德
责任编辑／黄金平
文稿编辑／公靖靖
责任印制／王京美

出　　版／社会科学文献出版社·文化传媒分社（010）59367004
　　　　　地址：北京市北三环中路甲29号院华龙大厦　邮编：100029
　　　　　网址：www.ssap.com.cn
发　　行／社会科学文献出版社（010）59367028
印　　装／三河市龙林印务有限公司

规　　格／开 本：787mm×1092mm　1/16
　　　　　印 张：17.75　字 数：271千字
版　　次／2024年6月第1版　2024年6月第1次印刷
书　　号／ISBN 978-7-5228-3854-0
定　　价／128.00元

读者服务电话：4008918866